集人文社科之思　刊专业学术之声

集 刊 名：数字生态与治理

主　　编：张平文

执行主编：邱泽奇　宋　洁

## Digital Ecology and Governance (Vol.3)

**第三辑**

集刊序列号：PIJ-2023-483

集刊主页：www.jikan.com.cn/ 数字生态与治理

集刊投约稿平台：www.iedol.cn

张平文 主编

# 数字生态与治理

## 第三辑 （Vol. 3）

本辑主题：人工智能技术的应用与治理

# Digital Ecology and Governance

邱泽奇 宋洁 执行主编

社会科学文献出版社
SOCIAL SCIENCES ACADEMIC PRESS (CHINA)

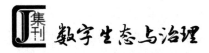 数字生态与治理

第三辑
2025年8月出版

# 全球人工智能治理的南方国家参与：进展与进路[*]

陈誉源　翁宗源　刘　伦[**]

**摘　要**　人工智能技术的发展正在对社会经济发展产生全球性深刻影响，亟须各国共同参与其治理。然而，现有文献较少关注南方国家在这一进程中的作用。基于此，本文对全球人工智能治理中的南方国家参与问题进行系统分析。本文提出，南方国家参与全球人工智能治理不仅有助于防止国力鸿沟进一步扩大、保障产业发展机会、保障新型国家安全、构建智能社会伦理体系，而且有助于促进全球数字经济繁荣、推动整体技术发展、提升全球技术安全水平以及保护多元文化与价值观。南方国家在全球人工智能治理中长期被边缘化，但在近两年开始逐步由被动参与者向主动倡议者转变，南南合作和由南方国家主导国际议程制定的态势初显。未来，应从内生能力建设与外部环境调适两个维度协同推进，提升南方国家在全球人工智能治理中的影响力。

**关键词**　人工智能治理　全球治理　南方国家

# 引　言

人工智能技术正在深刻重塑社会结构、经济模式，乃至国际政治格局（Cheng & Zeng，2023）。尽管人工智能带来了诸多积极变化，但也伴随着挑战，例如，可能被不良行为者滥用以威胁国家安全，或在无监管的情况下

---

　*　本研究受到国家自然科学基金面上项目（72474014）资助。

**　陈誉源，北京大学政府管理学院博士后，研究方向为数智治理、全球治理；翁宗源，北京大学政府管理学院博士研究生，研究方向为全球治理、政策扩散、大数据计算与文本分析；刘伦，北京大学政府管理学院研究员、北京大学公共治理研究所研究员、博士生导师，研究方向为数字治理、城市治理。通讯作者：刘伦，liu.lun@ pku.edu.cn，北京市海淀区北京大学廖凯原楼，100871。

加剧经济不平等、侵犯个人隐私等（Roberts et al.，2024）。这些挑战具有高度的全球性，已超出任何单一国家独自应对的能力范畴。因此，构建协调一致的全球人工智能治理体系已成为当务之急。推进全球人工智能治理将有助于最大化人工智能的积极效应，同时有效防范其潜在风险（Cheng & Zeng，2023）。

虽然全球人工智能治理具有重要意义，但当前只有少数文献关注了如何进行全球人工智能治理。现有文献主要关注两个方面：全球人工智能治理格局，以及未来发展方向。在关于全球人工智能治理格局的研究中，现有文献主要关注经济与科技较为发达的北方国家以及中国、印度等科技大国。如有研究讨论了当前由发达国家主导的传统多边治理机制的作用与相互联系，包括联合国、欧盟、经合组织、人工智能全球合作伙伴（Global Partnership on Artificial Intelligence，GPAI）等（Schmitt，2022）；有研究讨论了全球人工智能治理格局中中国、美国、欧盟、英国等主要行为体的互动，特别是中国在全球人工智能治理中的参与情况（Cheng & Zeng，2023；韩永辉等，2024；周康辉等，2025）；还有研究比较了不同国家在人工智能治理理念和实践路径上的差异（王天禅，2025）。总体而言，在当前的全球人工智能治理研究中，南方国家整体上获得的关注较少，仅有少数研究探讨了发达国家与南方国家在全球人工智能治理中政策重心的差异（Png，2022）。

考虑到现有文献缺乏对南方国家参与全球人工智能治理情况的分析，且已有文献提出了将南方国家进一步纳入全球人工智能治理进程的重要性（韩永辉等，2024），但缺乏详细的路径建议。为此，本文将重点关注南方国家在全球人工智能治理中的参与现状，并进行系统分析与未来路径探讨，从而为全球人工智能治理研究提供更为全面的视野。本研究的意义包括：第一，将南方国家带入全球人工智能治理研究的关注视野；第二，从南方国家参与全球人工智能治理的视角出发，深化学界与政策制定者对南方国家参与全球人工智能治理的认识；第三，提出南方国家进一步参与全球人工智能治理的路径建议，从而为南方国家与国际组织提供相关决策参考。

# 一　南方国家参与全球人工智能治理的独特意义

探讨全球人工智能治理的南方国家参与问题，首先需要厘清南方国家参与全球人工智能治理的独特意义。下文从南方国家自身意义与全球公共治理意义两方面入手，对南方国家参与全球人工智能治理的意义进行讨论。

## （一）南方国家自身意义

### 1. 防止国力鸿沟进一步扩大

随着人工智能技术的不断发展，人工智能能力（如研发能力）已成为综合国力的重要组成部分，南方国家积极参与全球人工智能治理，对于防止国力鸿沟进一步扩大具有重要意义。人工智能技术具有高度应用性，与应用场景的关系紧密，而南方国家的实际需求与发达国家存在显著差异（Abbott et al.，2023）。如果全球人工智能标准的制定、技术开发与应用推广主要由发达国家主导，那么南方国家的需求可能被边缘化，进而加剧技术依赖、扩大数字鸿沟和经济差距。例如，目前由发达国家主导开发的大型语言模型（如 ChatGPT）在英文语境下表现优异，但在处理南方国家的特有语言时，性能明显下降，在实体识别、机器翻译等任务中准确率较低（Abbott et al.，2023）。这一现实凸显了发达国家导向的技术路线在全球适用性上的局限性。因此，南方国家应积极参与全球人工智能治理，从制度层面推动构建更符合本国国情的人工智能技术体系，实现科技发展的本地化，从而增强在未来数字经济与综合国力发展中的竞争力和主动权。

### 2. 保障产业发展机会

对南方国家而言，人工智能的发展对其本国产业发展、就业机会以及本国在全球分工中的角色有重要影响。人工智能推动了地方产业升级，同时也在一定程度上取代了传统岗位，在为南方国家的产业发展带来机遇的同时，也带来了挑战。在产业升级方面，人工智能技术正逐步被应用于影响南方国家发展的关键传统行业（Okolo，2023），展现出成为推动其经济增长的重要引擎的潜力。在就业机会方面，人工智能对南方国家的影响体现为对传统就业形态的冲击和全球劳动分工格局的重构。首先，人工智能可能取代大量劳动密集型岗位，对依赖低技能、出口导向型产业的南方国家构成严峻挑战。例如，国际劳工组织（ILO）的一项报告指出，若引入"缝纫机器人"（sewbots），柬埔寨和越南近90%的服装与鞋类工人将面临失业风险（The Guardian，2016）；与此同时，人工智能通过提高劳动效率、降低制造成本，可能进一步削弱发展中国家依赖廉价劳动力的传统比较优势，从而压缩其在全球产业链中的参与空间（叶淑兰、李孟婷，2024）。其次，人工智能系统的构建高度依赖数据支撑，涉及大量技术门槛较低但不可或缺的工作环节，如数据采集、清洗、标注与审核等，这类工作正被大量外包至劳动力成本较低的南方国家（Muldoon et al.，2024），这一分工格局加剧了全球人工智能发展过程中的不平等（IBM Corporation，2024）。

在人工智能深度影响全球经济体系的背景下，南方国家应积极参与全球规则制定可能使其在新一轮技术革命中争取更为合理的发展空间。面对传统岗位可能被人工智能取代的现实，南方国家如果在国际舞台上积极参与全球人工智能制度设计，努力争取数字劳动者的合法权益，就可以在一定程度上确保人工智能服务于本国经济发展目标与社会需求。

3. 保障新型国家安全

南方国家参与全球人工智能治理，有助于提升其国家安全保障能力，提高技术安全意识与风险防范水平。当前，许多南方国家在人工智能发展方面仍存在基础薄弱、监管机制滞后等问题。人工智能技术的快速发展带来了诸多潜在风险，如技术滥用与算法偏见。例如，在尼日利亚等国，人工智能生成的虚假视频（Deepfake）已被用于散布政治谣言、干扰选举过程（Duale &Alex-Adedipe，2024），威胁社会稳定。此外，人工智能训练数据主要源于全球北方，导致南方国家人口的统计特征、偏好和行为被过度代表（Pasipamire and Muroyiwa，2024），进而造成算法偏见。例如，研究表明，计算机辅助诊断系统对黑人患者的诊断准确率明显低于白人患者，暴露出当前人工智能系统在数据代表性和公平性方面的严重缺陷（IBM Corporation，2024）。通过参与全球人工智能治理，南方国家能够获取最新的技术安全标准和治理经验，避免技术能力不对称加剧南方国家的数字主权风险，并更有效地制定符合本国国情的人工智能安全保障与风险防控政策（MINICT，2022）。

4. 构建智能社会伦理体系

人工智能正以前所未有的深度和广度渗透至社会经济各领域，深刻重塑着资源分配机制与发展机会格局。这一技术革命对社会公平与可持续发展产生了深远影响，亟须建立系统化、前瞻性的智能社会伦理体系，以确保技术创新真正服务于社会福祉增进。如联合国教科文组织（2021）发布的《人工智能伦理问题建议书》在国际上获得广泛认可，提出了以保障人权和尊严为核心，倡导透明、公平、可问责等原则的人工智能伦理规范。值得注意的是，南方国家与发达国家在经济社会发展阶段、文化价值观念和关键社会诉求等方面存在显著差异，这就要求南方国家立足本国具体国情，包括其独特的社会结构、发展需求和治理传统，构建具有本土适应性的智能社会伦理体系。因此，南方国家应积极参与全球人工智能政策制定，确保规则形成过程具备应有的代表性，并有利益表达渠道，避免被动接受与本国实际利益和价值观不符的伦理规则，防止进一步扩大发展鸿沟。

### （二）全球公共治理意义

#### 1. 促进全球数字经济繁荣

南方国家积极参与全球人工智能治理，有助于推动国家间的经济技术合作与共享，促进全球数字经济发展。例如，东盟国家之间的数字经济交易不断增长，中国也积极与东盟国家开展数字合作，携手打造增长"数字引擎"①。反之，若人工智能治理未被纳入国际议程，则可能带来一系列风险，市场权力可能进一步集中在少数国家和大型科技公司手中，从而造成不平等的经济后果（UNCTAD，2024），影响其他国家的就业机会（Roberts et al.，2024），加深全球数字鸿沟，导致经济发展两极分化。

#### 2. 推动整体技术发展

在全球科技发展进程中，将南方国家纳入全球人工智能治理体系，有助于为全球人工智能治理输入独特的知识与经验。尽管这些国家尚未成为人工智能技术研发的核心力量，但在政策制定、技术应用以及实践操作等方面，已积累了丰富且有价值的资源与经验。例如，部分南方国家在人工智能产业链中承担了数据采集与标注等基础性环节的工作（Muldoon et al.，2024），在相关领域掌握了独特的知识，具备了相应的能力，能够为全球人

---

① 《中国东盟携手打造增长"数字引擎"》，https://baijiahao.baidu.com/s？id＝18264417796 79616112&wfr＝spider&for＝pc，最后访问日期：2025 年 6 月 5 日。

工智能技术发展提供有力的支持。

3. 提升全球技术安全水平

从全球安全治理维度来看，人工智能技术若没有国际治理框架约束，尤其是关键应用领域（如深度伪造、自动化武器系统等高风险领域）的规范缺失，将产生多重安全威胁。风险外溢效应可能引发区域性安全危机，典型如深度伪造技术导致的虚假信息跨国传播，不仅会破坏对象国政治稳定，更可能通过社交媒体平台形成全球性安全危机。同时，治理真空可能诱发"逐底竞争"，促使部分行为体突破伦理底线开发高风险应用程序。这种复合型安全挑战凸显了构建包容性全球人工智能治理机制的紧迫性。此外，由于南方国家在推进人工智能应用时所面临的挑战往往与发达国家不同，因此在识别和应对多样化风险方面具有独特的视角。南方国家参与全球人工智能治理讨论能够为制定更全面、可行且具有包容性的全球人工智能治理规则提供重要补充，有助于构建更加公平、安全的全球人工智能治理体系，提升全球层面的风险预警与应对能力。

4. 保护多元文化与价值观

南方国家积极参与全球人工智能治理，同样具有重要的社会价值。首先，这有助于推动构建多元、包容的技术伦理框架。目前，主导全球人工智能治理规则的主要是发达国家，其价值观与伦理标准未必能够全面反映南方国家的文化背景与地方性知识（Png，2022）。南方国家的参与能够引入更多元的视角与理念，避免单一价值体系在全球范围内维护技术霸权，推动全球人工智能治理更加强调公正性与包容性，服务于人类共同利益。同时，这也有助于争取国家间更公平的发展权、缩小数字鸿沟、缓解全球发展不平等问题（陈健，2021）。

## 二 全球人工智能治理的南方国家参与进程

下文将从数字治理阶段入手，对近年来南方国家在全球人工智能治理中的参与进程及其国内人工智能治理图景进行分析。

### （一）数字治理阶段的边缘角色

在人工智能尚未成为主流公共议题之前，全球科技治理主要处于数字治理阶段，其核心表现为大数据的兴起，重点聚焦于数字治理政策的制定、互联网技术的发展与应用。在这一时期，南方国家在国际数字治理中多扮演"局外人"角色，其发展诉求常被主导方忽视。例如，在推进《全球数字契约》（Global Digital Compact）过程中，联合国秘书长发布的《我们的共同议程政策简介》未采纳南方国家希望将"发展"列为核心政策原则的建议，而是将重点放在"可持续发展"上。多项研究指出，在数字治理规则的制定过程中，发展中国家普遍面临话语权不足、参与机制有限的问题，而治理权力则主要集中于少数技术强国手中（Correa et al., 2023）。

## （二）当前阶段的多元角色

到 2015 年前后，人工智能治理逐渐进入公共议题范畴。从 2019 年起，随着全球对人工智能治理问题关注度的持续上升，国际性与国家级的人工智能治理政策文件陆续发布。2019 年，经合组织（OECD）发布了《人工智能原则》，这是全球首个政府间人工智能治理原则；同年，二十国集团（G20）发布了《G20 人工智能原则》，标志着人工智能治理开始成为全球治理重要议题（参见沈伟、赵尔雅，2022）。

近年来，在全球人工智能治理格局中，南方国家逐渐展现多元角色：一方面，多数南方国家仍沿袭数字治理阶段的边缘化地位，扮演"局外人"与"受助者"角色，同时其国内人工智能政策往往参考发达国家主导制定的国际准则/法规；另一方面，以中国、印度等为代表的国家正通过自主提出治理框架、参与国际标准制定等途径，逐步从规则接受者转变为规则塑造者。

### 1."局外人"与"受助者"角色

在很大程度上，南方国家在全球人工智能治理中仍延续着数字治理阶段的边缘化角色。首先，全球人工智能治理的发起者与主导者以发达国家为主，大多数南方国家扮演着"局外人"角色。在全球重要的人工智能治理讨论中，有近 118 个南方国家没有参与（UNCTAD，2024）。例如，2024年 5 月 21~22 日，人工智能首尔峰会启动了首个国际人工智能安全研究所网络（李璇、李形，2024），其成员国中唯一的南方国家为肯尼亚（Allen & Adamson，2024），大部分南方国家被排除在外。联合国教科文组织发布的《人工智能伦理问题建议书》、GPAI 在 2024 年新德里会议上发布的"关于

GPAI 未来愿景的共识"的主要制定者为发达国家（Ministry of Electronics & Information Technology，2024）。其次，在涉及南方国家的国际人工智能治理政策中，南方国家往往扮演"受助者"角色：相关国际政策文件多从"帮助"视角出发，提出发达国家应如何支持南方国家提高人工智能能力。例如，联合国教科文组织发布的《人工智能伦理问题建议书》强调，应关注南方国家的特殊需求，促进其在人工智能领域中公平获取知识与技术成果（联合国教科文组织，2021）；GPAI 在 2024 年新德里会议上发布的"关于 GPAI 未来愿景的共识"中提出，应特别关注低收入和中等收入国家人工智能相关需求，折射出南方国家的被动地位（Ministry of Electronics & Information Technology，2024）。

此外，南方国家在其人工智能治理中也处于全球人工智能政策的追随地位，体现在南方国家在制定人工智能政策时往往参考并非由南方国家主导制定的国际准则/法规，包括伦理准则、数据保护法规等。例如，拉美和加勒比国家共同体通过的《圣地亚哥宣言》是基于联合国教科文组织的《人工智能伦理问题建议书》制定的（Werner，2024）；摩洛哥人工智能倡议的指导原则也与《人工智能伦理问题建议书》的内容保持了一致①；肯尼亚的《数据保护法》（Kenya Data Protection Act）模仿了欧盟的《通用数据保护条例》（General Data Protection Regulation，GDPR），许多内容与 GDPR 相同，如对个人信息的定义、数据处理的过程等②。

2. 正在兴起的南方领导角色

得益于南方国家科技的不断发展，近年来，部分南方国家逐渐在全球人工智能治理中发挥引导作用，代表性国家包括中国、印度。以中国为例，中国与部分南方国家间进行南南合作，围绕南方国家的人工智能发展制定议程。例如，2023 年，金砖国家成立了"人工智能研究小组"③，旨在加强并推动成员国之间的信息交流与技术合作，目标包括制定具有广泛共识的人工智能治理框架和标准，以实现人工智能技术的安全、可靠、可

---

① "Morocco AI"，https：//morocco. ai/.
② "Comparing Privacy Laws：GDPR v. Kenya Data Protection Act"，https：//www. dataguidance. com/sites/default/files/gdpr_ v. _kenya. pdf.
③ "BRICS Announces Formation of AI Study Group"，https：//dig. watch/updates/brics－members－announce-formation-of-ai-study-group.

控与公平①。此外，中国积极与东盟国家开展合作，双方于 2024 年共同发布《中国-东盟关于推动建立可持续和包容性的数字生态合作联合声明》，推动人工智能在东盟地区的赋能发展与治理能力提升（中国国际问题研究院、中国信息通信研究院，2024）。2024 年，第 78 届联合国大会协商一致通过中国主提的加强人工智能能力建设国际合作决议，140 多个国家参加决议联署（李璇、李形，2024）。总体而言，通过资本投入、科研合作和技术标准制定等方式，中国正在引领南方国家塑造其在全球人工智能领域的话语权（Png，2022）。

除中国外，印度等南方国家积极探索提升自身人工智能治理影响力的路径。如印度利用担任 G20 峰会轮值主席国的契机，在《新德里宣言》中提出了与南方国家紧密相关的"以发展为中心"的人工智能治理模式，强调利用人工智能促进可持续发展与经济增长，并推动建立"未来联盟"（One Future Alliance，OFA），通过能力建设与技术援助，帮助南方国家构建"数字公共基础设施"（Digital Public Infrastructure，DPI）（Vijayakumar，2024）。类似地，东盟在推动其成员国人工智能系统的构建方面发挥了重要作用（驻柬埔寨王国大使馆经济商务处，2025）。东盟于 2024 年发布了《东盟人工智能治理与伦理指南》（以下简称《指南》），为成员国在人工智能的设计、开发与部署方面提供指导建议（袁栩聪、常乔雨，2024）。各成员国在制定本国人工智能政策时，不同程度地参考了该《指南》（Fong，2024），体现了东盟在东南亚地区人工智能政策制定中的重要影响力。值得一提的是，《指南》在内容上与部分发达国家主导的人工智能政策有显著区别，《指南》更多地考虑各国在人工智能技术与基础设施方面的发展水平，倾向于提供指导性建议，引导成员国根据自身资源与能力情况决定是否采纳，而非强制性规定。这一特点显著区别于注重法律约束与强制合规的欧盟《人工智能法案》（KPMG，2024）；同时，东盟成立了东盟人工智能工作组来促进成员国之间的合作，正在推动中的"东盟数字经济框架协议"（DEFA）预计将进一步强化跨境数据协同治理，助力构建更加高效、可信的人工智能系统（驻柬埔寨王国大使馆经济商务处，2025）。此外，卢旺达

---

① "BRICS Announces Formation of AI Study Group", https：//dig. watch/updates/brics - members - announce - formation - of - ai - study - group.

在其人工智能政策中明确提出，希望通过推动人工智能发展，调动地方、区域及国际利益相关方的资源，建设非洲的创新枢纽，并成为非洲人工智能卓越中心的引领者（MINICT，2022）。

### （三）南方国家国内人工智能治理图景

除直接参与全球人工智能治理外，近年来，南方国家也积极探索制定本国人工智能治理政策。本节选取了十个已出台人工智能政策并呈现一定发展潜力的国家来阐述南方国家的人工智能政策制定和实施情况，包括阿根廷、巴西、智利、埃及、印度、印度尼西亚、毛里求斯、马来西亚、泰国和卡塔尔（Vijayakumar，2024）。以上南方国家主要围绕伦理规范、法律法规，以及实施措施三个方面制定人工智能治理政策（见表1）。

不同于西方国家关注人工智能的技术性伦理，如规范透明度与可解释性（清华大学人工智能国际治理研究院，2024），南方国家人工智能治理政策强调包容性，即如何使人工智能技术的发展惠及更多的群体。如印度提出的"AI for All"；智利在《国家人工智能政策（2021）》中提出"鼓励创新者和创造者将自己的发明创造公之于众，使整个社会受益"（王文君，2021）；巴西也在其《人工智能战略（2021）》中提及"必须以尊重人权、民主价值和多样性的方式设计制度……以保证一个公正的社会"（Ministry of Science Technology and Innovation，2021）。

在法律法规上，南方国家正逐步建立和完善与人工智能相关的法律规范体系，整体呈现多元路径的特点，即有的国家积极谋划全面立法，有的国家实行渐进式监管，主要通过修订相关法律和发布行政规章来实现。谋划全面立法的典型国家包括阿根廷、巴西。2022~2023 年，阿根廷国会提交了多项人工智能监管法律草案，包括《人工智能开发和使用法律框架法案》、将人工智能伦理原则纳入《科技创新法》的修正案，以及建议成立人工智能联邦委员会的草案等（Cisneros，2024）。巴西自 2019 年以来在国会提出多份人工智能法案，内容涉及定义人工智能、强调人权和防止偏见、划定权责和防范风险等①。渐进式监管的国家主要包括印度尼西亚、马来西

---

① 《隐私快讯｜巴西通过人工智能法案》，https://www.kaamel.com/zh/blog/article/1611a80e-ccb9-8008-aa31-d25894e4d3d2，最后访问日期：2025 年 6 月 5 日。

亚和卡塔尔。印度尼西亚目前尚无专门的人工智能法律，对人工智能的监管主要依据《电子信息与交易法（2008）》及配套法规，以规范人工智能服务提供方遵循审慎审查义务、安全保障、用户权益保护等原则（SSEK，2024）。马来西亚主要依靠《个人数据保护法（2010）》来规范人工智能相关的数据处理，且目前无专门人工智能法规，只在《人工智能路线图（2021~2025）》中提出制定人工智能监管规则（MASTIC，2023）；卡塔尔目前没有专门的人工智能法律，主要通过网络安全框架和行业规范监管人工智能风险（Library of Congress，2024）。

在实施措施方面，南方国家的人工智能治理整体呈现重视利用人工智能技术促进本国经济发展的特点。例如，印度尼西亚于 2020 年发布《国家人工智能战略 2020~2045》，聚焦医疗健康、政府治理、粮食安全、教育科研和智慧城市五大优先领域①。埃及在其"数字埃及"转型战略下制定的国家人工智能战略也明确提出利用人工智能实现可持续发展目标并巩固埃及在区域内的领先地位②。类似地，卡塔尔在《2030 年国家愿景》框架下发布的《国家人工智能战略（2019）》，也提出要聚焦教育、经济、就业、研究等六个领域③；马来西亚在《人工智能路线图（2021~2025）》中也提出要将人工智能纳入其数字经济蓝图和"第四次工业革命"政策（MASTIC，2023）。部分南方国家设立了专门的、跨部门的机构来推进，如：马来西亚于 2024 年成立国家人工智能办公室，来统筹和监管不同部门的人工智能发展；毛里求斯也由总理府牵头设立了跨学科的人工智能工作组（Working Group on Artificial Intelligence，2018），以谋划如何以人工智能工具促进经济发展，发布了《毛里求斯人工智能战略（2018）》④。

---

① "The Indonesian National Strategy on Artificial Intelligence ", https：∥dig. watch／resource／the-in-donesian-national-strategy-on-artificial-intelligence＃：～：text＝The％20Indonesia％20National％20Strategy％20for，governance％20of％20AI％20technologies％20nationwide.

② 尹盛鑫：《埃及人工智能国家战略及发展前景展望》，https：∥www：∥secrss：∥com／articles／43408，最后访问日期：2025 年 6 月 13 日。

③ " Qatar's National Artificial Intelligence Strategy", https：∥dig. watch／resource／qatars-national-ar-tificial-intelligence-strategy－2019＃：～：text＝The％20strategy％20aims％20to％20leverage，and％20coexisting％20with％20AI％20technologies.

④ " Mauritius Artificial Intelligence Strategy ", https：∥dig. watch／resource／mauritius-artificial-intel-ligence-strategy.

**表1 十国人工智能治理主要举措概览**

| 国家 | 伦理规范 | 法律法规 | 实施措施 | |
| --- | --- | --- | --- | --- |
| | | | AI政策实施路线/计划 | 成立机构 |
| 阿根廷 | 倡导包容、可持续的人工智能发展；支持人权导向的人工智能伦理原则 | 2022~2023年国会提交了多项人工智能监管法律草案，包括《人工智能开发和使用法律框架法案》、将人工智能伦理原则纳入《科技创新法》的修正案等，以《个人数据保护法》（2000年执行）为基础[①]；2022~2023年国会提交多项人工智能监管法律草案 | 国家科技部门牵头推进AI政策 | 拟成立人工智能联邦委员会，协调整合人工智能治理 |
| 巴西 | 在《人工智能战略（2021）》中提及本地化经合组织发布的人工智能原则，确立公平、透明、问责等5大原则；多部门参与制定人工智能伦理指南（Ministry of Science Technology and Innovation, 2021） | 《一般个人数据保护法（2018）》与《民权框架法》提供数据与权利保障；《人工智能法案》（2023年第2338号）强调人权和防止偏见 | 提出《人工智能战略（2021）》，以引导巴西政府在推动人工智能发展各个方面的相关行动，如研究、创新和开发（UNCTAD, 2024） | 人工智能应用研究中心 |
| 智利 | 《国家人工智能政策（2021）》提出以人类福祉、包容无歧视、可持续发展、安全可靠为核心的伦理原则 | 《个人数据保护法》修订草案推进中；探索在关键领域出台专项监管规定 | 颁布《国家人工智能政策（2021）》和《AI行动计划》，包含70项优先措施和185项倡议以促进AI发展[②] | 跨部门委员会 |
| 埃及 | 发布《埃及负责任人工智能宪章》，确立人工智能开发应用的伦理准则 | 《个人数据保护法》（2020年第151号）生效；根据国家战略起草AI专门法律（拟提交议会） | 制定国家人工智能战略（分别于2020年2025年更新） | 国家人工智能理事会 |
| 印度 | 发布《国家人工智能战略（2018）》，提出"AI for All"原则框架 | 尚未出台人工智能专门法律；以现行《2023数字个人数据保护法案》等法律监管数据与隐私；政府倡导自律与软法相结合 | 发布《国家人工智能战略（2018）》以指导新兴技术的研究和开发 | 人工智能军事应用小组（张舒君，2018） |

续表

| 国家 | 伦理规范 | 法律法规 | 实施措施 | |
| --- | --- | --- | --- | --- |
| | | | AI政策实施路线/计划 | 成立机构 |
| 印度尼西亚 | 金融监管部门发布可信AI指南——《OJK人工智能监管指南》 | 《电子信息与交易法（2008）》将AI视为电子代理予以一般规范；《个人数据保护法（2022）》完善数据权利保障；尚无专门的人工智能法律 | 发布《国家人工智能战略2020～2045》，明确重点领域和治理方向 | 国家AI研究中心 |
| 毛里求斯 | 《毛里求斯人工智能战略（2018）》强调伦理治理和数据隐私，倡导利用人工智能促进包容和创新（联合国教科文组织，2020） | 《数据保护法（2017）》（对标GDPR）提供个人数据和隐私保障；探索监管沙盒 | 发布《毛里求斯人工智能战略（2018）》，目标包括使毛里求斯成为人工智能创新和应用的区域领导者 | 跨学科的人工智能工作组 |
| 马来西亚 | 发布《国家人工智能治理与伦理指南》，覆盖人工智能基本原则和网络安全标准③ | 《个人数据保护法（2010）》，以规范数据处理；目前无专门人工智能法规，计划在国家人工智能办公室指导下制定人工智能监管政策 | 制定《人工智能路线图（2021～2025）》，提出将人工智能纳入数字经济蓝图和"第四次工业革命"政策 | 国家人工智能办公室 |
| 泰国 | 《泰国国家人工智能战略及行动计划（2022～2027）》，针对人工智能制定泰国的社会、伦理、法律和监管框架，以指导其他目标的实现 | 《个人数据保护法（2019）》确立数据和隐私保护框架；目前无人工智能专项法律，拟通过国家人工智能行动计划评估立法需求 | 制定《泰国国家人工智能战略及行动计划（2022～2027）》，聚焦培育人工智能产业和人才 | 数字经济与社会发展委员会 |
| 卡塔尔 | 《国家人工智能战略（2019）》将伦理作为人工智能发展支柱之一；国家网络安全局发布《安全使用人工智能指南（2024）》，促进负责任使用 | 《个人数据隐私法（2016）》保障个人信息；目前无专门的人工智能法律，通过网络安全框架和行业规范监管人工智能风险 | 发布《国家人工智能战略（2019）》，涵盖教育、经济等六个领域 | 人工智能委员会 |

资料来源：①《阿根廷个人数据保护法（PDPA）》，https://learn. microsoft. com/zh-cn/compliance/regulatory/offering-pdpa-argentina#: ~ :text = % E5% 85% B3% E4% BA% 8EPDPA, % E8% A1% A8% E4% B8% AD% E7% 9A% 84% E4% BB% BB% . E4% BD% 95% E4% BF% A1% E6% 81% AF% E3% 80% 82，最后访问日期：2025年8月1日；② "Chile Presents the First National Policy on Artificial Intelligence"，https://www. gob. cl/en/news/chile-presents-first-national-policy-artificial-intelligence/；③《政府正式推出〈国家人工智能治理与伦理指南〉（AIGE）》，https://qiyejia. my/20240921a/，最后访问日期：2025年8月1日。

## 三 全球南方人工智能治理中的中国角色

近年来，中国积极推动南方国家在全球人工智能治理体系中的实质性参与，通过多维度赋能构建新型国际技术治理生态。具体而言，中国主要从两个关键层面为其他南方国家提供支持：在基础性赋能层面，通过数字基础设施建设、人才培养与人工智能技术供给等举措，夯实南方国家的数字能力底座；在话语权赋能层面，依托南南合作框架下的多边对话平台、国际标准制定参与机制等渠道，系统性提升南方国家在全球人工智能治理议程设置、规则协商中的制度性话语权。这种立体化的赋能模式正在重塑全球人工智能治理的权力结构，为构建更加公平包容的人工智能国际秩序提供了实践路径。

### （一）基础性赋能

#### 1. 数字基础设施建设

中国对其他南方国家参与全球人工智能治理的支持体现在数字基础设施建设方面。例如，在非洲等数字基础设施条件相对落后的地区进行数字基础设施建设，与拉美国家、印度尼西亚等拥有一定数字基础设施但在网络技术上有提升空间的国家进行网络技术合作。自中非合作论坛启动以来，中国企业积极参与非洲基础设施建设，累计帮助非洲国家新增及升级输变电线路超过 6.6 万公里、电力装机容量 1.2 亿千瓦、通信骨干网 15 万公里，网络服务覆盖近 7 亿用户终端（Wang，2025），显著提升了非洲地区的电力保障与信息互联水平。除直接帮助其他南方国家进行信息化建设外，中国也在国际人工智能相关会议上呼吁其他国家对南方国家的人工智能发展给予支持。在"2024 世界人工智能大会暨人工智能全球治理高级别会议"上，国务院总理李强提议各国"携手打造开放、公平、非歧视的人工智能发展环境，帮助发展中国家加强能力建设，推进网络、算力、数据等普惠化"①。

#### 2. 人才培养

中国长期支持其他南方国家数智技术人才培养，通过教育培训、实习

---

① 《李强出席 2024 世界人工智能大会暨人工智能全球治理高级别会议开幕式并致辞》，https://www.gov.cn/yaowen/liebiao/202407/content_6961222.htm? utm_source = chatgpt.com，最后访问日期：2025 年 6 月 13 日。

岗位提供及资金支持等方式，向其输出信息技术与人工智能技术。例如，华为与非洲高校合作成立 ICT 学院，为尼日利亚、卢旺达等国提供数字技能培训①，并接收部分非洲学生来华学习②。中国企业也与印度尼西亚政府及高校合作，参与 MSIB、KMMI 等多项教育计划，为学生提供实习与教学支持，两年半内为印度尼西亚约 10 万人提供 ICT 培训，显著缓解其数字人才短缺问题③。2024 年 9 月，中国举办人工智能能力建设研讨班，吸引泰国、马来西亚、越南、印度尼西亚等近 40 个国家的政府官员和专家等参与，持续推进全球南方人工智能人才培养。

3. 人工智能技术供给

此外，中国研发的大语言模型（LLM）如 DeepSeek、Qwen3 为其他国家提供了可学习的模式。中国的大语言模型提供了新的模型模式，包括 OpenAI 在内的美国公司主要关注算力提升，而中国的人工智能系统优先考虑效率和创新（He，2025）。此外，免费开源的大语言模型降低了其他国家尤其是南方国家研发 LLM 的门槛。当前，其他科技大国如美国的 LLM（如 OpenAI）多需要付费获取，而 DeepSeek、Qwen3 模型的免费、开源可以促进人工智能技术在全球范围内的知识共享④；且最新发布的 Qwen3 在语言上或有助于更好地助力其他南方国家开发符合本国语言和文化的人工智能应用软件，Qwen3 支持 119 种语言和方言⑤，具有较高的语言多样性，被认为在语言处理能力上已经追上或者超越了 OpenAI o1、谷歌 Gemini 2.5 Pro⑥，因此有促进利用人工智能技术进行发展的南方国家的经济发展和技术增长

---

① 《ABU& 华为：校企合作，弥合非洲数字技能差距 》，https://www.huaweitech/publication/202501/skills-development-talent-cultivation，最后访问日期：2025 年 6 月 13 日。

② 《卢旺达两所大学与华为联合成立 ICT 学院 》，http://www.focac.org/zfgx/rwjl/202111/t20211101_10438343.htm，最后访问日期：2025 年 6 月 13 日。

③ 《为印度尼西亚培养数字化人才，填补供需缺口》，https://www.huaweitech/publication/202303/reducing-graduate-unemployment-indonesia，最后访问日期：2025 年 6 月 13 日。

④ 《人工智能全球治理上海宣言（全文）》，https://www.gov.cn/yaowen/liebiao/202407/content_6961358.htm，最后访问日期：2025 年 6 月 13 日。

⑤ 《阿里 Qwen3 重磅开源，全球 119 语种通吃》，https://m.thepaper.cn/newsDetail_forward_30743071，最后访问日期：2025 年 6 月 13 日。

⑥ 《Qwen3 发布，阿里也要靠多模态和性价比打天下了》，https://news.qq.com/rain/a/20250429A07E6T00? utm_source=chatgpt.com，最后访问日期：2025 年 6 月 13 日。

的潜力。

## （二）话语权赋能

中国在国际舞台上持续赋能南方国家参与全球人工智能治理，主要通过呼吁平等包容发展的理念、针对南方国家如何获得话语权进行交流以及提出赋予南方国家话语权的主张。在呼吁平等包容发展的理念方面，中国在多个国际多边平台如金砖国家协调人第一次会议、G20峰会中呼吁构建对所有国家平等包容的人工智能发展环境，反对"技术霸权"。在2025年金砖国家协调人第一次会议中提出"确保所有国家权利平等、机会平等、规则平等，携手打造开放、包容、普惠、非歧视的人工智能发展环境"（国新冠，2025）。习近平主席在二十国集团领导人第十九次峰会第二阶段会议上指出，"要加强人工智能国际治理和合作，确保人工智能向善、造福全人类，避免其成为'富国和富人的游戏'"①。在凝聚"全球南方"共识方面，中国在与其他南方国家合作中强调南方国家应结伴发展，以增强南方国家在全球治理中的话语权，如在2024年中非互联网发展与合作论坛上，双方发表了关于中非人工智能合作的主席声明，中方强调中非应加强在联合国等多边框架下的协调与合作，增强发展中国家在人工智能全球发展与治理中的代表性和发言权②。此外，在南方国家话语权方面，中国在与发达国家的人工智能治理讨论中，明确提出要给予南方国家更多话语权，如在2024年第78届联合国大会上，中国提出应当通过国际合作和实际行动，帮助各国特别是南方国家加强人工智能能力建设，以及提高南方国家在全球人工智能治理中的代表性和发言权③。在《人工智能全球治理上海宣言》中，中国也倡导建立全球范围内的人工智能治理机制，提升发展中国家的代表性和发言权④。

---

① 《习近平在二十国集团领导人第十九次峰会第二阶段会议关于"全球治理机构改革"议题的讲话（全文）》，https://www.gov.cn/yaowen/liebiao/202411/content_6988048.htm，最后访问日期：2025年6月13日。

② 《2024年中非互联网发展与合作论坛关于中非人工智能合作的主席声明》，https://www.cac.gov.cn/2024-04/03/c_1713731793084792.htm，最后访问日期：2025年6月13日。

③ "UNGA Adopts China-Proposed Resolution to Enhance Int'l Cooperation on AI Capacity-Building"，https://english.www.gov.cn/news/202407/02/content_WS668394a7c6d0868f4e8e8c58.html。

④ 《人工智能全球治理上海宣言（全文）》，https://www.gov.cn/yaowen/liebiao/202407/content_6961358.htm，最后访问日期：2025年6月13日。

## 四　南方国家参与全球人工智能治理的未来发展路径

在全球治理体系变革和多极化发展的背景下，南方国家需要更深入地参与全球人工智能治理体系建设。未来发展方向可从内生能力建设和外部环境调适两个维度协同推进，这种内外联动的策略有助于构建更加包容、公正合理的全球人工智能治理新秩序。

### （一）内生能力建设

南方国家内生能力建设主要包括五个方面，分别为数字基础设施建设、获取外部资源、确定发展重心、避免技术依赖以及建立可持续资金投入机制。第一，数字基础设施建设的必要性在于它是人工智能技术应用的基础，是影响人工智能技术水平的关键要素，数字基础设施如服务器、云平台等是数据获取、传输的前提，是人工智能模型训练的基础与核心。第二，获取外部资源是指通过进行国际合作、南南合作等学习先进技术，以提升南方国家人工智能技术水平和信息技术能力。第三，确定发展重心主要指：一方面，根据本土国情确定发展路线，关注人工智能技术与本国经济社会发展需求的结合情况，以实现人工智能技术赋能国家社会经济发展；另一方面，需谨慎参考发达国家的人工智能治理政策以及发达国家主导制定的全球人工智能治理政策，以避免不切合南方国家的具体发展需求（Png，2022）。第四，避免技术依赖。创新是推动南方国家发展自身技术能力、影响其在世界向智能化转型中所扮演角色的重要因素（Okolo，2023），同时需要避免在国际技术学习过程中对其他国家的技术依赖（如核心算法），避免"受制于人"。第五，建立可持续资金投入机制。人工智能建设需要长期投入，需要引入多元市场化机制，避免对政府资助的单纯依赖。

### （二）外部环境调适

1. 现有全球人工智能治理框架参与

在外部环境调适上，南方国家首先应探索从"政策接受者"转为"政策共建者"。一方面，南方国家应积极派代表参与相关会议和工作组，在人工智能相关峰会、规则谈判中主动发声，确保本国或其他南方国家的立场、关键关切点［如数字主权、基础设施和监管垄断（Png，2022）］被准确传达，影响议程制定；另一方面，南方国家可以从"加入现有游戏"转向"设计新游戏"，主动发起人工智能治理论坛或倡议，构建独立议程平台，吸引各方参与，推动建立更加多元、包容的全球人工智能治理格局。此外，南方国家应在全球人工智能治理讨论中主动争取协调人、联合主席等具有高度统筹决策权力的位置，以影响现有主流全球人工智能治理讨论的议程制定以及参与国、参与方式的决策等。

2. 推动南南合作与规则塑造

同时，南方国家也要探索更加积极的全球人工智能治理规则塑造策略。一方面，南方国家可通过深化南南合作来增强集体影响力。鉴于南方国家占联合国会员国多数且人口总量大，建立统一的政策协调机制将显著提升其在规则制定中的话语权。通过多边平台形成共识性立场，有助于推动国际社会关注南方国家的特殊需求，促进治理体系的包容性发展。这种协作模式已在实践中取得进展，例如，《2024年中非互联网发展与合作论坛关于中非人工智能合作的主席声明》就倡导中非加强在联合国等多边框架下的协调与合作。[①] 当然，要实现有效联合，南方国家间需要加强人工智能治理理念的沟通与协调，特别是在发展优先事项上达成共识。另一方面，人工智能技术相对落后的南方国家可以加强与技术领先的南方大国合作，共同探索适合南方国家国情的人工智能发展路径。通过技术交流、能力建设和举办基础设施合作交流活动等方式，不断提升自身的技术应用和治理水平。中国提出的高质量共建"数字丝绸之路"等，为这种互利共赢的南南技术合作提供了实践范例（Png，2022）。这种合作模式注重知识共享和共同发展，有助于缩小全球数字鸿沟，推动人工智能技术惠及更多南方国家（李璇、李形，2024）。

3. 争取国际组织支持

促进南方国家参与全球人工智能治理需要国际组织发挥关键作用。由中国多所高校和研究机构联合发布的《全球人工智能治理研究报告》（上海

---

① 《2024年中非互联网发展与合作论坛关于中非人工智能合作的主席声明》，https://www.orientaldaily.com.my/news/mingjia/2024/12/24/701390，最后访问日期：2025年6月13日。

社会科学院等，2024）指出，联合国作为最具代表性和权威性的全球治理平台，应在人工智能技术发展、安全治理和规则制定等关键领域发挥核心协调作用，平衡各方利益与发展需求。同时，国际标准化组织、世界经济论坛及世界互联网大会等专业性和区域性多边平台也应积极构建包含技术标准协同、风险预警、经验分享和利益协调在内的多层次治理机制，共同推动形成更加公平、包容的全球人工智能治理体系。

## 参考文献

陈健，2021，《"数字丝绸之路"：应对西方数字帝国主义的中国方案》，《东南学术》第4期。

国际劳工组织，2016，《机器人工厂威胁东南亚数百万服装工人就业》，https：//www.the-guardian.com/sustainable-business/2016/jul/16/robot-factories-threaten-jobs-millions-garment-workers-south-east-asia-。

国新冠，2025，《外交部：中方支持金砖国家就人工智能全球治理发挥更大作用》，ht-tps：/m.cyol.com/gb/articles/2025-02/27/content_Aj6p6luzLB.html。

韩永辉、周港隽、徐翠芬，2024，《人工智能全球治理的现状、困境和中国路径》，《特区实践与理论》第6期。

李韬、周瑞春，2024，《全球数字治理中的数字平权问题》，《南京大学学报》（哲学·人文科学·社会科学）第61卷第6期。

李璇、李形，2024，《制定全球人工智能"游戏规则"，中国不能缺席》，https：//cn.chinadaily.com.cn/a/202412/26/WS676d62c1a310b59111dab182.html。

联合国教科文组织，2020，《引领人工智能与先进信息传播技术 构建知识型社会权利-开放-可及-多方的视角》，https：//unesdoc.unesco.org/ark：/48223/pf0000374547。

联合国教科文组织，2021，《人工智能伦理问题建议书》，https：//unesdoc.unesco.org/ark：/48223/pf0000380455_chi。

清华大学人工智能国际治理研究院，2024，《【海外智库观察238期】人工智能工具需适应"全球南方"对于可解释性的需求》，https：//hub.baai.ac.cn/view/37482。

上海社会科学院、武汉大学、同济大学、中国现代国际关系研究院、中国信息通信研究院、中国社会科学院世界经济与政治研究所、北京邮电大学、北京航空航天大学、北京理工大学、中国人民公安大学、中国政法大学、复旦大学、南京邮电大学、浙江师范大学、伏羲智库，2024，《全球人工智能治理研究报告》，https：//www.xdyanbao.com/doc/pwh2g9iy8l？userid=57555079&bd_vid=7999601993148241576。

沈伟、赵尔雅，2022，《数字经济背景下的人工智能国际法规制》，《上海财经大学学报》

（哲学社会科学版）第 24 卷第 5 期。

王天婵，2025，《美欧人工智能治理的分化——基于治理结构、能力势差和战略选择的考察》，《国际关系研究》第 2 期。

王文君，2021，《智利发布人工智能国家战略》，http：//www. casisd. cas. cn/zkcg/ydkb/kjz-cyzxkb/2021/zczxkb202105/202108/t20210809_6155313. html。

叶淑兰、李孟婷，2024，《全球人工智能治理：进展、困境与前景》，《国际问题》第 5 期。

袁栩聪、常乔雨，2024，《2024 年中国-东盟人工智能产业发展研究报告》，https：//pdf. dfcfw. com/pdf/H3_ AP202501071641843273_1. pdf？1736279975000. pdf。

张舒君，2018，《从〈人工智能国家战略〉讨论报告看印度人工智能国家战略的构建》，https：//www. secrss. com/articles/6213。

中国国际问题研究院、中国信息通信研究院，2024，《中国-东盟人工智能发展与治理合作：进展观察和推进建议》，https：//m. ciis. org. cn/yjcg/yjcg_ zzybg/202412/W020241208739231068275. pdf。

周康辉、代刊、曾沁、那晓丹，2025，《全球人工智能治理现状及气象领域人工智能治理的挑战》，《气象学报》第 83 卷第 1 期。

驻柬埔寨王国大使馆经济商务处，2025，《东南亚会成为人工智能的下一个前沿吗？》，https：//cb. mofcom. gov. cn/scdy/art/2025/art_2c233e644665479cb56861db07b6171a. html。

Abbott, Jade, Bonaventure Dossou, and Rooweither Mbuya. 2023. "Comparing Africa-centric Models to OpenAI's GPT3. 5", https：//lelapa. ai/comparing-africa-centric-models-to-openais-gpt3-5-2/？utm_ source = chatgpt. com.

Allen, G. C. & Adamson, G. 2024. "The AI Safety Institute International Network: Next Steps and Recommendations", https：//www. csis. org/analysis/ai-safety-institute-international-network-next-steps-and-recommendations#：~：text = The% 20United% 20States% 2C% 20United%20Kingdom, May%202024%20AI%20Seoul%20Summit.

Cheng, J. & Zeng, J. 2023. "Shaping AI's Future？ China in Global AI Governance." *Journal of Contemporary China* 32 （143）：794-810.

Cisneros. N. 2024. "Mapping Artificial Intelligence Regulation in Latin America", https：//www. techpolicy. press/mapping-artificial-intelligence-regulation-in-latin-america/.

Correa, Carlos María, Danish Ido, Vitor Henrique Pinto, Jacquelene Mwangi, & Daniel Uribe Terán. 2023. "The Global Digital Compact：Opportunities and Challenges for Developing Countries in a Fragmented Digital Space", Research Paper, No. 187, South Centre, Geneva.

CSIS. 2024. "AI Safety Institute International Network：Next Steps and Recommendations", https：∥www. csis. org/analysis/ai-safety-institute-international-network-next-steps-andrecommendations.

Duale, O. & Alex-Adedipe. 2024. "Deepfakes：Legal Safeguards in Nigeria", https：∥www. doa-law. com/wp-content/uploads/2024/02/Deepfakes-Legal-Safeguards-in-Nigeria. pdf.

Fong, K. 2024. "From Paper to Practice：Utilizing the Asean Guide on Artificial Intelligence (AI) Governance and Ethics", https：∥www. iseas. edu. sg/wp-content/uploads/2024/06/TRS18_24. pdf.

He, A. 2025. "DeepSeek and China's AI Innovation in US-China Tech Competition", Centre for International Governance Innovation.

IBM Corporation. 2024. "What Is Algorithmic Bias？", https：∥www. ibm. com/think/topics/algorithmic-bias#：~：text=In%20healthcare%2C%20underrepresentation%20of%20minority, Black%20patients%20than%20white%20patients.

KPMG. 2024. "EU AI Act and the Asean AI Guide", https：∥kpmg. com/xx/en/our-insights/ai-and-technology/eu-ai-act-and-the-asean-ai-guide. html.

Library of Congress. 2024. "In Custodia Legis Law Librarians of Congress", https：∥blogs. loc. gov/law/2024/12/.

Malaysian Science and Technology Information Centre (MASTIC). 2023. "Artificial Intelligence Roadmap 2021-2025", https：∥mastic. mosti. gov. my/publication/artificial-intelligence-roadmap-2021-2025/.

Ministry of Electronics & Information Technology. 2024. "6th Meeting of the GPAI Ministerial Council Held on 3rd July 2024 at New Delhi", https：∥pib. gov. in/PressReleasePage. aspx？PRID=2030534.

Ministry of ICT and Innovation (MINICT). 2022. "The National AI Policy", https：∥www. minict. gov. rw/index. php？eID=dumpFile&t=f&f=67550&token=6195a53203e197efa 47592f40ff4aaf24579640e.

Ministry of Science Technology and Innovation. 2021. "Summary of the Brazilian Artificial Intelligence Strategy", https：∥www. gov. br/mcti/pt-br/acompanhe-o-mcti/transformacaodigital/arquivosinteligenciaartificial/ebia-summary_brazilian_4-979_2021. pdf.

Muldoon, J., Cant, C., Wu, B., & Graham, M. 2024. "A Typology of Artificial Intelligence Data Work." *Big Data & Society* 11 (1)：20539517241232632.

Okolo, C. T. 2023. "AI in the Global South：Opportunities and Challenges Towards More Inclusive Governance", https：∥www. brookings. edu/articles/ai-in-the-global-south-opportunities-and-challenges-towards-more-inclusive-governance/.

Pasipamire, N. and Muroyiwa, A. 2024. "Navigating Algorithm Bias in AI: Ensuring Fairness and Trust in Africa." *Frontiers in Research Metrics and Analytics* 9: 1486600.

Png, M. T. 2022. "At the Tensions of South and North: Critical Roles of Global South Stakeholders in AI Governance." *Proceedings of the 2022 ACM Conference on Fairness, Accountability, and Transparency*, pp. 1434-1445.

Roberts, H., Hine, E., Taddeo, M., & Floridi, L. 2024. "Global AI Governance: Barriers and Pathways Forward." *International Affairs* 100 (3): 1275-1286.

Schmitt, L. 2022. "Mapping Global AI Governance: A Nascent Regime in a Fragmented Landscape." *AI and Ethics* 2 (2): 303-314.

SSEK. 2024. "Regulation of Artificial Intelligence in Indonesia", https://ssek.com/blog/indonesia-law-update-regulation-of-artificial-intelligence/.

The Guardian. 2016. "Robot Factories Could Threaten Jobs of Millions of Garment Workers" (2016) [2025-04-27], https://www.theguardian.com/sustainable-business/2016/jul/16/robot-factories-threaten-jobs-millions-garment-workers-south-east-asia-women.

UNCTAD. 2024. "AI's $4.8 Trillion Future: UN Trade and Development Alerts Divides, Urges Action", https://unctad.org/press-material/ais-48-trillion-future-un-trade-and-development-alerts-dividesurges-action.

Vijayakumar, A. 2024. "AI Ethics for the Global South: Perspectives, Practicalities, and India's Role", https://www.ris.org.in/discussion-papers.

Wang, H. 2025. "Crucial Driver of Continent's Modernization", *China Daily Global*, https://www.chinadaily.com.cn/a/202503/04/WS67c641e2a310c240449d8589.html#:~:text=AI%20and%20digital%20talent%20training, 1%2C000%20annual%20scholarships%20to%20students.

Werner, Jeremy. 2024. "Unpacking the Declaración de Santiago: A New Dawn for AI Ethics in Latin America and the Caribbean", https://babl.ai/unpacking-the-declaracion-de-santiago-a-new-dawn-for-ai-ethics-in-latin-america-and-the-caribbean/#:~:text=The%20declaration%20warmly%20welcomes%20UNESCO%E2%80%99s, standards%20and%20human%20rights%20protections.

Working Group on Artificial Intelligence. 2018. "Mauritius Artificial Intelligence Strategy", https://treasury.govmu.org/Documents/Strategies/Mauritius%20AI%20Strategy.pdf.

Writer, Guest. 2023. "ICTworks: Introducing the National Artificial Intelligence Policy for Rwanda", https://www.ictworks.org/national-artificial-intelligence-policy-rwanda/#:~:text=The%20Rwanda%20AI%20policy%20aims, Enabler%20of%20the%20AI%20Revolution.

# 人工智能的跨国性风险及其国际法治理

黄志雄　张　磊　于昊昆*

**摘　要**　人工智能存在跨国性风险，表现在恶意使用风险、故障风险以及系统性风险三个方面。现有的人工智能治理路径因其固有的局限性难以完全适应人工智能的国际治理现状。此外，现行法律治理路径的局限性、现行国际法机制下的权利与义务错配、人工智能国际规则不足且欠缺代表性进一步影响了人工智能跨国性风险的有效治理。本文提出采取"基于关键性"的协调治理路径，区分"关键人工智能"与"一般人工智能"有利于集中讨论资源，推动国际共识形成。同时，本文主张强化跨国科技企业在国际治理中的权利与义务，实现治理主体权利与义务的合理配置。最后，通过确立国家在人工智能全生命周期中的法律义务与国际责任，实现对人工智能跨国性风险的预防与风险产生后的赔偿，多管齐下，通过国际法对人工智能跨国性风险进行治理。

**关键词**　人工智能　跨国性风险　国际法　人工智能国际治理

## 引　言

伴随国际社会共同利益的拓展，国际法经历了从"共存性国际法"（International Law of Coexistence）到"合作性国际法"（International Law of Cooperation）的发展（Friedmann，1964：60-62）。国家间最低限度的安全与生存要求得到满足后，洛克式"共存性国际社会"渐渐转向"合作性国际

---

\* 黄志雄，武汉大学国际法研究所教授，研究方向为国际法基本理论、网络空间国际法等；张磊，武汉大学国际法研究所博士研究生，研究方向为网络空间国际法、人工智能国际治理；于昊昆，武汉大学国际法研究所博士研究生，研究方向为国际法基本理论、网络空间国际法。

社会"（徐崇利，2009：96～98）。各国携手合作共同应对全球变暖、技术安全等全球性风险与挑战的意愿增强，国际法的目标也从维系国家间的共存关系逐渐转向合作治理国际问题。

当前，人工智能对科技、政治、经济等多个领域产生了颠覆性影响，但在看到其赋能千行百业、产生积极效应的同时，也不能忽视人工智能技术使用过程中的问题。人工智能可能产生的跨国性风险可以对国际社会整体构成威胁，需要共同应对。当人工智能的恶意使用风险、故障风险以及系统性风险造成的损害具有溢出国界的效应时，其开发、部署和应用活动便构成了国际法规制的对象与客体。

在国际社会合作化解人工智能跨国性风险的过程中，不同国家、多边机制以及国际组织围绕人工智能治理形成了"基于原则的治理路径"、"基于权利的治理路径"、"基于风险的治理路径"（UNESCO，2024）以及"基于场景的治理路径"（丁晓东，2024：3）等治理路径。在上述治理路径中，"基于原则的治理路径"试图从原则层面凝聚国际共识，通过"从抽象到具体"的方式实现对人工智能的有效治理。采取此路径进行治理的重要国际治理成果如2019年的《经合组织人工智能建议书》，阐明了重要的人工智能治理原则，成为全球第一个对人工智能进行负责任管理的政府间标准（OECD，2019）。"基于权利的治理路径"则围绕人权保障问题对技术加以规制。2024年欧洲委员会开放的《人工智能与人权、民主与法治框架公约》（以下简称《人工智能框架公约》）作为世界上首部人工智能国际公约，将捍卫人权、民主和法治视为目的与宗旨，便遵循了这一路径（Council of Europe，2024）。"基于风险的治理路径"在一定程度上构成了国际社会有效治理人工智能的主流路径。欧盟《人工智能法案》提出的风险分级分类要求成为该治理路径的一大鲜明特色。作为国际层面为数不多的对人工智能具有法律拘束力的监管规则，欧盟《人工智能法案》产生了广泛的国际影响，成为探讨人工智能跨国性风险化解中难以忽视的参照样本（European Union，2024）。"基于场景的治理路径"也称"场景化规制"，其强调将人工智能跨国性风险还原到具体的行业、整体产品和已有的法律关系中，利用已有的行业和领域性风险监管法律关系调整相关活动（丁晓东，2024：15）。一些国家对自动驾驶、深度伪造、推荐算法、人脸识别等分别进行规制，并未制定统一的监管规则，本身就是对"基于场景的治理路径"的实践。

然而，现有的人工智能治理路径仍存在局限性，难以完全适应碎片化、阵营化的人工智能国际治理现状。本文在梳理人工智能的主要跨国性风险及现行人工智能法律治理路径与机制的局限性的基础上，尝试采取"基于关键性"的协调治理路径、强化跨国科技企业在国际治理中的权利与义务、确立国家在人工智能全生命周期中的法律义务与国际责任三个方面探索人工智能跨国性风险的法律治理模式，以期为人工智能跨国性风险的国际治理提供中国智慧与中国方案。

## 一　人工智能的主要跨国性风险

在全球化背景下，国家之间互联互通，人工智能等新兴技术的部署与应用惠及全球大多数人，但相关风险因产品和服务的境外使用、数据的跨境流动等而轻易突破国界限制，产生外溢效应，构成人工智能的跨国性风险。2025 年 2 月，法国人工智能行动峰会发布的《2025 年国际人工智能安全报告》（以下简称《安全报告》）将人工智能的风险区分为恶意使用风险、故障风险以及系统性风险三类（Bengio et al.，2025），这些风险同样构成了人工智能国际治理的主要对象。

### （一）恶意使用风险

在《安全报告》中，"恶意使用"被界定为有意利用人工智能造成损害的行为（Bengio et al.，2025：223）。在这一定义下，使用者可能借由人工智能生成虚假信息、操纵舆论干涉他国大选，也可能借此进行网络攻击与助长生物和化学攻击（Bengio et al.，2025：62-87），这都将有可能使使用者通过人工智能造成跨国性损害。

一方面，恶意使用行为引发或助长了新的跨国性安全问题。从国际法角度讲，若上述行为由国家实施，则可能违反现行国际法规则，从而构成国际不法行为并承担国家责任（United Nations，2001：Article 1，Article 2，Article 3）。在上述情况下，若一国通过人工智能生成虚假信息以干涉一国的大选，则可能违反国际法中的不干涉内政原则［United Nations，1945：Article 2（7）］。若一国在战争中利用人工智能不加区别地发动网络攻击或助长生化武器的使用，则可能违反国际人道法中的区分原则与比例原则。

从这一意义上讲，人工智能的恶意使用风险似乎仍处于现行国际法的可规制框架内。然而，恶意使用人工智能的主体除国家外，还有可能是个人、黑客组织、网络恐怖组织等非国家行为体。这使以规定国家权利和义务为主的现行国际法效力受到了削弱。

另一方面，人工智能的恶意使用同样动摇了现行国际法得以存续的理论基础。例如，在国际人权法中，对观点与表达自由的保护通常是绝对的，即使是错误信息（misinformation），在不使公共利益受损的情况下，仍然有被保护的价值（United Nations，1966a：Article 19；Human Rights Committee，2011：para. 47，para. 49；Khan，2021：para. 38；Salov v. Ukraine，2005：para. 113）。在人工智能被恶意使用的背景下，由于缺乏"人的因素"介入，保护错误信息是否依旧属于保障人权的范畴便值得怀疑。与此同时，在人工智能深度伪造技术的影响下，生成的音频、视频、图像等信息真假难辨。即使保障言论自由，恐怕也很难达到"真理越辩越明"的效果，这也使对错误信息的保护弊端凸显，对错误信息进行保护的理论与哲学基础也将不复存在，国际法的适用与解释因而陷入困境。人工智能的恶意使用风险成为使用者恶意使用行为的"放大器"，其在加剧国际法困境的同时，也削弱了国际法的有效性。

## （二）故障风险

人工智能同样存在可信赖性不足、人工智能偏见以及失控等问题，这些问题共同构成了人工智能的故障风险（Bengio et al.，2025：88-109），同样有可能产生跨国损害后果。就当下人工智能的发展情况来看，人工智能仍然可能无法正确执行人类下达的指令和任务，人工智能幻觉等影响了人工智能的可信赖性（Bengio et al.，2025：88）。当使用者利用人工智能等技术工具辅助进行信息检索、内容生成等时，若人工智能生成信息的正确性无法得到保障，使用者的工作准确性也将受到直接影响。同时，人工智能的算法黑箱问题挑战了人类的知情权与自主决策权，不透明的算法侵蚀了人类的自主性，同时也可能威胁个体自由与加剧社会偏见（丁晓东，2020）。例如，在利用人工智能对佛罗里达州布劳沃德县进行犯罪风险预测的过程中，对非裔美国人进行错误标记的概率是白人的 2 倍（Angwin et al.，2016），面部分析的技术错误也有可能因种族和性别不同而产生差异

（Buolamwini & Gebru，2018），其所反映的一系列问题或将进一步蔓延并影响社会公众的认知，加剧社会偏见。

就其未来发展看，人工智能存在失控的风险。伴随着人工智能在深度学习领域的发展，越来越多的业内人士对人工智能的发展表现出担忧与不安（罗素、诺维格，2022：29）。人类对发展超级智能体存在的不安感也被概括为"大猩猩问题"：人类有可能无法控制比我们更加聪明的机器，正如大猩猩在进化过程中无法控制更为聪明的人类那样（罗素、诺维格，2022：29）。在这一意义上，人工智能发展带来的利益被科技发达国家优先享受，而人工智能失控带来的风险在全球化的背景下或将由全人类共同承担。

对于故障风险，可以优先从国内法角度加以解决，优先借助拘束力、执行力都更强的国内法律体系实现对人工智能的规制与监管。然而，在人工智能技术博弈和经济全球化的背景下，仅借助国内法治理人工智能问题是远远不够的。国家与国家之间可能进行人工智能的恶性竞争。为了保障本国人工智能技术处于领先地位，国家可能有意放松对本国人工智能的监管（The White House，2025），并令全球其他国家被动承受监管不力的消极后果。可以说，在人工智能博弈的赛道上，国家固然应当提高技术更新速度，鼓励创新，但这也使人工智能的发展面临"恶意竞速""超速失控"的风险。其不仅将使单一国家受到损害，还将给国际社会带来隐患。

对这一问题的化解，不能仅依靠国家这一"驾驶员"的自我约束，而更应当通过制定外部规则对"驾驶员"的"速度"进行规制。为使人工智能的发展行稳致远、在国际层面进行有序竞争，有必要在利用国内法进行规制的基础上，发挥国际法的作用，对人工智能进行有效的治理，将人工智能的发展限制在可控的范围内，减少人工智能在使用过程中存在的技术风险，避免人工智能酿成不可挽回的全球性悲剧。

### （三）系统性风险

从更广泛的意义上讲，人工智能还存在同社会议题相联结的系统性风险：人工智能引发的劳动力市场问题、技术研发鸿沟、环境破坏风险、知识产权侵权等问题远远超越了个体模型所引发的困境（Bengio et al.，2025：110），需要国际法加以体系化因应。

以劳动力市场问题为例，人工智能在方便社会生活的同时，也导致诸多传统工作岗位被人工智能取代，进而造成大量劳动者失业。这种劳动力市场上的风险更有可能发生在低技能劳动者群体中，进而导致社会不平等加剧，同时也导致发展中国家的劳动力市场受到更为严重的冲击。伴随全球化的发展，跨国公司获得了在全球布局产业链的能力，其在增强资本权力的同时，也弱化了劳工权力，导致传统的劳动法不敷所用（陈一峰，2016：1382）。在人工智能技术很大程度上受跨国公司主导的背景下，跨国公司可能进一步倚仗技术方面的优势，侵害发展中国家劳动者受国际法保护的工作权（United Nations，1966b：Article 6），从而在享受人工智能红利的同时实现人工智能的"风险转嫁"，产生跨国性影响。据此，国际社会有必要围绕商业与人权等议题，系统地讨论人工智能对劳动力市场的侵害情况与发展趋势，并制定相应的治理对策，以缓解劳动力市场问题。

与此同时，在人工智能技术研发方面，发展中国家同发达国家之间存在明显的技术鸿沟。数据显示，发展中国家的技术仍然明显落后于发达国家（Maslej et al.，2024：48）。在国际社会致力于共同发展的背景下，新兴技术却导致国家之间的不平等加剧。人工智能或将进一步推进资本向发达国家流动，并令发展中国家承担发展不均衡所产生的后果。在此背景下，2024年第78届联合国大会协调一致通过中国主提的加强人工智能能力建设国际合作决议，试图弥合数字鸿沟，平等发展和利用人工智能技术，共享人工智能知识成果（United Nations，2024）。然而，推动发展中国家人工智能发展的美好愿景能否在实践中实现，仍然需要进一步的制度建构与时间检验。

上述人工智能风险具有溢出性、普遍性，构成现实的跨国性风险，亟须通过寻求恰当的治理路径、选择合适的监管方式等加强国际治理。

## 二 现行人工智能跨国性风险治理路径的局限性

当前，人工智能跨国性风险的国际治理规则呈现"国际软法先行，区域硬法并进"的态势。从积极方面看，伦理规范、决议、倡议、宣言等软法既能约束相关实体行为，又不至于遏制创新，在人工智能跨国性风险国际治理初期发挥了重要作用。欧盟《人工智能法案》《人工智能框架公约》

等区域硬法作为最早的统一监管法案和国际公约，为全球性的人工智能国际规则制定提供了良好的范本。

然而，现阶段人工智能跨国性风险的法律治理路径和机制仍然存在一定的局限性，影响了国际社会对人工智能跨国性风险的有效治理。

### （一）现行治理路径的局限性

现行的人工智能跨国性风险治理诸多路径仍存在一定的局限性，若无法对不同治理路径的局限性加以甄别，将有可能导致治理过程中的"药不对症"。

第一，"基于原则的治理路径"从原则出发构建人工智能跨国性风险治理的框架，固然具有易形成国家间共识等优点，有利于为国家化解人工智能跨国性风险提供方向性指引。然而，"原则性"本身也意味着"模糊性"，导致人工智能跨国性风险的治理在某种程度上缺乏明确性与可操作性，仍然需要国际规则的补充。从国际法角度讲，规则是具有强制性的，但原则只提供了一种指南，行动者仍有选择如何行动的余地（贾兵兵，2022：45）。因此，尽管联合国教科文组织、经合组织等发布的人工智能原则为国家提供了良好的行为导向与行动指南，但由于在其各项原则下国家的解释空间过大，国家仍存在过大的自由裁量权，无法对人工智能跨国性风险治理发挥直接的督促和规制作用。

第二，"基于权利的治理路径"以人权等价值观作为主要标准，诚然推动了个体权利保护的实现，但也在一定程度上忽视了人工智能治理中需要考量的其他因素。事实上，人工智能引发的跨国性风险的覆盖面之广远远超过了个体权利的保护范畴。在本文第二部分所讨论的内容中，无论是借助人工智能进行网络攻击，还是未经授权获取数据训练模型而侵犯知识产权，都体现了技术给国家安全、法律制度与社会发展带来的挑战。因此，仅仅以"基于权利的治理路径"作为人工智能跨国性风险治理的主要路径，未免有顾此失彼、抓小放大之嫌。

第三，"基于风险的治理路径"在欧盟《人工智能法案》中得以确立，其通过对人工智能进行风险等级划分，并针对不同等级的风险提出不同的要求，做到了"对症下药"。与此同时，通过设定进入市场前的预防义务并在进入市场后持续监督，基本实现了对人工智能跨国性风险的有效治理。

然而，在借鉴其经验的同时，也应注意到，欧盟《人工智能法案》中"基于风险的治理路径"在很大程度上是依托欧盟这一独特的"超国家"组织形式存在的。其虽然对欧盟内各个成员国具有相应的拘束力，有助于人工智能跨国性风险的治理，但在另一方面，欧盟《人工智能法案》也具有一定程度国内法的性质，其由欧盟制定，直接对成员国与成员国国民适用（张晓东，2010：69），其是否适合直接作为以国际法方式治理人工智能跨国性风险的主要路径仍值得商榷。

第四，"基于场景的治理路径"以现有法律规则为基础寻求或制定适用于人工智能在不同行业和领域的监管规则，就国际治理而言，这一路径或加剧国际法的碎片化以及各国解释、适用国际法的不确定性。更何况人工智能跨国性风险治理作为国际领域的新型问题，本就难有现行国际法律规则加以依托，更难以适用此治理路径。

第五，从整体来看，面对新产生的技术问题，在很大程度上需要通过国际条约等形式制定新的国际规则来加以化解，而新国际规则需要国家间达成共识。因此，确定国际社会优先就何种事项、在何种范围与程度达成共识便尤为重要。正确范围的确定，将有利于国际社会优先就重要事项达成共识，从而以更加务实的作风应对人工智能跨国性风险带来的挑战。然而，在当前诸多人工智能治理路径中，对人工智能跨国性风险治理的讨论似乎缺少适当的焦点。以欧盟《人工智能法案》为例，传统"基于风险的治理路径"聚焦于可能发生的损害而非实际危险（张凌寒，2025：93），并对一切人工智能产品加以规制，在一定程度上忽视了"何种人工智能应当受到优先监管"这一问题。因此，这一治理路径本身或存在过度关注未发生风险的潜在问题。若在国际层面采取"基于风险的治理路径"，将有可能导致公共资源向当下无关紧要的技术规制倾斜，进而影响共识的达成。

总之，在寻找可供借鉴的国际治理路径时，现行的治理路径或多或少存在一定的局限性，难以将其视作人工智能跨国性风险治理的最佳路径。面对人工智能跨国性风险治理领域有限的话语资源，国际社会应当集中关注点，协调不同的治理路径并加以灵活运用，以化解风险。

### （二）现行国际法机制下的权利与义务错配

除现行治理路径的局限性外，现行国际法机制下的权利与义务亟须得到更加合理的配置。换言之，国际法的主要主体是主权国家（周鲠生，2018：60），国际法仅在国际人权法、国际组织法等领域才赋予个人等非国家行为体有限的法律主体地位（Shaw，2021：235-237）。然而，在人工智能技术与产业的发展中，掌握人工智能最先进的算法、模型，并直接控制人工智能的部署和应用的主体却极有可能是各大跨国科技企业。可以说，从某种意义上讲，OpenAI、Google、Microsoft 等科技公司对人工智能行业的影响可能远比一些发展中国家在该领域的影响大，产生的影响也更加深远。尽管如此，在人工智能国际规则发展过程中，行业共同体虽然推出了一些自律性规范，但其影响力依然较弱（张磊，2024：124）。因此，若国际法不能在人工智能领域实现权利与义务的合理配置，仅基于传统规制视角将国际法的规制对象聚焦于主权国家，而忽视对跨国科技企业的直接或间接规制，或在制定国际规则的过程中未能充分考虑其态度和意见，将有可能导致在人工智能治理过程中权利与义务的错配。这进一步说明完善人工智能跨国性风险治理机制的紧迫性与现实性。

### （三）人工智能跨国性风险治理规则不足且欠缺代表性

当前人工智能跨国性风险的治理还存在规则不足的问题，国际社会尚不存在各国广泛参与、凝聚各国共识的国际法。人工智能跨国性风险治理中虽然有广泛的国际软法，但是从实证主义的国际法立场出发，缺乏国家的明示或默示同意，国际软法本身并不是具有拘束力的法律。在现有国际规则中，唯有欧盟《人工智能法案》与《人工智能框架公约》具有法律拘束力，其中欧盟《人工智能法案》属于欧盟法的范畴，仅对欧盟成员国具有效力，而后者适用于欧洲委员会的成员国和观察员国，签署《人工智能框架公约》的非西方国家较少，缺乏发展中国家的参与，相关领域国际规则依然处于相对不足的状态。

事实上，国际法的欧洲中心主义被诟病已久，其反映了国际法历史上的霸权主义特征（洛尔卡，2012：1037~1060）。现行国际法的实在体系不仅是欧洲思想自觉活动的产物，而且其精髓也源于共同的信仰，在这两个方面，它都主要是起源于西欧的（Anghie，2006：739）。为了改变这一现状，推动国际法的真正民主化，有必要在人工智能等新兴国际法领域推广反映各国共同意志的国际治理理念与规则。然而，在新兴领域对国际规则塑造起重要作用的，仍然是传统的西方国家。目前的欧盟《人工智能法案》与《人工智能框架公约》都反映了以欧盟为代表的西方国家主导的特征，而且未来欧盟《人工智能法案》还将继续发挥"布鲁塞尔效应"[①]，美西方国家也将积极推动其区域主张上升为全球规则。为了回应这一现象，中国及其他发展中国家需要进一步参与人工智能跨国性风险治理议题的讨论，尝试掌握规则制定权，并提出符合广大发展中国家利益的国际治理主张。

## 三 人工智能跨国性风险的法律治理

考虑到人工智能跨国性风险的现实性以及现行人工智能跨国性风险治理路径的局限性，下文拟从采取"基于关键性"的协调治理路径、强化跨国科技企业在国际治理中的权利与义务、确立国家在人工智能全生命周期中的法律义务与国际责任三方面提出建议。在采取"基于关键性"的协调治理路径上，以各行业或领域的人工智能系统在国家安全、公共安全中的重要性为二分标准，划分"关键人工智能"和"一般人工智能"并划定不同监管范围以及明确监管措施。在强化跨国科技企业在国际治理中的权利与义务上，鉴于跨国科技企业在人工智能的技术创新与产业发展中发挥的重要作用，应进一步强化企业在国际治理中的参与，并赋予其直接或间接的义务。在确立国家在人工智能全生命周期中的法律义务与国际责任方面，应确立人工智能事前与事中监管的预防义务，并借助国际赔偿责任这一概念对人工智能侵害后果寻求赔偿。

### （一）采取"基于关键性"的协调治理路径

针对现有不同治理路径的局限性，以及整体治理过程中缺乏讨论焦点的问题，国际社会应优先将有限的国际话语资源投入关键的人工智能治理

---

① "布鲁塞尔效应"是指欧盟无须寻求与他国政府合作、仅须规制域内市场即可单方面监管全球市场的能力（赵海乐，2023：79）。

上。与此同时，也应针对人工智能治理的阶段和性质采取不同的治理路径并"对症下药"。有鉴于此，本文拟采取"基于关键性"①的协调治理路径作为对其他治理路径的补充。

有学者提出一种具有适应性的分级分类治理方案，将能力、影响和属性等维度与风险程度结合形成复合型的分级分类标准，然后综合区分"关键人工智能"与"一般人工智能"（张凌寒，2025：107）。其中，"关键人工智能"系指达到一定能力标准、在重要场景发挥核心功能或应用于关键基础设施的人工智能系统，其并非等同于"高风险人工智能"（张凌寒，2025：107）。对于国际治理而言，这一高度概括性、有解释力的概念基于重要程度对人工智能进行了划分，对这一概念加以借用或将有助于分析当前碎片化、阵营化的人工智能国际治理现状。为便于和"基于风险的治理路径""基于场景的治理路径""基于权利的治理路径"等治理路径形成对比，本文将其称为"基于关键性"的协调治理路径。

在定义"关键人工智能"的过程中，最核心的内容在于划分"关键人工智能"与"一般人工智能"并设置不同的国际监管要求，使"关键人工智能"既成为国际社会规制的对象，在必要时也能使其成为国家优先保护的对象，从而应对人工智能的技术风险。在这一过程中，虽然"基于风险的治理路径"为人工智能治理提供了方法，但是"基于风险的治理路径"更侧重于保护基本人权，并以风险等级为唯一标准，存在不科学和僵化的困境（丁晓东，2024：3）。为此，"基于关键性"的协调治理路径有助于弥补其缺陷，维护国家安全、公共安全等重要价值（丁晓东，2024：3）②，在评估"关键人工智能"时综合考察风险、能力、属性、影响等多个因素，尤其关注人工智能系统在国家政务、金融、电力、水利、能源、通信、医疗等领域关键基础设施中的应用风险。这不仅使其在概念内涵和制度外延方面更具有包容性，也因关键基础设施是国家主权的核心表征（United Na-

---

① 中国政法大学张凌寒（2025）在其文章中提出"关键人工智能"与"一般人工智能"这一概念区分，本文对这一概念进行了借用。然而，在具体治理领域上，张教授所讨论的对象主要是国内的人工智能治理问题。考虑到国际法与国内法的不同，本文在国际法视角下对这一概念的讨论或同原文中的理解有一定差异。

② 有学者（丁晓东，2024）认为，对人工智能系统及其提供者的法律规制，尤其应该注重国家安全、重大公共安全方面。这一观点是本文以人工智能系统在国家关键基础设施中的应用为考察中心的理论基础。

tions，2021)①，更适合跨境国家安全风险的治理。在此基础上，对在国家安全、公共安全相关基础设施中发挥核心功能的"关键人工智能"，应予以优先监管和严格监管。"关键人工智能"的恶意使用风险、故障风险和系统性风险往往容易造成重大跨境损害，应予以基本的控制；同时，对他国"关键人工智能"实施攻击，可能构成对国家主权的侵犯，受害国有权通过要求道歉、赔偿等追究相关国家的责任。其他人工智能通常为"一般人工智能"，由于国际社会话语资源的有限性，同时也是出于鼓励创新、促进人工智能行业发展的需要，可以在一定程度上对其放松监管，国家仅履行必要的（风险）预防义务。

"基于关键性"的协调治理路径的比较优势在于其能够在最大限度上聚焦国际社会讨论的话语资源。相比于其他治理路径，"基于关键性"的协调治理路径分类简洁，相对适合在人工智能国际规则建构初期求同存异，制定统一的全球风险治理框架。其并非聚焦于潜在的、未发生的、理论上的风险，也并非强调对一切人工智能技术进行普遍规制和监管，而是聚焦于"在重要场景发挥核心功能"及应用于"关键基础设施"的人工智能技术，并对其加以优先规制、严格规制，以同"一般人工智能"的治理相区分。考虑到国际规则生成的过程往往需要大量的讨论并最终达成共识，因此只有通过将有限的国际话语资源集中于重要行业和关键领域，才有可能在相对较短的时间内尽快达成国际共识，从而形成相应的国际治理规则。

在"基于关键性"的协调治理路径同其他人工智能治理路径的关系上，两者属于相互调和、彼此补充的关系。"关键人工智能"强调了人工智能治理过程中的分类方法，提供了人工智能风险规制的监管框架；而其他人工智能治理路径则在一定程度上为人工智能治理提供了实质性的原则、规则与方法。因此，在人工智能治理过程中，应综合选取前文提及的各种治理路径，克服其各自的局限性，并发挥其相对优势。例如，在针对"关键人工智能"治理的初期，可以采取"基于原则的治理路径"，确定该领域应当接受和采取的具体原则；而当"基于原则的治理路径"的模糊性及不确定性逐渐显露时，针对"关键人工智能"领域和需要的不同，转而采取"基

---

① 多数国家在其关于国际法适用于网络空间的立场声明中指出，对关键基础设施发起网络攻击即视同侵犯国家主权。

于权利的治理路径""基于场景的治理路径"等治理路径，实现治理路径上的协同。

## （二）强化跨国科技企业在国际治理中的权利与义务

在新一轮科技革命的背景下，鉴于跨国科技企业在推动技术和产业发展及其治理方面发挥的关键作用，应当进一步强化跨国科技企业在人工智能治理过程中的权利与义务。从新现实主义的角度讲，跨国科技企业通过技术垄断实现了治理权力的扩张，亟须对国际权力结构进行调整。在现代科技社会中，技术已经不仅仅是工具，更是塑造国家、社会发展路径的关键变量。尽管传统权力形式仍然重要，但其运行越发依赖对关键结构性资源及其治理规则的掌控（孙志伟、殷浩铖，2025：144）。脱离跨国科技企业的配合，国际社会或将陷入"无序状态"。主权国家在新兴技术等特定领域向跨国科技企业让渡部分治理权力是合理的、利大于弊的。

在人工智能的区域治理中，国际社会在赋予跨国科技企业相应的权利与义务方面已经积累了一定的经验。2024 年，欧盟《人工智能法案》《人工智能框架公约》相继通过。鉴于欧盟《人工智能法案》全面生效尚需两年时间，且《人工智能框架公约》因多国反对未直接赋予跨国科技企业国际义务，2024 年 9 月至 2025 年 3 月 24 日，共 193 家科技企业签署了欧盟《人工智能公约》（AI Pact）①。欧盟《人工智能公约》要求企业制定的人工智能治理战略与欧盟《人工智能法案》衔接、识别高风险人工智能系统以及加强员工相关培训等。欧盟《人工智能公约》虽然是自愿承诺性质的国际软法，但从其签署和实施过程来看，也是科技企业在人工智能领域享有权利并承担义务的具体实践。据此，考虑到跨国科技企业在人工智能跨国性风险治理中发挥的重要作用，令其在国际法下承担权利和义务不仅具有应然层面的必要性，也有可能在实然层面成为未来国际治理的一大趋势。

就跨国科技企业的权利而言，企业应享有人工智能跨国性风险治理规则制定、实施与执行过程中的磋商和建议权，多利益攸关方治理的模式在人工智能未来治理中的作用将进一步凸显（Cowan，2023）。在此基础上，国际社会在设置人工智能跨国性风险治理的相关议程中，应当积极纳入并

---

① EU，"AI Pact"，https://digital-strategy.ec.europa.eu/en/policies/ai-pact。

反映企业的呼声和观点。目前，国际层面的人工智能安全峰会、人工智能行动峰会以及我国主办的世界人工智能大会均纳入了科技企业，科技企业的积极参与和建言献策，反映了人工智能领域科技企业参与意识日益增强的趋势。

就跨国科技企业的义务而言，跨国科技企业不仅需要承担人工智能系统研发、销售、部署和应用全生命周期的风险预防义务，也应当对国际层面存在的人工智能倡议、主张加以落实。在这一过程中，除要求企业主动遵守国际规则外，也应当尽可能推动国家切实履行作为国际软法的各类人工智能治理的国际倡议，对人工智能跨国性风险进行共同监管。通过将国际倡议转化为拘束力更强的国内法，企业在实然层面对人工智能技术负责，并实现"国际主张"同"国内规则"之间的"联动"。

### （三）确立国家在人工智能全生命周期中的法律义务与国际责任

法律具有导向作用，能够为国家提供行为模式的指引。通过国际法为国家设立相关法律义务并以责任为底线，有利于督促相关法律主体切实履行监管义务，从而防止人工智能风险外溢。在国际治理过程中，国际法需要处理人工智能系统研发、销售、部署和应用全生命周期的跨国性风险与损害，并就其确立相关法律义务与国际责任。人工智能全生命周期的法律义务设定与国际责任分配过程中，可根据"事前—事中—事后"的逻辑，明确国家在事前与事中的预防义务以及事后的救济与赔偿责任。

预防义务是（风险）预防原则义务属性的体现。该原则在 1941 年的"特雷尔冶炼厂仲裁案"中最早作为一项国际法律原则被提出，国际仲裁庭认为，当情况严重且伤害有明确且令人信服的证据时，国家无权以造成另一国领土内财产或人身伤害的方式使用或允许使用其领土（Trail Smelter Case, 1941)，该原则后在国际环境法领域逐渐成为一项基本原则（张华, 2011：101)。近年来，预防原则在国际治理中的地位和作用日益受到重视，扩展适用于国际和平与安全、气候变化、海洋、公共卫生、新兴科技等诸多领域。有学者指出，在技术发展和治理的早期阶段应纳入预防原则，该原则已被证明在管理与新兴和不可预测技术有关的风险方面是有效的（Ponce, 2024：14)。欧盟《人工智能法案》《人工智能框架公约》虽未直接表述预防原则，但其风险评估、审查等措施却体现了预防原则的应用。

在人工智能跨国性风险治理中，预防义务的建构包括两个方面。首先，人工智能提供者的管辖国须承担预防义务，在本国所研发的模型、系统、产品或提供的服务的出口中把牢质量与风险的审查关，严格遵循"不合格不上市（市场）、不合格不出口"的原则，从而避免人工智能技术产生跨国性风险。其次，在国家履行预防义务进行国内监管的情况下，人工智能提供者也将联动履行预防义务，如通过建立"合格测评制度"等手段确保所研发模型、系统、产品或提供的服务的安全性，并实现人工智能的能力和行为与人类价值观对齐。此外，在人工智能投入使用过程中，人工智能提供者、提供者管辖国应对人工智能模型和系统的二次开发、集成与应用等保持关注，尤其要避免恶意使用、滥用等风险。

然而需要承认，事前预防、事中共同监管并不能排除所有风险，而是将风险控制在合理的范围内。考虑到人工智能的应用与活动致损依然难以完全避免，建立事后救济与赔偿机制是必要的（Botes，2023：3）。责任制度和权利救济有助于实现法律治理的事后反馈，加强制度工具间的协同，促进人工智能提供者、提供者管辖国在事前、事中阶段加强对风险的防范和控制，而缺乏有效的问责制度会导致事前、事中的管理标准难以转化为切实的成果（张凌寒，2025：110）。在这一过程中，国际法中的国际赔偿责任将有可能发挥作用。这一概念作为国际法上责任制度的新发展，要求对国际法不加禁止的行为产生的后果承担赔偿责任（Shaw，2021：751）。相较于传统的国家责任，国际损害赔偿责任具有两个特点：第一，造成损害的活动本身是国际法不加禁止的；第二，造成损害者和受损者都不一定仅仅是国家（白桂梅，2015：243）。其既契合了国际社会发展人工智能的客观需要，也满足了对人工智能实然损害的治理需求。因此将国家赔偿责任用于人工智能领域或有进一步的讨论空间和发展余地。与此同时，在国际赔偿责任尚未在人工智能领域明确的背景下，将国际赔偿责任从直接针对国家转向针对造成损害的人工智能提供者，从而使其被纳入国际私法调整范围，在当下可被视作一种务实的做法（白桂梅，2015：245）。考虑到具体的赔偿问题，国际社会或可建立一种基于保险的风险分散机制。通过建立保险机制来分散由不可预测的人工智能应用结果引发的损失或损害风险。国际保险基金可由主权国家、跨国科技企业共同出资，确保在发生不可预见的损害事件时，能够为受害者提供及时的经济补偿（Howell，2024）。

# 四 结语

总之，现阶段人工智能的恶意使用风险、故障风险以及系统性风险具有跨国性，可能给国际社会带来不利后果。然而，现有的治理路径在人工智能国际治理层面仍然有一定的局限性，国际法在权利与义务的配置上存在错位，法律规则也仍然存在不足。在国际法从"共存性国际法"转向"合作性国际法"的过程中，本文拟采取"基于关键性"的协调治理路径在风险分级分类的基础上进行适当改进，通过"关键人工智能"与"一般人工智能"的二元划分，聚焦国际讨论的话语资源，在配合其他治理路径的基础上，推动国际共识的形成。在此基础上，考虑到跨国科技企业在国际治理中的重要地位，应从国际法角度确定其相应的权利与义务。同时，还应以人工智能全生命周期为基准，明确国家在事前及事中的预防义务，以及事后的救济和赔偿责任，多管齐下，从国际法角度治理人工智能跨国性风险。

**参考文献**

阿努尔夫·贝克·洛尔卡，2012，《国际法史中的欧洲中心主义》，载巴多·法斯本德、安妮·彼得斯主编《牛津国际法史手册》（下册），李明倩、刘俊、主伟臣译，上海三联书店。

白桂梅，2015，《国际法》（第三版），北京大学出版社。

陈一峰，2016，《跨国劳动法的兴起：概念、方法与展望》，《中外法学》第 5 期。

丁晓东，2020，《论算法的法律规制》，《中国社会科学》第 12 期。

丁晓东，2024，《人工智能风险的法律规制——以欧盟〈人工智能法〉为例》，《法律科学》（西北政法大学学报）第 5 期。

贾兵兵，2022，《国际公法：和平时期的解释与适用》（第二版），清华大学出版社。

斯图尔特·罗素、彼得·诺维格，2022，《人工智能：现代方法》（第四版上册），张博雅、陈坤、田超、顾卓尔、吴凡译，人民邮电出版社。

孙志伟、殷浩铖，2025，《人工智能时代数字巨头的技术权力及其对"全球南方"的挑战》，《国际安全研究》第 2 期。

徐崇利，2009，《国际社会的法制化：当代图景与基本趋势》，《法制与社会发展》第 5 期。

张华，2011，《论欧盟食品安全法中的风险预防原则：问题与前瞻》，《欧洲研究》第 4 期。

张磊，2024，《人工智能国际规则博弈态势、共识分歧与中国"话语势能"建构》，《新 疆社会科学》第 4 期。

张凌寒，2025，《人工智能法律治理的路径拓展》，《中国社会科学》第 1 期。

张晓东，2010，《论欧盟法的性质及其对现代国际法的贡献》，《欧洲研究》第 1 期。

赵海乐，2023，《欧盟数字市场治理规则"布鲁塞尔效应"的限度与我国因应》，《德国 研究》第 6 期。

周鲠生，2018，《国际法》，商务印书馆。

Anghie, A. 2006. "The Evolution of International Law Colonial and Postcolonial Realities." *Third World Quarterly* 27 (5): 739-753.

Angwin, J., Larson, J., Mattu S., Kirchner. L. 2016. "Machine Bias." https://www. propublica. org/article/machine-bias-risk-assessments-in-criminal-sentencing.

Bengio, Y., Mindermann, S., Privitera , D., Besiroglu, T., Bommasani, R., Casper, S., Choi, Y., Fox, P., Garfinkel, B., Goldfarb, D., Heidari, H., Ho, A., Kapoor, S., Khalatbari, L., Longpre, S., Manning, S., Mavroudis, V., Mazeika, M., Michael, J., Newman, J., Ng, K. Y., Okolo, C. T., Raji, D., Sastry, G., Seger, E., Skeadas, T., South, T., Strubell, E., Tramèr, F., Velasco, N., Wheeler, N., Acemoglu, D., Adekanmbi, O., Dalrymple, D., Dieterich, T. G., Fung, P., Gourinchas, P.-O., Heintz, F., Hinton, G., Jennings, N., Krause, A., Leavy, S., Liang, P., Ludermir, T., Marda, V., Margetts, H., McDermid, J., Munga, J., Narayanan, A., Nelson, A., Neppel, C., Oh, A., Ramchurn, G., Russell, S., Schaake, M., Schölkopf, B., Song, D., Soto, A., Tiedrich, L., Varoquaux, G., Felten, E. W., Yao, A., Zhang, Y. -Q., Ajala, O., Albalawi, F., Alserkal, M., Avrin, G., Busch, C., Carvalho, A. C. P. de L. F. de, Fox, B., Gill, A. S., Hatip, A. H., Heikkilä, J., Johnson, C., Jolly, G., Katzir, Z., Khan, S. M., Kitano, H., Krüger, A., Lee, K. M., Ligot, D. V., López Portillo, J. R., Molchanovskyi, O., Monti, A., Mwamanzi, N., Nemer, M., Oliver, N., Rivera, R. Pezoa, Ravindran, B., Riza, H., Rugege, C., Seoighe, C., Sheikh, H., Sheehan, J., Wong, D., & Zeng, Y. 2025. "International AI Safety Report", https://www. gov. uk/government/publications/international-ai-safety-report-2025.

Botes, M. 2023. "Regulating Scientific and Technological Uncertainty: The Precautionary Principle in the Context of Human Genomics and AI." *South Africa Journal of Science* 119 (5/6): 1-6.

Buolamwini, J. & Timnit Gebru. 2018. "Gender Shades: Intersectional Accuracy Disparities in Commercial Gender Classification. " *Proceedings of Machine Learning Research* 81: 1-15.

Council of Europe. 2024. "Council of Europe Framework Convention on Artificial Intelligence and Human Rights, Democracy and the Rule of Law", https://rm. coe. int/1680afae3c.

Cowan, A. 2023. "Multi Stakeholder AI Governance: The International Institutions Shaping Tomorrow's AI Regulatory Frameworks", https://portulansinstitute. org/multi-stakeholder-ai-governance/.

European Union. 2024. "Artificial Intelligence Act", https://eur-lex. europa. eu/legal-content/EN/TXT/? uri=CELEX: 32024R1689.

Friedmann, W. 1964. *The Changing Structure of International Law*. London: Stevens & Sons.

Howell, B. 2024. *Regulating Artificila Inteliigence in a World of Uncerntainty*. American Enterprise Institute.

Human Rights Committee. 2011. "General Comments No. 34 on Article 19: Freedoms of Opinion and Expression", https://docs. un. org/en/CCPR/C/GC/34.

Khan, I. 2021. "Disinformation and Freedom of Opinion and Expression. " Human Rights Council. A/HRC/47/25.

Maslej, N. , Fattorini, L. , Perrault, R. , Parli, V. , Reuel, A. , Brynjolfsson, E. , Etchemendy, J. , Ligett, K. , Lyons, T. , Manyika, J. , Carlos Niebles, J. , Shoham, Y. , Wald, R. , Clark, J. 2024. "Artificial Intelligence Index Report 2024. " AI Index Steering Committee, Institute for Human-Centered AI, Stanford University.

OECD. 2019. "Recommendation of the Council on Artificial Intelligence. " OECD/LEGAL/0449.

Ponce, A. 2024. "AI: The Value of Precaution and the Need for Human Control. " In Ponce, A. (ed. ), *Artificial Intelligence, Labour and Society*. Brussels: ETUI.

Salov v. Ukraine. 2005. "Judgement, European Court of Human Rights", https://hudoc. echr. coe. int/eng# {%22fulltext%22: [%22Salov%20v. %20Ukraine%22], %22document-collectionid2%22: [%22GRANDCHAMBER%22, %22CHAMBER%22], %22itemid%22: [%22001-70096%22]}.

Shaw, M. 2021. *International Law* (9th edition). Cambridge University Press.

The White House. 2025. "Removing Barriers to American Leadership in Artificial Intelligence", https://www. whitehouse. gov/presidential-actions/2025/01/removing-barriers-to-american-leadership-in-artificial-intelligence/.

Trail Smelter Case (United States v. Canada). 1941. "Reports of International Arbitral Awards", https://legal. un. org/riaa/cases/vol_ III/1905-1982. pdf.

UNESCO. 2024. "Consultation Paper on AI Regulation Emerging Approaches across the World. "

CI/DIT/2024/CP/01.

United Nations. 1945. "Charter of the United Nations", https://treaties. un. org/doc/Publication/CTC/uncharter. pdf.

United Nations. 1966a. "International Covenant on Civil and Political Rights", https://treaties. un. org/doc/Treaties/1976/03/19760323%2006-17%20AM/Ch_IV_04. pdf.

United Nations. 1966b. "International Covenant on Economic, Social and Cultural Rights", https://treaties. un. org/doc/Treaties/1976/01/19760103%2009-57%20PM/Ch_IV_03. pdf.

United Nations. 2001. "Responsibility of States for Internationally Wrongful Acts. A/RES/56/83", https://docs. un. org/en/A/RES/56/83.

United Nations. 2021. "Official Compendium of Voluntary National Contributions on the Subject of How International Law Applies to the Use of Information and Communications Technologies by States Submitted by Participating Governmental Experts in the Group of Governmental Experts on Advancing Responsible State Behaviour in Cyberspace in the Context of International Security Established Pursuant to General Assembly Resolution 73/266, A/76/136", https://docs. un. org/en/A/76/136.

United Nations. 2024. "Enhancing International Cooperation on Capacity-building of Artificial Intelligence. A/RES/78/311", https://digitallibrary. un. org/record/4054005? v=pdf.

# GenAI 赋能信息共享的风险治理机制研究<sup>*</sup>

# GenAI 赋能信息共享的风险治理机制研究[*]

唐思慧　丁天曲[**]

**摘　要**　生成式人工智能（GenAI）赋能信息共享的同时也衍生出信息真实性等风险问题，研究旨在技术创新与风险控制之间寻找平衡，防范其滥用导致的虚假信息扩散、隐私侵犯及伦理失范等危害，确保 GenAI 服务于人类公共利益而非破坏信息生态。遵循递进式的研究思路，本文以"技术现象-风险分析-治理设计"为研究逻辑，分析 GenAI 赋能信息共享的逻辑与效率-安全矛盾本质，进而通过多案例分析揭示风险并提出治理路径。研究基于技术内生风险、制度适配风险及社会衍生风险三个维度构建了 GenAI 赋能信息共享的风险类型框架，并从技术治理、制度治理和伦理治理三方面提出了面向可信机制的风险治理路径，为破解"科林格里奇困境"提供参考。

**关键词**　GenAI　信息共享　风险类型　治理路径

# 引　言

随着大语言模型和多模态 AI 技术的迭代演进，以 DeepSeek、ChatGPT 为代表的生成式人工智能（Generative Artificial Intelligence，GenAI）利用千亿级参数的大模型架构对多模态信息进行压缩表征（罗坤明等，2025），并借助注意力机制实现了知识的动态交互。GenAI 驱动的技术范式转型以非线性、分布式和实时交互的特性，颠覆了传统信息传播的线性结构，更重构

　＊　基金项目：本文是湖南省教育厅重点项目"开放创新范式下知识共享机制研究"（21A0102）的阶段性成果。

＊＊　唐思慧，湘潭大学公共管理学院教授，主要研究方向为信息资源管理、数据保护；丁天曲，湘潭大学公共管理学院博士研究生，主要研究方向为数据安全与治理。

了信息生态底层逻辑和运行机制。在此技术背景下，信息的普惠价值得到释放，而信息共享模式在被颠覆的同时亦面临秩序重构的挑战。技术的快速演进引发的算法安全、科技伦理等方面的系统性风险日益凸显（罗梓超等，2025），信息共享效率提升与数据安全风险并存的矛盾，实质上是技术赋权与社会秩序重构之间的张力在社会需求维度的集中体现。如何突破传统"非此即彼"的零和博弈思维，实现效率与安全"动态平衡"的协同治理，是促进数据要素市场化和知识平权的必然要求。智能应用的大规模扩散会导致社会的复杂性涌现（魏钰明等，2025）。为规避其对个体认知、群体交互及系统秩序带来的潜在风险，各国相继制定并实施人工智能发展战略规划及治理条例（王威力、王玥珺，2025）。2024 年 8 月，欧盟《人工智能法案》正式生效，该法案是全球首部关于人工智能的法规。① 根据使用方法造成的影响对风险进行分类，目的在于在维护民主、人权和法治的同时推动人工智能的普及应用。2024 年 9 月，全国网络安全标准化技术委员会发布《人工智能安全治理框架》1.0 版，提出了包容审慎、确保安全，风险导向、敏捷治理，技管结合、协同应对，开放合作、共治共享等人工智能安全治理的原则（中华人民共和国国家互联网信息办公室，2024）。全球 AI 治理呈现"标准分立、执行割裂"的特征，缺乏统一监管模式和系统性治理框架，碎片化的政策规制使信息共享壁垒增加，而与日俱增的信息共享需求又倒逼治理框架的竞争性重构。如何在保障主权诉求的前提下释放数据要素价值，避免"技术乌托邦"沦为"数字丛林"，是当前亟须探讨的议题。基于此，本研究通过分析 GenAI 赋能信息共享的逻辑与效率–安全矛盾本质，结合案例分析风险形成机理，继而构建面向可信机制的 GenAI 风险治理路径，为提升我国 AI 风险治理效能提供参考。

# 一  相关研究

## （一）GenAI 风险治理相关研究

生成式大模型具备自主性、涌现性及快速迭代等技术特征（曾雄等，

---

① 《全球首部〈人工智能法案〉正式生效》，https://www.xinhuanet.com/tech/20240809/61e8802ebbf34d85a1d350fb539317eb/c.html，最后访问日期：2025 年 6 月 16 日。

2025），其衍生的风险问题呈现高度复杂性，国内外学者从伦理风险、数据风险、应用风险、技术风险和制度风险等方面对GenAI风险治理进行了探索。在伦理风险方面，有关研究指出AIGC伴生伦理价值失衡、伦理规范失控及伦理关系失调等风险（Al-kfairy et al.，2024），应在"可信治理"范式下确保技术的可控性、可问责性、可解释性和安全性（郑煌杰，2025）。在数据风险方面，训练数据作为关键"养料"决定了GenAI的内容质量，数据来源合规性、内容安全性、标注准确性及数据保密性等方面的风险治理已迫在眉睫（徐伟、韦红梅，2025）。在应用风险方面，已有学者基于风险治理的视角，从信息真实性、数据隐私保护及算法偏见等方面分析开源情报工作中GenAI的应用风险并提出了系统化应对策略（李逯炜、张梦星，2025）。在技术风险方面，当前GenAI的技术风险呈现层次化特征：输入层的数据泄露风险、隐藏层的算法滥用风险和输出层的虚假信息风险（童云峰，2024），理论上已经形成了"基于风险治理范式"、"基于主体治理范式"、"基于应用治理范式"、"治理型监管"和"内部管理型规制"（张欣，2023）。在制度风险方面，制度供给与技术演进的脱节导致风险日渐凸显，学者多围绕信用数据法律保护（刘浩，2025）、数据"投喂"的著作权侵权行为（常烨，2025）、生成物权利归属（易在成、宾兴扬，2025）等法律困境进行探讨。

### （二）GenAI赋能信息共享相关研究

信息共享作为知识社会的核心机制之一，是知识流动的基础和消除知识鸿沟的关键。GenAI通过内容生产自动化与语义理解强化，正在重构信息共享的底层逻辑。学者围绕内容生产模式、信息传播生态及信息服务平台等开展研究。在内容生产模式方面，GenAI不仅将在技术端驱动智能创作升级，也将在组织层重塑协作范式，在应用域重构内容形态、叙事结构与用户体验，创造内容产品的突破性可能。GenAI可自主分析应用场景特征，通过智能化的数据采集与模型训练，精准生成定制化产品内容，"人智协作"生产模式已被广泛应用于GLaM及新闻业、出版业等行业。在信息传播生态方面，GenAI的核心优势在于其强大的跨模态信息融合能力及认知交互能力（Lund et al.，2023），其传播过程具有去媒体化、唯用户化、暗网化、漏斗状输入输出等特征（赵刚等，2023），天然的传播属性与传播功能决定了它将对信息传播造成生态级、重构式、颠覆性的影响（陈刚，2024），但也存在信息传播失序、网络安全失守和意识形态失范等风险（景奎等，2025）。在信息服务平台方面，GenAI 已广泛嵌入学术平台、AIGC 问答平台、智慧健康知识服务平台、数字金融平台中，通过优化知识管理、升级交互模式、重构内容生产范式等，多维赋能信息服务平台向智能化、场景化和实时化方向演进。

### （三）相关研究述评

GenAI 在赋能信息共享领域的深度应用，显著提升了内容生产与传播效能，但也衍生出虚假信息扩散、算法偏见固化等新型风险。当前研究多聚焦于 GenAI 的技术迭代与场景创新，对风险治理的系统性探索仍有局限性。其一，既有治理框架多聚焦伦理规制、数据安全等单一维度，缺乏对技术内生性风险（如数据依赖、模型黑箱化、人机权责失衡）的交叉性剖析；其二，全球治理规则呈现碎片化特征，现有"被动式监管"模式难以适配 GenAI 实时动态演化的风险特质，亟须融合重构技术工具、伦理规范与法律政策的协同治理范式。全球数字治理格局加速重构，我国亟须通过技术自主性与规则话语权的同步提升，规避技术滥用风险和社会信任危机。此外，GenAI 引发的信息生态失序或将威胁公共安全，须通过前瞻性治理路径平衡技术创新收益与社会风险。因此，本文以 GenAI 赋能信息共享的风险治理为核心议题，通过分析 GenAI 技术驱动的信息共享机制，明晰其与传统数字技术的风险异质性，旨在构建技术治理、制度治理和伦理治理三位一体的风险治理路径，实现风险治理链路的闭环优化，为构建包容性、敏捷性与可持续性并重的 GenAI 治理生态提供理论依据与决策参考，对数字社会的稳健转型具有重要现实意义。

## 二 GenAI 技术驱动的信息共享机制及其内在冲突

### （一）技术赋能的底层架构

GenAI 基于深度学习技术，从海量训练数据中学习对象的潜在模式和特征分布，运用生成对抗网络、变分自编码器或 Transformer 模型等算法架构

（Wang et al.，2022），生成在语义连贯性、内容新颖性和数据分布一致性等方面与训练数据高度吻合的产品、任务或内容，其生成范围涵盖文本、图像、音频、视频等多种形态。作为一种生成式模型，GenAI 面向类建立模型，计算类先验分布和类条件概率分布，而后根据贝叶斯定理推导后验分布，最终基于最大后验概率准则进行预测决策（李白杨等，2025），能够针对用户需求实现异构数据的生成式输出，并提供输出结果的分析过程，适用于数据生成及样本合成任务。

1. 计算架构：支撑高并发、低延迟的信息共享

GenAI 通常依托 Transformer 模型架构的自注意力机制，通过千亿级别参数规模的深度神经网络实现语义向量空间的精准建模。分布式训练与低延迟推理的计算架构满足了信息共享高效生成与实时响应的核心需求。

（1）信息共享依赖高质量和巨量化数据。GenAI 的创作基于海量文本、图像、代码等数据进行模拟训练，Transformer 模型和卷积神经网络共同驱动深度学习模型参数呈指数级增长（DeepSeek-R1 模型拥有 6710 亿参数），而分布式训练使模型能够快速抓取互联网数据并形成通用知识库，内容创作效率、风格多样化程度和知识扩散速度显著提升。例如，神经风格迁移（Neural Style Transfer）算法通过卷积神经网络对图像内容表征与风格表征进行层级化解耦，将艺术创作知识编码为可迁移的数字特征模板，进而通过跨层特征融合实现风格化图像重构（Liu et al.，2022）。该算法突破不仅推动了艺术风格表征的数字化共享，更通过解构经典艺术流派的风格要素，将其转化为可复用的生成式语义单元，显著降低了跨地域、跨文化艺术资源的学习与传播门槛，为构建开放化的艺术创作知识共享生态提供了技术支撑。

（2）信息共享场景要求毫秒级响应。GenAI 采用量化和剪枝等高效的推理优化技术，显著减少模型的内存占用和计算开销，模型复杂度得以降低。传统信息共享依赖中心化服务器，而 GenAI 允许用户本地生成内容，突破了传统服务器限制，减少数据传输延迟并增强隐私性，显著提升了信息共享的时效性和可及性，推动去中心化信息共享向边缘计算延伸。在医疗咨询、教育辅助等信息共享场景下，GenAI 能够在普通商用 GPU 甚至边缘设备上高效运行，实现低延迟的知识交互并增强隐私性，显著扩大了信息服务的覆盖范围，提升了可用性。

2. 数据架构：实现动态、多模态信息整合

GenAI 的数据架构通过多模态数据、向量检索等技术支撑知识管理动态性与多源性的核心效能，知识流动突破了传统时空限制，实现了从"静态库"到"活体知识网络"的跃迁，信息共享的质量与效率得到显著提升。

（1）多模态数据池构建跨维度知识网络。信息共享已突破单一文本形态，呈现图文、音视频融合的特征。OpenAI 所发布的多模态模型 CLIP（Contrastive Language-Image Pre-Training）基于开放获取的 LAION-400M 超大规模图文数据集，提取跨模态特征向量并通过特征相似度构建语义嵌入空间的统一映射关系，实现跨模态的相互理解（Radford et al., 2021）。该技术创新不仅突破了传统单模态信息处理的局限，通过解耦-重组图文语义关联，将分散的视觉与语言知识转化为可量化、可迁移的共享数字资产，显著降低了跨领域知识迁移的技术门槛，为构建开放协同的多源异构数据共享生态提供了核心驱动力。

（2）向量检索技术重塑知识检索方式。传统基于关键词匹配的检索系统存在固有的语义局限性，无法有效捕捉查询意图与文档内容之间的深层关联。在语义表征方面，向量检索技术采用 BERT 等预训练语言模型构建深度语义理解框架，能够捕捉术语间的潜在语义关联并解决词汇不匹配问题；在检索计算方面，基于近似最近邻（ANN）搜索算法构建高效检索架构；在动态维护方面，采用增量索引更新机制实现知识库的持续动态更新，并对版本进行追溯以增强知识进化机制。

3. 应用架构：构建可信的沉浸式信息交互闭环

GenAI 利用动态对话式交互方式实现了从"人-人"到"人-机-人"的交互闭环。GenAI 促进了暗知识的爆发，并通过沉浸式的人智交互拓展了知识转化的场景，知识管理不再局限于人际知识传递，而是拓展至神经网络空间（袁一鸣等，2024）。

（1）个性化生成内容推进长尾需求驱动的信息共享。传统信息共享受限于"供给主导"模式，难以适配用户动态化、场景化的共享需求。GenAI基于用户行为时序建模与社交图谱分析，量化用户共享意图的隐式特征，深度感知信息共享需求。此外，通过生成式对抗网络（GAN）将个性化需求与领域知识图谱耦合，生成兼具用户适配性与专业可信度的内容模板（可交互式科普叙事、多模态案例库等），使小众专业知识突破圈层壁垒，

加速长尾信息流通，实现跨社群精准共享，信息共享效率得以跃升。

（2）基于可解释性标签构建信任锚点驱动的共享网络。信息共享生态的可持续性依赖于用户间信任关系的低成本建立。GenAI基于区块链存证、注意力机制可视化等技术展示模型生成信息依据，提高共享信息的来源透明度。GenAI的可解释性输出能够通过可视化技术，将知识组织过程与决策依据透明化呈现，并基于用户群体的异质性生成自适应的可解释性输出机制以便适配其信息需求。可解释性标签通过社交网络产生了信任传导效应，有效扩大了高质量信息的网络扩散半径。

## （二）核心矛盾分析

### 1. 内在冲突分析

（1）数据权属的合法性冲突。GenAI技术的数据依赖性引发了多维度的权属合法性冲突，其核心矛盾体现为所有权、使用权与收益权的结构性失衡，这三重张力构成了信息共享生态的底层治理挑战。具体而言，数据采集过程中个人隐私权与模型训练需求形成根本性冲突，表现为"知情同意原则"与合理使用边界之间的法理冲突，尤其是大模型训练所需的海量高品质数据、多模态异构数据以及场景需求的差异化，使"知情同意原则"在迫切的数据使用需求下左支右绌，难以有效发挥作用；数据资产化进程导致私有产权主张与知识公共性之间产生价值张力，反映在商业化开发与开放科学伦理的制度博弈上；而跨境数据流动则进一步将技术问题上升为地缘政治议题，以数据主权管辖与全球治理规则的分歧显现。这三个方面的权利冲突相互嵌套，影响了GenAI赋能信息共享的可持续发展。

（2）算法黑箱的透明度危机。GenAI的技术复杂性易导致可解释性缺失、责任追溯困难与信任机制瓦解的连锁反应。从技术本质来看，深度神经网络的黑箱特性源于其高维非线性计算结构，这种结构必然导致模型可解释性存在理论边界（如决策路径不可微分解构）。在治理层面，算法保密与公共问责形成价值张力，企业基于知识产权保护的技术壁垒主张与监管要求的算法透明义务产生规范冲突，这种冲突或将造成责任追溯机制失灵。在社会层面，隐蔽的算法偏差通过数据反馈循环被不断强化，易引发种族、性别等方面的歧视。

（3）价值分配的结构性失衡。GenAI驱动的价值链重构呈现显著的结构性失衡特征，在价值分配层面形成"中心化集聚－边缘化流失"的极化格局，平台资本通过数据垄断与技术壁垒形成价值捕获中心，而数据贡献者与标注劳动者则陷入"贡献－收益"严重背离的权益剥夺困境。这种系统性剥夺进一步加剧了数字鸿沟的裂变式扩张，导致创新资源呈现马太效应式分布。此外，传统知识产权体系面临适应性危机，如著作权法难以界定 AI 生成内容权属，制度刚性难以应对 AI 生成内容确权与利益分配的新挑战。

（4）认知自主权的不自觉让渡。GenAI 突破了传统伦理框架，引发认知、文化与社会层面的深层危机。GenAI 合成内容的泛滥导致真实性认知体系的解构，模糊了真实与虚拟的边界，算法主导的内容生产导致文化同质化倾向，使文化多样性面临结构性消解，而人类认知自主权受到技术系统的隐性侵蚀，形成认知依赖与决策让渡。GenAI 技术的影响已从技术应用层面渗透至社会认知结构的深层领域，亟须建立与之适应的新型伦理治理范式。

2. 矛盾产生的结构性根源

GenAI 技术驱动的信息共享内在冲突是技术特性、社会结构与人类文明演进逻辑深度互构的必然结果，在技术赋权的民主化表象下，隐藏着算法权力集中化与人类主体性消解的风险，其矛盾的产生可归结为以下三个层面的根本性错位。

（1）技术迭代与制度调适的速度差。GenAI 的算力需求和数据规模等呈现指数级进化趋势，技术能力迅速突破了传统社会系统的线性适应阈值，由此引发"科林格里奇困境"（Collingridge Dilemma）。当技术处于早期发展阶段时难以预见其社会影响，待问题显现时技术已深度嵌入社会结构且难以被控制。由于社会规则体系的调整面临立法周期、司法惯性和标准缺失等刚性约束，制度变迁存在一定的滞后性，此种速度差导致"治理真空期"变长。

（2）生产资料所有权的范式变革。GenAI 形成了"数据－算法－输出"的网状体系，导致数字时代的"劳动异化"新形态。数据贡献者逐渐丧失对生产资料的控制权，知识产出由此脱离了控制，并且人类创造性劳动被降维为数据标注的机械操作，劳动价值被虚化，知识生产关系被数字化重构。此外，GenAI 重构了权力结构，"技术寡头－数据劳工－算法受众"三层权力结构打破了工业时代的劳资关系。

（3）工具理性与价值理性的分裂。GenAI 遵循工具理性主导的"效率至上"原则，这种单向度逻辑会引发价值对齐失效、多元性消解等问题，用户若沉浸于 AI 个性算法推荐所构建的"信息茧房"，可能导致认知主权被削弱，并引发主体性丧失风险。GenAI 技术本应扩展人类自由，却通过认知操控与文化同质化压缩了意义世界的多样性空间，引发人类文明的价值维度危机。

## 三 GenAI 赋能信息共享的风险治理实践

### （一）监管原则

GenAI 对信息共享的颠覆既是生产力的解放，也带来秩序重构的挑战。全球 AI 治理呈现"标准分立、规则冲突、执行割裂"的特征，主要国家/地区基于价值取向与发展战略差异，形成多套并行规则体系。

在监管原则上，欧盟通过《人工智能法案》采取基于风险的横向监管模式，对应用场景进行分级管理并设立严格惩罚条款，尤其关注高风险领域。欧盟《人工智能法案》首次在人工智能风险管控方面制定了实施细则，分场景、分级别的监管措施给完善治理体系提供了操作路径。美国《人工智能权利法案蓝图》的核心内容为五项基本原则，将公平和隐私保护放在首要位置，其监管权力分散于联邦贸易委员会（FTC）等部门，各州自行立法导致规则碎片化，依赖行业自我规制。中国则采取"发展与安全并重"的平衡策略，为回应技术迭代采取敏捷治理模式，在立法层面以"小快灵"立法回应技术应用的场景风险。由此可知，现行规则密度存在显著差异，欧盟类属严格型，美国无统一立法属于宽松型，而中国则建立了分类分级监管体系，属于中间型。[①] 当前，全球人工智能治理秩序虽加速演进，但国际合作仍呈现显著碎片化特征。国际行为体围绕规则制定主导权展开的复杂博弈，制约了综合性、普适性治理框架的形成。由于缺乏统一价值观与政治互信，国家间技术竞争与治理博弈可能加剧人工智能安全风险的外溢，

---

① 《梁正，宋雨鑫｜人工智能国际治理规则的发展》，https://news.qq.com/rain/a/20250321A0 90HS00，最后访问日期：2025 年 6 月 16 日。

甚至诱发系统性危机，这一态势凸显出构建多边协调机制的紧迫性。

## （二）经典案例

1. GenAI 生成诽谤性虚假信息

（1）事件内容。2025 年 3 月，挪威公民 Noyb 发现 ChatGPT 在回应"Arve Hjalmar Holmen 是谁"这一问题时，虽然准确提供了当事人子女数量、性别及所在城市等部分真实信息，却擅自捏造了骇人听闻的虚构情节，声称 Holmen 因谋杀两个亲生儿子被判处 21 年监禁。[①] 此事件引发了 OpenAI 是否违反欧盟《通用数据保护条例》（GDPR）的质疑，Noyb 据此向挪威数据保护机构就 OpenAI 违反 GDPR 进行投诉。ChatGPT 生成了极具诽谤性的虚假信息，不仅对当事人名誉造成严重损害，更凸显了 AI 技术在数据准确性和事实核查机制上的缺陷。此外，"提示注入"技术可被恶意操控生成虚假内容，ChatGPT 的"幻觉"可能就源于训练数据中的高频叙事模式。

（2）风险分析。ChatGPT 虚假信息事件的风险源在于技术、传播与法律伦理的多维交织。在技术层面，大型语言模型依赖概率生成机制，因此缺乏事实核查能力，且易因训练数据中的高频叙事偏差产生"幻觉"。此外，大模型容易被"提示注入"技术恶意操控生成定向虚假内容。在传播层面，用户因信任 AI 的"权威性"输出而忽视验证，虚假信息通过社交媒体形成"信息级联效应"，扩散效率远超人工干预速度。在法律伦理层面，GDPR 对动态生成数据的适用性存疑，开发者、平台与用户等责任主体界定模糊，且技术中立原则与个体权益保护存在冲突，加剧了治理复杂性。

（3）治理难点。在技术层面，模型可解释性不足导致虚假信息溯源困难，动态对抗性攻击迫使治理须高频迭代。在制度层面，现行法律难以覆盖 GenAI 的"动态数据"特性，如 OpenAI 欧洲业务与挪威监管的协调等跨境管辖权冲突暴露出当前国际规则的碎片化。在社会层面，公众媒介素养不足放大了虚假信息的危害，而科技公司与监管机构的目标冲突又阻碍了协同治理。这些矛盾凸显出构建技术治理、制度治理、伦理治理"三位一体的风险治理路径的紧迫性，但短期内仍面临技术不可控性与制度滞后性

---

① 《ChatGPT 生成诽谤性虚假谋杀信息，OpenAI 在欧洲遭隐私投诉》，https://www.ithome.com/0/839/334.htm，最后访问日期：2025 年 6 月 16 日。

的双重制约。

2. GenAI 嵌入医疗保健系统的风险及挑战

（1）事件内容。在 2023 年 4 月的 HIMSS2023 展会上，美国医疗软件巨头 Epic Systems 宣布将与微软合作，将 Azure OpenAI 的 GenAI 深度嵌入其电子健康记录（EHR）系统。通过整合 GPT-4 技术，系统可自动生成医患对话的临床摘要，其中 Nuance 的 DAX Copilot 可以利用语音识别实时生成结构化病历，帮助医生节省 40% 的文书时间。此外，SlicerDicer 支持自然语言交互，可口语提问查询并分析医疗数据，GenAI 辅助编码系统可提升 30% 的编码效率并减少计费错误。然而，纽约大学朗格尼健康中心试点显示，GenAI 生成的收件箱回复草稿仍需大量人工修改，且耗时与手动撰写相当，大大降低了其预期效益。因此，纽约大学朗格尼健康中心开始为"医疗保健特定任务"开发自己的 LLM，并使用其专有的健康记录和临床笔记数据集。[①]

（2）风险分析。在微软与 Epic Systems 的合作中，GenAI 在医疗数据共享中的核心风险表现为技术失控、伦理失序和合规矛盾等。在技术失控方面，Azure 云服务与 Epic EHR 系统互联，跨平台数据共享的动态生成机制可能导致敏感信息泄露。临床文档自动化工具 DAX Copilot 在生成病历摘要时，可能因模型"记忆"效应无意保留训练数据中诸如罕见病用药记录、家庭住址等患者身份信息，即使数据经过匿名化处理，仍可通过关联分析逆向识别个体。在伦理失序方面，GenAI 的"幻觉"问题可能输出错误诊疗建议，若通过共享系统扩散至多机构，可能引发连锁性医疗事故，如GenAI 生成的药物剂量建议若未被人工审核直接同步至药房系统，可能危及患者安全。此外，跨境数据流动面临 HIPAA 与 GDPR 的合规矛盾。Epic Systems 的欧洲用户数据须通过 Azure 传输至美国服务器，但欧盟要求"充分保护"数据，而美国未获 GDPR"充分性认定"，导致医疗机构可能因技术架构设计被迫承担法律风险。

（3）治理难点。①技术不可逆性：GenAI 的数据共享链路高度复杂（如微服务架构嵌套），单点漏洞即可引发全局性风险。②权责博弈：微软、Epic Systems 等科技公司与医疗机构的权责界限模糊。GenAI 生成错误诊断

---

① 《麻省理工最新研究：美国医院系统中部署生成式 AI 带来的启示》，https://www.sohu.com/a/790063056_120178509，最后访问日期：2025 年 6 月 16 日。

导致医疗事故时，医院主张"技术缺陷归责厂商"，而微软以"辅助工具需人工审核"为由规避责任，这在司法实践中缺乏明确裁判依据。③法律碎片化：医疗机构须同时满足多重司法辖区的冲突标准，美国医院使用 Epic Systems 系统时，既要符合 HIPAA 的"最小必要"原则，又要遵循加州 CC-PA 对患者数据的删除权要求，而 GenAI 的动态数据留存机制与之存在冲突。

## （三）风险类型划分

GenAI 通过突破性技术重构了信息生产与共享的范式，但其赋能过程中伴生的风险具有跨层传导性、动态演化性与系统性危害等特征。基于前文研究，本文从技术内生风险、制度适配风险及社会衍生风险三个维度，构建 GenAI 赋能信息共享的风险类型框架，如图 1 所示。

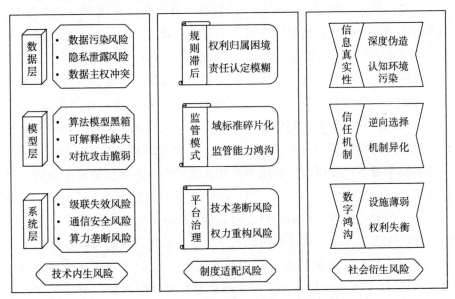

**图 1　GenAI 赋能信息共享的风险类型框架**

技术内生风险根植于 GenAI 的技术架构，技术逻辑决定了信息共享风险生成的底层逻辑在于数据、模型及系统的脆弱性，且具有不可消除性和传导性。数据层主要包括数据污染风险与隐私泄露风险、数据主权冲突。由于 GenAI 模型性能与数据规模正相关，数据聚合必然扩大攻击面，因此训练数据中隐含的偏见、错误或恶意信息（如虚假新闻）将被模型放大。

而数据主权冲突是在跨境数据聚合场景下引发的合规困境，本质上是不同国家基于数据控制权与管辖权的法律差异引发的矛盾。当企业或机构跨越国界收集、存储和处理数据时，须同时满足数据来源国、存储国及使用国的法律要求，而各国对数据主权的主张往往存在根本性冲突。模型层涉及算法模型黑箱与可解释性缺失和对抗攻击脆弱。深度神经网络的可解释性缺失形成技术黑箱，使信息生成过程脱离人类监管视野，例如在政治选举中，恶意行为者可利用黑箱漏洞定向生成误导性竞选内容。由于模型决策逻辑难以追溯，恶意输入可诱导模型生成错误结果，因而在医疗、司法等高风险场景应用受限。系统层则潜藏级联失效风险、通信安全风险和算力垄断风险。复杂系统理论揭示，技术子系统的脆弱性通过非线性机制传导至全局，数据投毒、模型偏差等微观缺陷在系统动态演化中将被指数级放大，模型间的依赖关系可能导致系统性崩溃。此外，数据传输过程中若未加密或使用弱加密协议，易被窃听或篡改，通信链路可能存在安全漏洞。大模型的训练依赖大规模算力支撑，头部企业拥有资金、技术等优势，中小企业很可能因算力门槛被边缘化，从而形成"技术寡头"格局。

制度适配风险源于规则滞后和权责模糊的结构性矛盾，现有制度体系难以匹配 GenAI 的技术特性，形成规则真空与标准冲突并存的风险格局。首先，规则滞后表现为权利归属困境和责任认定模糊。传统个人信息保护框架难以应对参数记忆带来的新型风险。欧盟 GDPR 规定的"被遗忘权"在技术层面遭遇执行困境，因模型参数无法实现特定数据的定向擦除。责任认定机制同样面临技术重构，当 GenAI 生成虚假信息造成损害时，模型开发者、平台运营者、终端用户之间的责任链条缺乏明晰的法律界定。知识产权制度面临根本性挑战，信息共享生态中的创作激励与权益分配陷入制度真空。其次，监管模式呈现碎片化特征。如欧盟《人工智能法案》禁止利用 AI 技术在公共场合进行面部识别，而美国联邦层面没有制定统一的法律法规，部分州允许执法部门使用 AI 人脸识别技术，域标准碎片化导致跨国企业合规成本激增。此外，发展中国家由于缺乏专业监管资源而逐渐沦为高风险 GenAI 应用的"试验场"，在监管能力上与发达国家存在巨大鸿沟。最后，平台治理体系出现权力重构风险。头部科技公司通过控制基础模型获得前所未有的规则制定权，这种技术垄断导致信息共享权力的再中心化。MIT 技术评论指出，主流 AI 平台的内容过滤规则缺乏透明度，形成"算法利维坦"式的隐性控制，威胁信息生态的多样性与公平性。[1]

GenAI 的深度社会化应用触发信息生态的秩序重构，衍生出认知操控与权力转移风险。首先，深度伪造的泛滥使信息生态污染呈现指数级扩散，虚假信息的规模效应将突破社会免疫阈值，造成认知环境的系统性污染，进而引发信息真实性危机。其次，信任机制受到冲击，2024 年咨询公司 Edelman 进行的一项针对全球 32000 名受访者的调查[2]显示，人们对 AI 的信任度正在迅速下降，全球 AI 的信任度从 2019 年的 61% 下降到 2024 年的 53%。用户对信息真伪的判定成本急剧上升，这种验证焦虑将导致信息共享过程中出现逆向选择现象，个体倾向于质疑所有信息的真实性，进而导致对社会认知基石的持续性侵蚀。当 AI 可无限生成"权威式"内容时，专业知识的生产与传播机制将发生根本性异化。最后，数字鸿沟的代际扩大。随着全球数字化进程加速，AI 逐渐成为推动经济发展和社会进步的重要驱动力，然而全球南方国家由于基础设施薄弱、技术资源匮乏等因素，面临巨大的数字鸿沟和智能鸿沟，技术资源分布失衡将加剧信息权利失衡，对 GenAI 技术的强依附关系可能导致发展中国家在信息主权、文化表征等领域受到剥夺。

## 四　面向可信机制的 GenAI 风险治理

### （一）技术治理路径

技术治理的核心是通过可信技术栈的研发与部署，将安全可信机制嵌入 GenAI 全生命周期管理，构建安全增强型技术生态。在数据流通层，须融合联邦学习、同态加密与差分隐私技术，基于具体的应用需求、可用的计算资源、对隐私保护的要求以及对模型性能的期望，选择不同的技术组合来平衡隐私保护与模型性能。在模型可信验证层，构建融合区块链溯源

---

① 《AI"黑箱"难题获新突破，MIT 研究人员实现 AI 决策可视化》，https：//www.mittrchina.com/news/detail/2328，最后访问日期：2025 年 6 月 16 日。

② 《调查显示：公众态度逆转，AI 信任度从 61% 降至 53%》，http：//www.citnews.com.cn/news/202403/175121.html，最后访问日期：2025 年 6 月 16 日。

机制与动态鲁棒性评估框架，通过建立基于溯因逻辑的多维分析模型，实现系统性风险的前摄性识别与路径推演。首先，基于区块链技术构建分布式审计追踪系统，确保模型训练数据的全程可验证性与可追溯性。其次，制定动态鲁棒性测试协议，采用对抗样本生成与扰动注入方法评估模型在复杂环境下的稳定性。最后，在系统韧性层，须设计分布式架构与神经拟态防御机制。采用分片化异构节点集群构建弹性拓扑，通过改进型拜占庭容错协议确保分布式一致性。与此同时，引入脉冲神经网络等实现生物启发式威胁感知，利用事件驱动特性与突触可塑性动态优化防御策略。

### （二）制度治理路径

在制度治理方面，通过全球协同治理与利益平衡机制构建可信制度框架，实现风险可控与创新激励的有机统一。为应对标准冲突与能力鸿沟，亟须在联合国主导下构建多层次国际合作框架，如设立全球人工智能治理理事会，定期举办全球人工智能治理相关会议，促进全球信息共享和协同治理，可尝试分阶段推进监管等效互认机制，逐步向具有约束力的国际协议过渡。与此同时，在 G20、金砖国家以及 RECP 等框架下构建跨国或多边沙盒平台，整合多国监管资源，为企业提供全球化创新试验环境，提供全流程风险防控机制并构建容错机制，建立互动与对话机制以破解由信息不对称导致的"猫鼠博弈"状态。为确保发展中国家的平等参与权、规避全球人工智能治理规则被少数科技强国主导，应号召发达国家向发展中国家提供监管科技援助，构建全球性的人工智能技术共享机制，缩小区域间技术鸿沟，从而致力于推动构建真正的全球人工智能共治机制。此外，完善正向激励制度，扩大适用主体范围并充实政策工具箱，基于数据类型构建差异化的价值分配模式，设置责任豁免梯度，鼓励企业创新、技术应用与商业推广。

### （三）伦理治理路径

针对 GenAI 的社会衍生风险，需要通过明确责任机制、信任重建等构建伦理治理框架，重塑人本导向的信息共享秩序。构建溯源验证体系，建立"生成-传播-存证"全链条的可信验证机制，可通过开发"反污染算法"和模拟"攻击"等方式提升公众对虚假信息的鉴别能力，提高共享信息可信度。多方参与构建全球人工智能认证联盟，通过制定统一的人工智能伦理国际基准框架，推动形成涵盖隐私保护、算法可解释性及公平性等伦理原则的核心体系。借助区块链技术赋能责任追溯机制，当用户利益受损时能够在短时间内明确责任主体，提高公众对人工智能技术和产品的信任度与接受度。为弥合数字鸿沟、消解文化霸权，应通过多目标优化算法在 GenAI 自主决策框架中嵌入伦理价值，同时引入伦理权重动态调整机制，基于实时数据动态更新伦理参数权重，确保决策兼具情景适配性与伦理合规性。应对价值偏见需要从信息供给端和接收端同时发力，在产品的价值注入过程中融入多元文化元素，确保输出内容客观准确、生活化与本土化，同时强化用户主体意识与智能素养培育，促进数字理性思维的养成。

# 五　结论

文章探索了 GenAI 赋能信息共享的逻辑。首先，基于技术社会学视角，从计算架构、数据架构和应用架构揭示 GenAI 赋能信息共享的技术逻辑。其次，分析其内在冲突并解构所引发的效率跃升与安全失序的矛盾本质，而后分析现有风险治理的监管模式并结合经典案例对比分析，构建涵盖技术内生风险、制度适配风险和社会衍生风险的风险类型框架。最后，基于前期研究结果提出技术治理、制度治理和伦理治理三位一体的可信治理路径，以"可信"为锚点，在考虑 GenAI 推动信息共享的效率优势的同时，直击数据安全与合规的核心挑战，为破解"科林格里奇困境"提供参考，推动 GenAI 风险治理从被动应对向主动塑形转型。

**参考文献**

常烨，2025，《生成式人工智能数据"投喂"的著作权侵权行为规制》，《科技与法律（中英文）》第 3 期。

陈刚，2024，《生成式人工智能驱动下的传播变革与发展研究：以 ChatGPT 为例》，《学术界》第 6 期。

程雪军，2025，《生成式人工智能嵌入数字金融平台的算法权力风险及规制进路》，《法治研究》第 2 期。

储节旺、樊鑫鑫、刘博，2025，《AIGC 赋能的智慧健康知识服务平台》，《图书馆论坛》

第 5 期。

韩茹雪、饶梓欣、许鑫, 2024,《AIGC 赋能的 GLAM 机构内容生产研究》,《图书情报工作》第 22 期。

景奎、徐凤敏、王柯蕴, 2025,《生成式人工智能传播风险:理论内涵、形成机理与治理策略》,《西安交通大学学报》(社会科学版) 第 2 期。

李白杨、白云、詹希旎、李纲, 2025,《人工智能生成内容 (AIGC) 的技术特征与形态演进》,《图书情报知识》第 1 期。

李巨星、姜莹, 2024,《生成式人工智能赋能出版高质量发展:价值意义、现实梗阻与调治路径》,《科技与出版》第 7 期。

李逯炜、张梦星, 2025,《开源情报工作中生成式 AI 的应用风险与应对策略》,《图书馆工作与研究》(网络首发:2025-02-12)。

刘浩, 2025,《生成式人工智能中信用数据法律保护的逻辑与进路》,《科技与法律 (中英文) 》第 2 期。

罗坤明、汤明、尹克寒, 2025,《国产开源大模型赋能图书馆智慧化服务功能——以 DeepSeek 为例》,《图书馆理论与实践》(网络首发:2025-02-28)。

罗梓超、李荣、刘如、吴晨生, 2025,《预见性情报视角下生成式人工智能安全风险感知实践探究》,《情报理论与实践》第 4 期。

马坤坤、朱玲玲、茆意宏, 2025,《学术平台智慧阅读服务现状剖析与 AIGC 技术赋能路径》,《图书情报工作》第 2 期。

牛宝春、李俊英, 2025,《DeepSeek 的技术革新赋能新质生产力的逻辑、障碍与建议》《当代经济管理》第 5 期。

庞宇飞、张海涛、宋贺、张可欣, 2025,《AIGC 问答平台用户信息交互行为影响因素研究——基于 SEM 与 fsQCA 的实证分析》,《情报科学》(网络首发:2024-12-18)。

童云峰, 2004,《生成式人工智能技术风险的内部管理型规制》,《科学学研究》第 10 期。

王威力、王玥珺, 2025,《全球 AI 治理中的社会技术想象——人工智能发展规划的国际比较分析》,《情报资料工作》第 3 期。

魏钰明、贾开、曾润喜、何哲、邱林、于文轩、唐曼、黄璜、曾雄、张宏、郑磊、张会平、张效羽、赵静、傅宏宇、蒋余浩, 2025,《DeepSeek 突破效应下的人工智能创新发展与治理变革》,《电子政务》第 3 期。

徐伟、韦红梅, 2025,《生成式人工智能训练数据风险治理:欧盟经验及其启示》,《现代情报》第 5 期。

易在成、宾兴扬, 2025,《生成式人工智能的性质及其生成物权利归属》,《国际商务研究》第 2 期。

袁一鸣、陶成煦、贺超城、吴江，2024，《人智交互情境下的知识转化模型：内涵深化及外延拓展》，《情报理论与实践》第 6 期。

曾晓，2023，《ChatGPT 新思考：AIGC 模式下新闻内容生产的机遇、挑战及规制策略》，《出版广角》第 7 期。

曾雄、梁正、张辉，2025，《中国人工智能风险治理体系构建与基于风险规制模式的理论阐述：以生成式人工智能为例》，《国际经济评论》（网络首发：2025-02-20）。

张欣，2023，《生成式人工智能的算法治理挑战与治理型监管》，《现代法学》第 3 期。

赵刚、孙戈、王春宇，2023，《生成式人工智能视域下塑造主流舆论新格局的风险、机遇及创新路径》，《中国广播电视学刊》第 8 期。

郑煌杰，2025，《可信的人工智能：技术伦理风险下 AIGC 的治理基点》，《科技进步与对策》（网络首发：2024-11-04）。

中华人民共和国国家互联网信息办公室，2024，《〈人工智能安全治理框架〉1.0 版发布》，https://www.cac.gov.cn/2024-09/09/c_1727567886199789.htm。

钟祥铭、方兴东、顾烨烨，2023，《ChatGPT 治理：在发展与管理间找到平衡点》，https://baijiahao.baidu.com/s? id=1761807130329105808。

Al-kfairy, M., Mustafa, D., Kshetri, N., Insiew, M, & Alfandi, O. 2024. "Ethical Challenges and Solutions of Generative AI：An Interdisciplinary Perspective." *Informatics. Multidisciplinary Digital Publishing Institute* 11 (3)：1-29.

Liu, Jing, Hui Yang, and Qiannan Li. 2022. "Coverless Image Steganography Based on Neural Style Transfer." Fourteenth International Conference on Digital Image Processing (ICDIP 2022), 12342：870-878.

Lund, Brady, D., Wang, T., Mannuru, N.R., Nie, B., Shimray, S., & Wang, Z. 2023. "ChatGPT and a New Academic Reality：Artificial Intelligence-Written Research Papers and the Ethics of the Large Language Models in Scholarly Publishing." *Journal of the Association for Information Science and Technology* 74 (5)：570-581.

Radford, A., Kim, J, W., Hallacy, C., Ramesh, A., Goh, G., Agarwal, S., Sastry, G., Askell, A., Mishkin, P., Clark, J., Krueger, G., & Sutskever, I. 2021. "Learning Transferable Visual Models from Natural Language Supervision." *International Conference on Machine Learning* 2021：8748-8763.

Wang, Yihang, Lukas Herron, and Pratyush Tiwary. 2022. "From Data to Noise to Data for Mixing Physics across Temperatures with Generative Artificial Intelligence." *Proceedings of the National Academy of Sciences* 119 (32)：1-8.

# 人工智能包容审慎监管原则的法理基础、规制逻辑与实现路径[*]

黄海瑛　杨　旭[**]

**摘　要**　包容审慎监管原则作为人工智能的主导性监管原则，对促进我国人工智能发展具有深远的治理意义，因此有必要对其进行系统性的理论剖析与路径建构。在内涵层面，其以"包容性"与"审慎性"的动态平衡为核心，既以人工智能创新发展为目的，又将风险治理作为导向。在法理基础上，其植根于人工智能的技术经济特性、比例原则以及有限政府理论。在规制逻辑层面，包容审慎监管原则体现出适应性规制、开放性规制以及穿透性规制的逻辑，呈现三位一体的制度架构。基于此，在实现路径上，建议构建人工智能包容审慎法律监管框架，通过建立观察期制度等构建容错纠错监管机制，完善督查制度，形成平衡创新与风险的监管生态，为破解人工智能监管的"科林格里奇困境"提供可行方案。

**关键词**　人工智能　包容审慎监管原则　适应性规制　开放性规制　穿透性规制

## 一　缘起：规制困局与原则确立

法律是人类最伟大的发明：别的发明让人类学会改造自然，法律的发

---

* 本文系国家社科基金一般项目"'双循环'新格局下国家数据主权安全风险的多维治理研究"（项目编号：22BTQ104）的成果之一。

** 黄海瑛，湘潭大学法学学部教授，湖南国家应用数学中心研究员，博士生导师，主要研究方向为数据法学、人工智能监管、知识产权；杨旭，湖南国家应用数学中心、湘潭大学法学学部博士研究生，主要研究方向为数据法学、人工智能监管。

明让人类可以驾驭自己。在人工智能时代，法律该如何帮助社会适应技术嬗变带来的不确定性，由此形成自发的秩序，成为人工智能时代法律应回答的问题。为此，党的二十届三中全会通过的《中共中央关于进一步全面深化改革、推进中国式现代化的决定》明确提出"完善生成式人工智能发展和管理机制""建立人工智能安全监管制度"的要求。在此背景下，人工智能监管制度已不再隐藏于平台监管和数据监管的框架中，而是形成了以算法治理为基础、多领域协同的规则框架。然而，人工智能带来了前所未有的发展机会，同时也造成亟待破解的法律规制困局：在实践层面，人工智能企业往往深陷规制冗余的困境；在理论层面，传统法律监管的高度确定性、形式理性化特点与人工智能开放创新、敏捷迭代的特性存在结构性冲突，硬法规制捉襟见肘，软法治理约束乏力，"科林格里奇困境"① 凸显，亟须构建兼具技术回应性与制度兼容性的新型监管原则。

目前，理论界与实务界均提出了"包容审慎监管原则"以回应人工智能时代的监管需求。作为一个具有中国特色的原则性概念，有学者将其内涵界定为：针对因市场创新所产生的新经济现象，根据其性质、特点分类制定和实行相应的监管规则与标准，不是简单化地予以禁止或不予监管，而是要在确保安全底线的前提下为其留足发展空间（王永强，2024）。从语义解构和辩证法的视角来看，可从三个层面解读其内涵：一是"包容"并非"弱监管"或"不监管"，而是以人工智能创新发展为目的的适度、谦抑监管；二是"审慎"并非"强监管""硬监管"，也不是过去"粗放式"的监管，而是以风险为基点，寻求安全可控、负责任和可追溯的监管；三是"包容审慎"并非"包容监管"与"审慎监管"两个概念的简单组合，也不是二者的折中，而是"放得活"与"管得住"辩证统一、动态平衡的矛盾统一体。由此可以看出，人工智能包容审慎监管原则既非"先发展后监管"的放任逻辑，也非"先规范后发展"的保守立场，而是强调技术创新与竞争秩序的同频共振。这表明，第一，包容性与审慎性构成监管原则的一体两面，如同硬币的正反面，缺一不可。诚如有学者所言，包容性监管应对法律规则空白与突破，审慎性监管用来防范人工智能引发的权益侵害

---

① "科林格里奇困境"指技术在早期发展阶段的不可预见性导致规制滞后性与技术路径锁定后不可逆性间的两难矛盾。

风险（黄镭，2025）。第二，包容性与审慎性的主次地位是动态可转化的。在技术萌芽期，包容性占主导地位；在技术成熟期，为了规制歧视和垄断等问题，审慎性上升至主导地位。第三，包容性与审慎性是协同演进的。在人工智能基础层、技术层和应用层需要匹配不同监管强度，体现分层治理。

作为对传统命令控制型监管的纠偏和修正，人工智能包容审慎监管原则日益凸显其治理功用和价值。从该原则的来源①来看，我国于2023年颁布的《生成式人工智能服务管理暂行办法》确立了包容审慎监管原则在我国人工智能监管中的法定地位②，2024年发布的《人工智能安全治理框架》明确了包容审慎的规制理念。基于中央政策文件的指导，以上海、深圳为代表出台的人工智能规范性文件也通过更为细化的规定来贯彻包容审慎监管原则。不仅如此，自2023年起陆续发布的《人工智能法示范法1.0（专家建议稿）》《人工智能法示范法2.0（专家建议稿）》《人工智能法示范法3.0（专家建议稿）》始终将包容审慎监管原则作为人工智能的治理原则之一，彰显了包容审慎与人工智能监管的亲和关系。在学界，对包容审慎监管原则的研究逐渐成为显学。有学者反思政府监管的原则，认为政府监管本质上是一种服务，应寻求合乎构建服务型政府客观要求的监管原则（王占洲，2009）。有学者认为，包容审慎监管原则体现了实质法治的基本要求（卢超，2024），在很大程度上能够消解人工智能既有监管模式面临的概念失准等困境（徐磊，2024），有必要将该原则引入人工智能的统一立法（宋华琳，2025），进而成为我国人工智能领域的主导性监管原则（黄镭，2025）。有学者回归监管权本身，进一步提出应规范监管权的创设和行使（冯洋、朱磊磊，2023），并采取"基于原则的监管模式"（戚聿东、刘健，

---

① "包容审慎监管"是《国务院办公厅关于创新管理优化服务培育壮大经济发展新动能加快新旧动能接续转换的意见》（以下简称《意见》）中首次明确提出的。《意见》提到，探索动态包容审慎监管制度，包容处在发展初期的新业态发展，提高行业自律管理水平和能力。在《优化营商环境条例》中，包容审慎监管从公共政策转变为正式的法律概念。

② 《生成式人工智能服务管理暂行办法》第三条确立了包容审慎监管原则在我国人工智能监管中的法定地位，提出"国家坚持发展和安全并重、促进创新和依法治理相结合的原则，采取有效措施鼓励生成式人工智能创新发展，对生成式人工智能服务实行包容审慎和分类分级监管"。

2024）。

概括而言，学界对包容审慎监管原则的研究尚处于基础性探索阶段，多聚焦于规制工具的行动实践，缺乏法理层面的研究，规制逻辑尚未展开，难以为人工智能的监管领域提供系统的理论指引。不仅如此，我国当前"发展导向型"法律体系的不足对该原则的有效实践也产生了一定的影响。鉴于此，本文首先对该原则的法理基础进行探究，研究其作为人工智能主导性监管原则的内在必然性与合理性；其次，分析该原则内在的规制逻辑，表明其实践可行性；最后，基于上述讨论，探讨该原则的实现路径。

## 二　人工智能包容审慎监管原则的法理基础

20 世纪晚期，规制的私益理论作为公益理论的补充，与公益理论一起成为规制正当性的理论基础。对 21 世纪作为战略性部署并深度融入经济社会的人工智能而言，监管的存在及其正当性源于国家统筹技术红利与公共风险的战略需求，是通过法治化路径对平衡创新发展与安全底线的制度性回应。人工智能包容审慎监管原则兼具技术经济特性、比例原则以及有限政府理论的法理基础。其中，技术经济特性为监管原则提供"事实基础"，比例原则与有限政府理论从规范层面限定监管权的行使方式。这三者共同构成了"技术属性-法治约束-权力谦抑"的理论链条，使人工智能包容审慎监管原则既具有技术理性，又充满人文关怀。

### （一）技术经济特性

对正当性与合理性的追问应首先从事物自身性质出发。人工智能监管产生于后监管时代，对人工智能采取何种监管原则以及如何监管，依据的是人工智能的技术经济特性。所谓人工智能的技术经济特性是指，人工智能技术全面应用于生产生活，技术的勃兴使科技与经济紧密相连。其并非简单指"科技与经济联结"，而是强调技术对经济系统的穿透性重构能力及其伴生的系统性风险（戚聿东、刘健，2024）。

1. 科技与经济的深度耦合效应

习近平总书记指出，"人工智能是引领这一轮科技革命和产业变革的战略性技术，具有溢出带动性很强的'头雁'效应"①，呈现对经济社会的强渗透性。人工智能在产业链上可分为基础层、技术层和应用层②，开发者通过整合基础层与技术层的资源，开发出类似 DeepSeek 等通用大模型，利用强化学习算法高效地处理众多场景的智能任务，从而使人工智能技术通过多维路径向传统产业领域急剧扩散，成为覆盖全产业链的要素及能够促进经济社会系统性变革的底层逻辑，形成"技术-经济"效应。技术的扩散具有两面性，在人工智能技术带来效率增益与规模经济的同时，技术异化风险的隐性积累往往渗透其中。这是因为，尽管技术是中性的，但技术背后的价值并不是中立的，从而不可避免地衍生出"背对背"竞争和"赢者通吃"的技术经济特性，诱发新型社会治安和刑事风险。以萝卜快跑为例，其在运营中存在无故停车、违规停车等问题，引发了交通堵塞，还带来了安全方面的隐患。③ 人工智能的技术经济特性决定了其影响可覆盖更广泛的地域、用户规模更为庞大且涉及的产业类型更为多样。因此，若监管未能发挥应有的作用，极有可能产生系统性安全风险。

值得注意的是，技术与经济的深度耦合不仅对经济形态产生了影响，而且对社会行为及文化也产生了深刻的影响，呈现前所未有的强社会面向。人工智能技术进步与创新促进了知识经济的发展，"知识社会"兴起：社会日益强调技术理性，以人为本的理念成为焦点，人的价值及其发展问题逐渐凸显（易继明，2015）。因此，倘若科技在经济主义的刺激下，作为满足物质需求的工具，脱离对社会价值的考量，必定会使经济与社会严重脱节，也会导致严重的社会风险（龙卫球，2020）。所以，人工智能无论在研发环节还是应用环节，都应遵循以人为主、智能向善的内在要求。风险社会理论家贝克（2001）称之为"工业社会的自反性"或"自反性现代化"。这

---

① 《人民日报刊文：抢抓人工智能发展的历史性机遇》，https://baijiahao.baidu.com/s? id = 1824890968507280961&wfr=spider&for=pc，最后访问日期：2025 年 6 月 10 日。

② 基础层主要包括数据服务、硬件设备、软件平台等；技术层包括机器学习、知识图谱、大模型、类脑算法、计算机视觉、智能语音、生物特征识别等；应用层包括智能机器人、智能运载工具、虚拟数字人、智能制造、智能家居、智慧医疗、智慧城市、智慧金融等。参见《2024 年中国人工智能产业链图谱研究分析（附产业链全景图）》，https://www.sec-cw.com/document/detail/id/27795.html，最后访问日期：2025 年 7 月 22 日。

③ 《萝卜快跑无人驾驶车辆致拥堵遭大量投诉，武汉相关部门已介入》，https://www.163.com/news/article/J3EL3LO90001899N.html，最后访问日期：2025 年 6 月 21 日。

种考虑社会伦理与人的价值的自反性使监管需要更具包容性、灵活性和综合性，必须嵌入社会伦理的考量。

2. 包容审慎监管的技术适配性

在新一代人工智能技术高速发展的背景下，市场创新的活力增强、周期延长，数量大幅增加，而法治体系的制度供给难以完全跟上这种迅猛的发展态势。势必会出现监管制度难以应对的"非法兴起"的新商业现象（张效羽，2020），这种商业现象存在形式上的违法行为，实质上并不具有社会危害性，应给予其"观察期"。当然，包容并不是无条件的。在中国的语境下，国家在经济生活中的作用，无论是现在还是将来，都远比西方国家更为重要。现阶段，我国的数字经济正处于快速发展期，在行业自律意识不强、法治有待进一步完善的情况下，轻言放松政府监管，可能引发监管无序和混乱。此外，人工智能的技术经济特性使风险贯穿于人工智能发展的各阶段，既面临自身技术缺陷带来的风险，也面临不当使用、滥用甚至恶意使用带来的安全风险①。如果放任不管，极易出现寡头垄断、资本无序扩张等系统性风险，使多方陷入"进退维谷"的境地。

正因如此，基于核心要素与应用场景的分散化监管以及基于风险预防的事前监管在人工智能监管领域难以真正发挥实效。原因主要在于：一方面，基于核心要素的分散化监管主要聚焦数据、算法、平台等关键要素，基于应用场景的分散化监管则涉及自动驾驶、深度伪造、推荐算法、人脸识别等具体场景。然而，现实的风险总是相互依存的，仅靠分散化监管难以收到良好的效果；另一方面，基于风险预防的事前监管模式是建立在相关安全风险已经相对明晰的基础上，对于运行机制具有深度复杂性、生成内容具有拓展性以及衍生风险具有不确定性的人工智能而言，监管者难以深入了解技术逻辑及其运行机理，算法备案、算法评估和算法审计等具有事前预防色彩的监管机制存在应对局限性（郭小东，2023）。

人工智能包容审慎监管原则具有有效市场与有为政府协同的内核，能够实现对人工智能技术经济特性的精准适配。从强渗透性来看，包容审慎

---

① 整体上，人工智能风险可分为内生性风险和应用性风险。其中，内生性风险包括模型算法安全风险、数据安全风险、系统安全风险；应用性风险包括网络域、现实域、认知域和伦理域的安全风险。

监管原则面向基础层的算力基础设施部署适用穿透性规制，同时在应用层建立观察期制度，人工智能场景化创新保留试错空间，有助于将"技术穿透性"特征转化为"治理穿透性"优势。从强社会面向来看，包容审慎监管原则重视展现有为政府的担当。监管者以公共利益、个人权益和社会正义为出发点，以保障人工智能技术的责任性、可控性，提高社会公众的信任度和接受度为目标，对人工智能产业在技术研发、产品开发及产品应用中产生的内生性风险和应用性风险，采取有效防控措施，回应"自反性现代化"的核心诉求。不仅如此，包容与审慎监管呈现既相互对立又彼此统一的关系，这一特性集中体现在人工智能安全、公平及创新三个价值目标间的矛盾与调和上。具体而言，创新与风险紧密相连，创新活动越是频繁，风险的集聚效应就越显著。就特定角度而言，市场风险本质上是激励创新的必要制度成本。对创新过程中产生的各类风险保持适度包容，既能为市场主体提供试错空间以释放创新活力，又能通过竞争机制提升资源配置效率。在确保公平竞争的基础上，对人工智能实施动态风险监测与审慎监管，是平衡创新发展与防范系统性风险的关键路径。因此，人工智能包容审慎监管原则是监管主体平衡人工智能安全、公平及创新的必然要求，是在发展中的规范、规范中的发展。

### （二）比例原则

作为公法领域的核心准则，比例原则起源于19世纪普鲁士行政法，该原则强调在实现既定行政目标时，若存在多种可选的行政手段，决策机构应当优先选择对公民权利限制程度最低的行政手段，并确保行政手段与预期目标之间保持合理的对应关系。作为现代法治国家规范行政裁量权的基本框架，中外学者已将比例原则作为一种方法论推广至各领域与场景，使其与"权衡"近乎等同，成为"利益衡量"的代名词。由此推衍至人工智能监管领域可知，若监管措施的成本显著超过其社会收益，则构成比例原则意义上的规制失灵。因此，将包容审慎确立为人工智能监管原则，也是基于比例原则方法论层面的考量。根据比例原则的"三阶说"，该原则由适当性原则、必要性原则和均衡性原则构成，三者共同作为人工智能包容审慎监管原则的理据，成为人工智能包容审慎监管的方法论原则。

**1. 适当性原则：目的正当与手段合目的**

适当性原则处理的是手段与目的之间的关系。任何手段都对应特定目的，目的是手段的前置内容。只有目的合法正当，才有进一步判断手段是否合理的必要（雷磊，2025）。适当性原则蕴含着权力行使的合目的性要求，其本质是对国家干预行为实质正当性的审查。对于人工智能监管权力而言，无论是手段还是目的，都构成对其进行合宪性审查的重要方面。"规制的目的在于降低风险但又不阻碍科技的创新发展"（毕文轩，2023），人工智能监管的特殊性在于，其同时承载着促进技术创新与防控技术异化的双重任务。传统监管模式因固守形式法治的确定性，往往陷入"规制不足"与"规制过度"的双重困境：前者表现为对算法歧视、数据垄断等新型风险的规制缺位，后者体现在对基础算法研究的过度限制。包容审慎监管原则通过动态适配机制实现目的理性重构，既恪守我国宪法规定的"国家奖励技术研究"的激励义务，又体现了防范技术风险的监管要求，使监管手段始终与技术创新自由保障、社会秩序维护的双重目标保持实质性关联。

就本质而言，人工智能包容审慎监管原则的核心在于处理好政府与市场的关系、一元治理与多元治理的关系、监管手段刚与柔的关系。监管不是目的，不是为了监管而监管。在监管过程中，自由裁量不可避免，包容审慎监管原则能够发挥调节功能，对于各方主体的利益进行更为审慎的衡量，使手段和目的相契合，防止监管措施对创新主体造成不当侵害。具体而言，该原则要求执法应更具有柔性色彩。在监管实践中直接体现为监管者更青睐于行政约谈、行政指导、教育提醒等柔性的执法方式。在决定执法介入的时机时，倾向于借助设置"观察期""过渡期""保护期"等时间阶段，以此延后监管的实际介入。在规制方案设计上，形式法治下的监管范式与包容审慎监管呈现鲜明的治理分野：前者构建统一化的刚性执法制度，追求确定性价值；后者以风险分级响应为核心，强调监管工具与人工智能生态的弹性适配，凸显实质正义，反对"一刀切"地追求形式平等，从而保障监管具备有效性、一致性以及回应性，使法律条文更加清晰明了，极大地提升了执行效率，有助于解决执行成本高昂、易被人为操纵等难题，减少监管的事后补救倾向。

**2. 必要性原则：优先适用最小侵害手段**

必要性原则处理的是手段与手段之间的关系。政府干预的强度必须与风险的可控性成比例。一般来讲，政府在市场监管方面通常会遇到三种典型情境：其一为"监管过度"；其二为"监管不足"；其三则是"适度监管"。监管严格主义者认为强化监管以克服市场经济发展的局限性，而监管自由主义者认为，放松监管甚至解除监管更有利于市场经济发展。客观地讲，任何事物都不是绝对的，需要格物致知。产业发展是由弱到强的过程，监管的本质是出现在"市场失灵"和"私法失灵"之后的事后纠正行为。必要性原则意味着，为了确保人工智能开发、部署和应用过程中各利益相关者的权益，适应数字经济发展形势，无论是市场"无形的手"还是监管"有形的手"本身都只是手段，政府对人工智能产业监管的目的无论是促进产业发展还是风险防控，核心落脚点都在于企业自身的行为选择。企业的行为选择是在约束条件下的目标函数最优化，即在给定动机的条件下做出能使自身利益最大化的行为。过度审慎的监管抑制创新，放任自治则易引发负外部性，均导致个体理性与集体非理性的冲突。只有遵循包容审慎监管原则，通过弹性规制框架平衡创新自由与风险防控，既降低合规成本、激发市场活力，又通过激励机制促使企业内化技术负外部性，从而达到社会整体福利的最优化。

另外，人工智能的应用场景千差万别，监管不能简单照搬同一套标准。包容审慎监管原则要求权力的行使的目的正当，手段妥当且必要，且权衡公共利益和权利损害大小，解决传统责任划分"一刀切"的僵化问题。质言之，该原则通过设定差异化的监管规则，提前划定责任底线，就像给不同危险级别的设备贴上安全标志，并持续跟踪技术使用效果，通过技术手段动态调整责任分担比例，实现了对不同场景下责任边界的精准划分。如此一来，既能跟上技术迭代的步伐，又能确保责任认定公平合理。不仅如此，包容审慎监管原则通过"松绑"与"设防"相结合，既帮企业减轻合规成本，使企业更专注于创新，又督促企业主动防范技术滥用带来的社会风险，推动企业在追求自身利益最大化的过程中，实现企业利益与公众利益双赢、个体理性与公共理性的协调统一。

3. 均衡性原则：监管资源配置的帕累托最优

"一项监管措施的成本超出监管收益越多，则政府的监管就越为失败。"（吴爱明，2012）均衡性原则处理的是不同监管目标之间的关系，本质上是一种权衡方法。监管权的行使具有主动性和高效性，而包容审慎监管原则是防止人工智能失范的调节器。均衡性原则要求监管措施产生的社会效益显著大于其对市场主体造成的权利限制成本。具体来说，"包容"维度对应均衡性原则中的"收益最大化"要求，即通过容错纠错制度缓冲监管冲击，对技术外溢效应、产业升级红利等非即时性收益进行预先考量，避免因短期监管成本过高而抑制长期社会福利增长。而"审慎"维度则体现均衡性原则的"损害最小化"要求，当市场自我调节失效时，通过精准干预将技术风险控制在可接受阈值内，构建成本-收益均衡框架，最终实现监管资源配置的帕累托最优，达成社会总福利最大化的治理目标。均衡性原则只是一种形式原则，它本身并没有提供任何实质性的内容标准。但是，理论上有两种情形经常被用作证明比例原则之适用限度的"试金石"：一种是绝对权利的情形；另一种是紧急状态的情形。因此，在面对不可克减的公民权利，以及诸如战争、暴乱等紧急状态时，监管措施不能受到其他价值的限制，换言之，没有"包容"监管的空间。

### （三）有限政府理论

人工智能包容审慎监管原则还以有限政府理论作为其法理基础。可以说，该原则正是源自对监管权有效性与合理性的反思而提出的。有限政府理论发轫于西方学界的"政府权源说"（刘祖云、武照娇，2007），强调公民权利是本源，政府权力是派生，政府的存在旨在保护和促进人的自由，这与我国宪法规定的"一切权力属于人民"相契合。政府监管权的不当行使，存在侵害个人基本权利和公共利益的可能。在人工智能监管中，这一理论为反思监管权的有效性与合理性、确立包容审慎监管原则提供了根本指引，具体体现为对监管力量天然局限性的认知、对监管权力理性边界的坚守。

#### 1. 监管力量的天然局限性

人工智能技术创新与传统监管执法间存在步调失衡的问题。唯有社会关系是确定、具体的，才能对之予以事前的规范匹配和事后的法律处置（齐延平，2021）。法律调控的前提是社会关系的确定性与具体性，而人工智能具有高度动态性和不可预测性，从而使人工智能技术创新与传统监管执法的步调不一。具体而言：一是技术迭代"快而跟不了"，资本与科技的深度融合导致监管工具滞后于商业模式创新；二是运行机制"深而看不透"，算法黑箱与分布式决策削弱了监管者的风险识别能力；三是应用场景"新而读不懂"，技术应用的跨界扩散突破了既有法律关系的解释边界。以上现象出现的根源在于：人工智能本身尚未形成稳定的产业形态，监管部门在信息不对称与技术不确定性的双重约束下，既缺乏实时介入的动态执法能力，也难以构建精准匹配的风险评估框架，大量"灰色"领域的存在迫使监管持续处于试错和调适状态。

毋庸讳言，权力必然伴随不当使用甚至滥用的风险。监管权力具有更大的自由裁量权和弹性，而一旦监管权力异化将成为科技向善的桎梏。尤其当算法等数字技术被应用于监管领域时，技术的刚性可能进一步强化权力的扩张趋势，加剧权力异化的风险。另外，我国是重视人脉关系的人情社会，以各种人情为交往介质，尤其在基层监管部门的监管中，监管者可能囿于面子文化和人情社会的干扰因素，在与监管对象的长期共存中，逐步被监管利益俘获，被产业控制，为少数人谋利益，使守法者受损。包容审慎监管原则要求在监管时避免监管权力的刚性侵犯个人和社会权利，防止监管权的不当扩张，契合有限政府理论对政府权力边界的限定，完美诠释了有限政府理论中权力行使的理性边界。

2. 监管权力的理性边界

在监管权力行使过程中，要防止出现选择性监管、过度监管、错误监管等现象，必须使权力有限、规范地行使。为此，习近平总书记提出"把权力关进制度的笼子里"①。有限政府理论主张权力的行使应以保障公民权利为根本目的，避免过度干预市场与社会，并强调政府须在必要范围内履行风险防控和权利救济的职责。包容审慎监管原则正体现了这一理论的核心诉求。包容审慎监管原则的本质可被归结为公权力行使和私权利保障之间的对称性，能够更好地保证自由、平等、效率等价值的实现。一方面，"审慎"体现权力的积极作为。监管者通过划定人工智能发展的安全红线，履行惩戒不法行为的积极义务，维护"数字弱势群体"的权利。另一方面，"包容"体现权力的谦抑克制。监管者克制权力冲动，避免刚性监管对技术进步的抑制。这种"积极作为"与"权力谦抑"的辩证统一，恰是有限政

---

① 《习近平：把权力关进制度的笼子里》，http://politics.people.com.cn/n/2013/0122/c1001-20288766.html，最后访问日期：2025年6月10日。

府理论中"权力服务于权利"原则的具体实践。

## 三　人工智能包容审慎监管原则的规制逻辑

缺乏逻辑理性的法律必然不是好的法律。逻辑不是知识，也不生产知识，逻辑是思维规律和规则，它所做的事情就是提供一套严谨的规则来组织和运用知识（陈金钊，2019）。规制逻辑主要解决的是何以规制的理论问题，蕴含监管的动机和功能。人工智能包容审慎监管原则涵盖诸多的逻辑要素，包括适应性规制、开放性规制以及穿透性规制，其核心是给出体现法理思维的规则，从而影响监管者和监管对象的思维与决策，使监管达到预期效果。

### （一）适应性规制

社会权利保障的基本体现是法律制度的"适应性"，而监管定会走在创新之后，这在任何时代都是共识。适应性规制（Adaptive Regulation）由朱莉娅·布莱克（Julia Black）与罗伯特·鲍德温（Robert Baldwin）提出，是指规制政策与执法策略不仅要适应规制对象的合规表现，也要适应诸多宏观层面的因素。基于此，两位学者进一步引入风险评估因素，提炼出"基于风险的适应性规制"（Black and Baldwin，2010）。就人工智能监管而言，包容审慎监管原则是对适应性规制逻辑的印证，使适应性规制不再仅停留于理论层面，具体表现在以下三个方面。

首先，适应性规制强调灵活性、稳定性与可预期性的动态平衡。适应性规制的前提是监管者的风险判断能力、对市场积极要素的吸纳能力、对各方利益的整合能力以及对规制俘获的防御能力。这要求规制主体从静态管理者转变为动态调适者，通过持续优化监管策略，在规制刚性与弹性之间建立适配机制。若规制弹性过高，可能导致创新主体因预期模糊而减少技术投入；若规制框架过于固化，则难以匹配技术迭代节奏，僵化的规制框架反而会阻碍技术进步。同时，适应性规制能够削减监管成本，其在规制框架中嵌入行为科学要素，可构建筛选过滤机制，从而增强规制框架的实效性、正当性及监管效能。

其次，适应性规制带有"监管试验主义"的色彩。当下，市场变幻莫测，技术迭代持续加快，创新进程呈现显著的动态特性。为达成服务创新、推动创新发展的目标，政府施行的法律与政策，需要契合持续演进的技术现状以及复杂多变的社会环境。适应性规制的突出特征在于，将人工智能监管视为一个持续调整的动态过程，注重在监管者与监管对象之间构建长效互动机制，并为监管试验和试错预留足够空间。这意味着需要赋予监管者更大的自由裁量权，同时为市场主体开展的复杂人工智能创新和经济活动配置更多的监管资源，从而真正适应人工智能领域的动态发展。

最后，如何真正体现规制的"适应性"，是适应性规制运行逻辑的核心议题。根据达纳（David A. Dana）和鲁尔（J. B. Ruhl）的观点，规制的"适应性"应建立在动态规则生成机制与风险实时响应系统的双重架构基础之上，核心在于通过"可逆性规则设计"构建弹性制度框架（Dana and Ruhl, 2017）。具体而言，一方面，将监管强度与技术风险暴露程度进行动态绑定；另一方面，监管机构应定期基于最新人工智能技术发展图谱评估既有规制的有效性，使监管介入始终与技术系统的演化保持同步。例如，当算法透明度提升至预设标准时可自动放宽数据利用限制。这表明，在制定人工智能监管制度时，监管者须遵循规制金字塔（Regulatory Pyramid）的层级要求，尽可能摆脱对威慑型路径的过度依赖，降低行政处罚这类命令-控制型监管手段的运用频率，更多地采用强制色彩弱、干预程度较低的非传统行政方式。当然，监管者不能局限于规制金字塔所倡导的单一柔性执法模式，而是要依据具体情境，在法定权限范围内实施动态调整，通过执法强度的渐进式提升，实现从包容监管到审慎监管的闭环，这也是"适应性"的核心要义之所在。

### （二）开放性规制

思维的狭隘性，很可能导致事实认定过程的局限性。根据安东尼·奥格斯（Ogus, 2004）的观点，"好的规制"应当保持开放性规制的姿态。面对人工智能带来的高度不确定性，"决策于未知"成为常态。包容审慎监管原则下的人工智能监管不仅是一种规范性治理，也是一种参与性、开放性规制，侧重主体的互动性、过程的合作性以及成果的共享性，带有开放反思取向与实质合法性内涵，可被视为开放性规制逻辑的体现。开放性规制具体呈现以下三大实践特征。

首先，开放性规制是探索未知的有效方法。如前所述，人工智能监管需要匹配细粒度的规制金字塔以应对不同风险。然而在多数情况下，监管者首要面对的难题是，对于那些亟待处理的监管议题，难以充分把握其核心本质，进而无法明确与之适配的监管方案。人工智能监管产生于后监管时代，人工智能的产业生态极为复杂，利益关系盘根错节且冲突频发，即使在人工智能技术社群内部，也存在"有效加速主义"（Effective Accelerationism）和"超级对齐"（Super Alignment）的理念之争（许可，2025）。这让短期内就人工智能监管达成广泛共识变得近乎难以实现，选择过于包容的监管策略可能过犹不及，而选择过于审慎苛责的执法策略有可能积重难返。而开放性规制能够给予监管对象缓冲空间，在观察期或过渡期探寻更合适的监管工具，能够有效降低规制干涉的试错成本。

其次，合作范式的导入。对网络法产生深远影响的"马法之争"表明，对于重大新型技术的应对策略，需妥善兼顾法律、社群规范、市场竞争和技术架构的排列组合（赵精武，2022）。在数字社会信息不对称加剧的背景下，开放性规制呈现向合作治理转型的显著特征，旨在使监管从封闭式决策向协同共治转型，实现包容利益相关者的自治性监管。其核心在于，通过制度化协商实现规制信息的双向流动与政策共识的渐进形成。人工智能领域的监管实践表明，单纯依靠行政力量已难以回应多元主体的复杂信息需求，只有打破行政监管单一主导的规制格局，构建从公权力监管到行业监督、从行政命令到法律规范的立体化多元治理体系，才能动态化解人工智能安全风险。这促使监管机构不仅要建立多元信息采集机制，整合市场主体、技术社群及公众等多来源的数据，为制定精准监管措施提供依据，而且需要在合法性原则约束下构建动态利益平衡机制，使监管机构能够及时回应技术创新与风险防控的要求，通过共同的契约意识避免决策偏见。

最后，包容审慎监管原则呈现一种高度情境化、便宜主义并带有开放反思特色的法治理念（卢超，2024）。传统监管范式根植于科层制理性主义传统，具有统一性的制度特征，强调规范适用的普遍性原则，要求对所有监管对象实施形式平等的标准化约束。在传统风险治理中，主体、手段、方法及目标通常较为单一。然而，人工智能风险形态的多样性与影响范围的广泛性，导致单一、封闭的风险治理框架难以适配，亟须向包容开放治理框架转型。与之相应，人工智能包容审慎监管原则突破传统命令控制型监管模式，呈现个体情境化与开放反思的鲜明特征。其不再是"头痛医头，脚痛医脚"的被动跟进，强调的是为未来的人工智能发展与法律发展预留一定的空间，是一种基于灵活的、合作的方式进行的综合治理。

### （三）穿透性规制

人工智能生态具有多中心、强互动和溢出性等特征，其本身便具有"穿透性"。正因如此，如果缺乏科学严谨且精准的制度设计，开放性规制可能沦为放松规制的托词，失去本应具备的信息供给功能。人工智能包容审慎监管原则中的审慎性要素以绝对权利和紧急状态确立底线思维，使监管实践不再局限于损害结果原则，打破"命令-控制""主体-对象"的监管理念，强调动态、有效、平等且持续的对话沟通，体现了穿透性规制逻辑。

首先，穿透性规制是一种依托技术手段实施的全生命周期监管（Life Cycle Regulation），其必要性源于人工智能产业链的高度复杂性。人工智能产业链包括训练数据处理、数据标注、模型开发、算力基础建设和落地服务场景开拓等多个环节，包含了大量不同类型的行为主体，具有高度协作的特点。所以，人工智能在研发、供应及使用环节滋生的风险，不仅会波及直接参与的行为主体，还会顺着产业链条蔓延至上下游合作方，导致风险的连锁扩散。基于此，《新一代人工智能发展规划》提出建立人工智能全周期监管体系。穿透性规制的核心优势在于运用技术工具"穿透"表层信息，直击监管对象实质，有效识别规避监管的创新行为，弥补因技术迭代产生的规制滞后漏洞。这种"实质重于形式"的规制逻辑既契合人工智能发展特征，又能通过提升透明度防范监管套利，为构建覆盖技术研发、产品部署到实际应用的全链条治理体系提供了方法论支撑。

其次，穿透性规制对于人工智能包容审慎监管原则的启示在于：其一，全面覆盖。监管部门要对人工智能产业链的所有参与者及其市场活动进行全面、无死角的监管，并通过技术手段实现环节穿透。其二，风险为本。穿透性规制不等于全面放开，也不等同于放任不管，而是根据风险的性质和大小制定差异化的监管策略。其三，技术驱动。对于人工智能而言，现代科技手段是实行穿透性规制的必要手段和重要工具。随着科技的不断发展，监管部门需要积极探索新的监管工具，完善监管技术链条，实现监管信息互通，提高监管的科学性。

当前我国已初步形成集数据、算法及人工智能于一体的立法体系，该体系确实能提供多种风险监管机制。但整体来看，这些机制的逻辑仍主要聚焦于技术应用的个体风险管控层面，存在监管维度相对封闭、规则设计过于刚性等局限性，无法承担起监管人工智能的使命，规制逻辑应当适时改变与跃升，实现对人工智能的适应性、开放性、穿透性监管。

## 四　人工智能包容审慎监管原则的实现路径

就我国国情而言，当前尚未形成相对成熟的发展导向型监管框架来调和发展与监管的关系。因此，人工智能监管应该在已有法规体系的基础上，对法规的滞后或真空领域，采取"基于原则的监管模式"，从适应性、开放性和穿透性的规制逻辑出发，立足中国实践，构建人工智能包容审慎法律监管框架。

### （一）监管创新，构建容错纠错监管机制

第一，建立观察包容期制度，为人工智能预留发展空间。人工智能生态的演进具有显著不确定性，过早使用刚性监管框架可能产生创新抑制效应。因此，在进行人工智能立法工作时，有必要为人工智能发展建立观察包容期制度，如此一来，能够有效削减监管部门因不当干涉而产生的潜在成本，让企业在体会到监管严格性的同时，也能感受到监管的人文关怀。更为关键的是，在理想状况下，监管部门并非不作为，而是可以借助沙箱实验、触发式监管与政企协商机制，建构行为样本数据库，形成行为模式识别图谱，为规制迭代提供实证依据。

第二，完善人工智能包容审慎执法清单制度。综观世界主要国家和地区的人工智能规制实践，无论是欧盟《人工智能法案》的风险分类分级、美国《科罗拉多州人工智能法》的高风险人工智能，还是中国的《人工智能示范法3.0》的人工智能负面清单制度，均将特定人工智能产生的直接后果作为评价对象，未对人工智能所遵循的规制予以考量。这一做法不仅对监管对象施加了过于严苛的、以实现社会福祉最大化为目标的义务，还从根本上忽略了将相关规制内化为实际操作依据以及具体实施过程中所产生

的成本。因此，有必要进一步完善人工智能包容审慎执法清单制度，兼顾法治权威和私法自治精神。有鉴于此，可以引入更多元的分类分级要素，包括系统自主性程度、不透明性程度、涉众性程度、个体权利受损风险与收益的差值、立法者的认知程度和预测的可靠程度。同时，可采用"原则性规定+类型化示例"相结合的方式制定分层裁量基准。例如，对具备技术革新潜力且社会危害性可忽略的新型业态，如基于区块链的分布式能源交易平台，即使存在程序性违规，亦可用合规承诺替代处罚；对由技术迭代与监管滞后产生冲突导致的阶段性违规，如智能医疗影像辅助诊断系统的临床试用数据偏差，根据风险可控性实施阶梯化裁量；同时配套柔性执法程序，通过触发式约谈、整改宽限期等非强制手段引导合规，并建立裁量理由公开说明机制以增强监管公信力。

第三，建立更具科学性、适应性的监管规则。基于前述人工智能负面清单制度以及分类分级的多元要素，一个金字塔架构得以成型（见图1）。其一，维护市场竞争与技术创新的市场嵌入型规则；其二，在法定框架内引导企业建立自我规制的规则；其三，设定算法透明度基准等的信息披露规则；其四，明确研发部署全流程的技术安全标准与责任边界的命令-控制型规则；其五，建立基于风险评估的前置准入审查制度，即行政许可规则。以上规则的具体适用可以通过四步分析法展开：首先，整合区域经济特征、公众利益诉求及行政成本约束，合理确定政策目标；其次，筛选与规制诉

**图1　人工智能适应性监管规则**

求存在实质性对应关系的工具，确保干预手段与政策目标的内在关联；再次，在具备等效实施效能的备选路径中，优先采用市场扰动最小化的调控方案；最后，构建成本-收益动态评估模型，系统验证政策干预的边际收益是否显著高于社会成本。

### （二）完善督查制度，规范监管权力的行使

第一，对人工智能的行政监管权进行行政督导。有效的政府监管权力规范机制是包容审慎监管原则实施的保障。人工智能包容审慎监管原则的提出源自对监管权有效性与合理性的反思，要求规范监管权力的行使方式。传统行政监管理念以政府自上而下的"管理"理论为主导，不少地方官员执着于追求 GDP 增速和政绩工程，对市场直接进行干预的欲望强烈，服务意识薄弱（王琛伟，2014）。一旦涉及具体的监管问题，习惯于沿用传统保守方式，采取简单的行政管控甚至发布一纸禁令，相当于直接否定了人工智能产业创新发展的合法性、合理性。同时，政府主导的理念使一些地方政府在监管过程中缺乏合作意识，实施所谓的"家长式监管"。"行政督查与督导"是一种对政府活动的监管，是对"监管者的监管"，有学者称之为"行政性监管"、"官僚式规制"或"政府内监管"（Stoker，1998）。行政权相比于司法权，具有更高的敏感性、更弱的稳定性，而法治的一项重要功能在于确定市场与政府的边界，即确定两者之间的"度"，起到定纷止争的效果。另外，可通过建立监管影响分析机制，对拟实施或已实施的监管启动评估程序，帮助监管者把握包容与审慎的尺度，还可以对人工智能监管中已经相对成熟稳定且得到多数认可的监管实践及时予以规范回应，使监管权的行使更加制度化、规范化、程序化，提升行政理性。

第二，引导受规制者进行自我规制。公共治理理论认为，治理是由共同目标支持的活动，其主体未必是政府，亦无须依靠国家强制力来实现。囿于监管资源，监管者没有像大型人工智能企业那样多的技术手段。在人工智能这一前沿科技领域，尤其需要倡导构建自我规制的制度空间。该领域存在显著的知识壁垒，其技术迭代与创新程度依赖尖端科技和专业知识体系。职是之故，首先，企业应了解法律规定。"规"为"合"之所在，全面掌握法律规定是企业自查自纠、主动预防的关键。其次，成立专门的合规监管部门，制定各领域通用合规指引，降低合规成本，增强合规能力。

最后，除了合规指引外，还可以通过行政约谈、行政评估等"中性"手段引导行业自律。

### （三）以技制技，打造智能化动态监管系统

"徒法不足以自行"。对于人工智能技术而言，促进技术向善、尽可能减少不确定性的最有效的手段始终是通过法律将标准和原则植入技术应用的底层逻辑，因势利导得到期望的结果。不仅如此，在数字经济的大环境下，监管者面临"信息不对称"与"信息不充分"的挑战，须着力突破困境，最大限度地消除因信息获取不足而出现的监管盲区。

因此，面对人工智能发展，依靠人进行监管已不现实，这倒逼监管流程智能化转型。针对高频交易领域的人工智能监管，应树立"以快对快"的监管理念。所谓"以快对快"，亦被我国学者称为"高频监管"，即监管速度要与高频交易的速度相匹配。要实现"以快对快"的包容审慎监管，需要在自动化系统的开发、测试和部署方面均有所行动。监管机构可以依托数据库，通过机器学习动态监测人工智能风险，开发人工智能监管技术，推进自动化监管，借助计算机系统，依据成本-收益动态评估模型，构建针对风险、行为以及竞争状况的监管系统。基于算法决策系统与机器学习模型重构监管流程，实现监管决策从经验依赖型向数据驱动型的范式转换。一旦察觉到问题，该系统便能即刻启动监管应对方案，将可能出现的严重损害遏制在萌芽状态。通过监管技术，而不是监管体制，实现人工智能监管现代化。

## 五 结语

关于人工智能风险的纾解，技术专家正在更直接地从代码层面解决安全问题、伦理问题和隐私问题等，但法学专家并不像技术专家那样具有优势。不仅如此，既有的制度理念和概念工具也难免会束缚法律人对人工智能一些理念的想象。这意味着，在人工智能时代，法学研究需要与时俱进地在理论上、制度上做出变革，需要重新面对已经发生变化的社会生活现实，重新思考法律的内在逻辑与外部功能之间的关系，从而使法律维持其自治性，不至于因为严重滞后于时代而被边缘化；否则，法律可能因无法

有效因应技术发展和应用带来的种种问题/挑战，而被更有灵活性的治理手段取代。

人工智能包容审慎监管原则揭示了技术迭代与治理范式间的动态适配轨迹。这一命题的复杂性源于技术风险与社会秩序的深度博弈。该原则的核心价值在于以辩证方法论破解了技术创新与社会治理的二元对立模式，通过观察包容期、触发式监管等动态机制，实现"发展中的规范"与"规范中的发展"。展望未来，在技术加速演进与全球化治理的叠加背景下，该原则须进一步实现三重发展，即从单一场景监管向生态系统治理的维度延伸，从行政主导模式向多元主体协同的功能进化，从封闭性规制向开放性规制的范式跃迁。总之，作为中国智慧的制度载体，人工智能包容审慎监管原则的持续完善，为构建具有中国特色的人工智能治理体系开辟了新向度。

**参考文献**

安东尼·奥格斯，2008，《规制：法律形式与经济学理论》，骆梅英译，中国人民大学出版社。

毕文轩，2023，《生成式人工智能的风险规制困境及其化解：以 ChatGPT 的规制为视角》，《比较法研究》第 3 期。

陈金钊，2019，《法治逻辑、法理思维能解决什么问题?》，《河北法学》第 7 期。

冯洋、朱磊磊，2023，《大数据监管权的法律限制》，《西安交通大学学报》（社会科学版）第 5 期。

郭小东，2023，《生成式人工智能的风险及其包容性法律治理》，《北京理工大学学报》（社会科学版）第 6 期。

黄镕，2025，《论我国人工智能领域包容审慎监管的法治维度》，《财经法学》第 2 期。

雷磊，2025，《比例原则的规范论基础与方法论定位》，《政法论坛》第 1 期。

刘祖云、武照娇，2007，《有限政府：研究综述与反思》，《甘肃行政学院学报》第 3 期。

龙卫球，2020，《人工智能立法的"技术—社会+经济"范式——基于引领法律与科技新型关系的视角》，《武汉大学学报》（哲学社会科学版）第 1 期。

卢超，2024，《包容审慎监管的行政法理与中国实践》，《中外法学》第 1 期。

戚聿东、刘健，2024，《人工智能产业的包容审慎监管：理论内涵与实现路径》，《兰州大学学报》（社会科学版）第 4 期。

齐延平，2021，《数智化社会的法律调控》，《中国法学》第 1 期。

宋华琳，2025，《人工智能立法中的规制结构设计》，《社会科学文摘》第 1 期。

王琛伟，2014，《我国行政体制改革演进轨迹：从"管理"到"治理"》，《改革》第 6 期。

王永强，2024，《包容审慎监管视角下平台经济竞争失序的法治应对》，《法学评论》第 2 期。

王占洲，2009，《服务型政府视角下的政府监管原则》，《贵州警官职业学院学报》第 4 期。

乌尔里希·贝克，2001，《自反性现代化》，赵文书译，商务印书馆。

吴爱明，2012，《公共管理学》，武汉大学出版社。

徐磊，2024，《发展与安全并重：生成式人工智能风险的包容审慎监管》，《理论与改革》第 4 期。

许可，2025，《人工智能法律规制的第三条道路》，《法律科学》（西北政法大学学报）第 1 期。

易继明，2015，《技术经济法学》，《科技与法律》第 1 期。

张效羽，2020，《行政法视野下互联网新业态包容审慎监管原则研究》，《电子政务》第 8 期。

赵精武，2022，《破除隐私计算的迷思：治理科技的安全风险与规制逻辑》，《华东政法大学学报》第 3 期。

Black，J. and Baldwin，R. 2010. "Really Responsive Risk-based Regulation." *Law & Policy* 32（2）：181–213.

Dana，D. A. and Ruhl，J. B. 2017. "Designing Adaptive Legal Tools for Climate Change Governance." *Michigan Journal of Environmental & Administrative Law* 6（1）：1–57.

Ogus，A. 2004. *Regulation：Legal form and Economic Theory*. Oxford Hart Publishing.

Stoker，G. 1998. "Governance as Theory：Five Propositions." *International Social Science Journal* 155（50）：17–28.

# AI 驱动的就业替代：理论、测量、争论与社会影响[*]

梁乐萌　庄家炽　马　晨[**]

**摘　要**　本文综述了人工智能就业替代问题的最新研究进展，系统梳理了相关文献中的理论框架、测量方法、学术争议与社会影响。本文首先回顾了"技能偏向技术变迁"与"例行偏向技术变迁"等理论，指出这些理论在 AI 时代仍具有重要解释力，但也面临种种局限，例如生成式 AI 挑战了传统的任务划分方式。其次，本文聚焦技能本位方法与任务本位方法以及行业/地区层面的 AI 采用率测度法，介绍了当下在测量方面的主要方法及其利弊。之后，围绕"替代"与"增强"的学术争论，本文指出 AI 可能在不同制度环境中同时发挥替代与互补作用。最后，本文讨论了 AI 就业替代的社会后果，尤其是失业与不平等问题。尽管 AI 引发大规模失业的风险可能被高估，但技能、收入与地区间不平等的加剧却有更多的实证支持。本文最后提出具有潜力的未来研究方向。

**关键词**　AI　就业替代　技能偏向技术变迁　例行偏向技术变迁

## 引　言

新一轮 AI 技术的快速发展引发了关于"技术将如何影响就业"的广泛

*　本文是中央财经大学 2023 年度研究生教育教学改革研究课题（项目号：ZCJG202324）、中央财经大学教育教学改革研究项目、中央财经大学一流本科专业和课程建设项目的阶段性成果。

**　梁乐萌，普林斯顿大学社会学系博士研究生，主要研究方向为社会分层和职业；庄家炽，中央财经大学社会学系副教授，主要研究方向为劳动社会学；马晨，中央财经大学社会学系硕士研究生，主要研究方向为劳动社会学。

讨论和担忧。历史上，重大技术进步总会引起对"技术导致失业"的焦虑，从 1811 年的卢德运动到 20 世纪 20 年代凯恩斯提出的"技术性失业"预言，再到 20 世纪中后期的自动化浪潮。21 世纪以来，尤其是过去十年来，随着大数据、机器学习和机器人技术的突破，学界开始系统研究技术进步对劳动力市场的影响。早期研究往往关注计算机和机器人等技术。自 2022 年 11 月 ChatGPT 发布以来，大型语言模型（Large Language Model，LLM）及其他生成式 AI 模型的应用在多个领域迅速扩展。与早期一代的人工智能系统相比，生成式 AI 模型展现出更强的语言理解与生成能力，以及令人瞩目的推理水平。这些能力加剧了公众对未来就业前景的焦虑。借助前所未有的大规模互联网训练数据，生成式 AI 越来越被视为可以胜任复杂认知任务的"可信替代者"，而这些复杂的认知任务曾被长期认为是人类独有的领域（尹建堃等，2025）。

在 AI 快速普及之前，自动化就已经引发了人们对劳动力市场扰动的深切担忧。2017 年皮尤研究中心的一项调查显示，美国人对自动化发展的担忧多于乐观，72% 的受访者担心未来自动化会取代人类的工作（Smith and Anderson，2017）。这种担忧在之后并未缓解。2018 年的另一项调查表明，更多的受访者认为自动化对美国工人造成的伤害大于好处（48% vs. 22%）。82% 的受访者预测机器人将承担大部分当前由人类完成的工作，然而，针对自己的工作，62% 的受访者认为自己的岗位不太可能受到影响（Parker et al.，2019）。之后，更先进的生成式 AI 模型的发布，进一步加剧了人们的忧虑。2023 年的一项调查中，52% 的美国人表示他们对 AI 的崛起感到"担忧多于兴奋"，而 2021 年这一比例为 37%（Faverio and Tyson，2023）。在最近的一项调查中，64% 的受访者认为在未来 20 年内，AI 将导致就业岗位减少，仅有 5% 的人预期岗位会增加（McClain et al.，2025）。

技术引发的就业替代不仅是公众讨论的热点话题，也是学术研究的焦点议题。从计算机化到工业机器人，新技术的引入总是能引发包括经济学、社会学、计算机科学、管理学等学科在内的跨学科研究（Deranty and Corbin，2024）。这些研究探讨了技能水平及工作任务视角下的技术驱动型岗位替代，包括"技能偏向技术变迁"（Skill-Biased Technological Change，SBTC）和"例行偏向技术变迁"（Routine-Biased Technological Change，RBTC）等理论，也探讨了其社会后果（如 Autor，2015；Autor et al.，

2003；Autor and Dorn，2013；Acemoglu and Autor，2011；Acemoglu and Re-strepo，2017；Fernandez，2001；Katz and Murphy，1992）。这些理论在 AI 时代正在被不断扩展、修正、挑战并发展。

本文旨在梳理 AI 驱动的岗位替代是如何被理论化、量化并进行社会意义解读的。在引言之后，首先，本文回顾了技术变迁下的工作替代研究基础，介绍"技能偏向技术变迁"与"例行偏向技术变迁"等核心理论；其次，聚焦关于 AI 与岗位替代的实证研究，尤其是其方法与局限性；再次，本文探讨了 AI 就业替代与互补两种相互竞争的叙事逻辑，分析学界如何从悲观或乐观的视角理解 AI 导致的岗位流失；最后，本文关注 AI 驱动的岗位替代的社会影响，尤其是失业与不平等，并讨论相应的政策含义。

## 一 理论框架：前 AI 时代的自动化与工作替代研究

人工智能远非首个引发学术界广泛关注并引起关于工作替代的忧虑的新兴技术。早在人工智能飞速发展之前，劳动经济学家、社会学家及其他社会科学研究者就已在探讨自动化对就业、技能需求与社会不平等的影响。工作因技术进步而被替代的历史可以追溯到第一次、第二次工业革命，当时，机械化从根本上改变了生产方式及其对劳动力的需求。近几十年，学术界的讨论焦点转向计算机化和机器人技术的社会后果，并开展了一系列实证研究，建构了理论框架，这些持续影响着学者对 AI 时代劳动转型的理解。

例如，Acemoglu 和 Restrepo（2017）在研究了工业机器人对美国劳动力市场的影响后发现，工业机器人的应用会导致工人就业岗位被替代和工资的下降。Bowles（2014）的估算同样表明，欧盟与美国超过一半的工作岗位有可能受到计算机化带来的威胁。类似的担忧也出现在 Frey 和 Osborne（2017）的研究中，他们运用高斯过程分类器评估美国不同职业的可计算化概率，认为未来 20 年内约有 47% 的工作岗位存在被计算机取代的风险。Pouliakas（2018）提出"可自动化风险"（automatability risk）概念，用以描述"欧盟员工所从事的岗位中，被机器、机器人或算法过程替代的可能性"。同时基于欧洲技能和职业调查（ESJS）以及相关的职业描述和技能要求数据，Pouliakas（2018）发现约有 14% 的欧盟工作者面临极高的自动化风险，尤其是那些从事例行性（routine）任务、缺乏跨领域技能或社交技能的群体。

除了这些实证发现外，学者还提出了若干关键的理论范式。其中最为著名的是"技能偏向技术变迁"理论。该理论认为，过往自动化的冲击更多地惠及高学历、拥有复杂技能的劳动者，而替代了低技能劳动者（Acemoglu and Autor，2011；Autor et al.，2003；Buera et al.，2015；Fernandez，2001；Mellacher and Scheuer，2021）。尤其是在计算机化过程中，高技能工人的生产效率因技术得到提升，而低技能或受教育水平较低的劳动者则被技术取代，导致劳动力市场对前者的需求增长，而后者的就业机会减少。

然而，"技能偏向技术变迁"理论也存在若干局限。学者指出，对技能的界定与测量存在困难，而且不同类型技能之间的可比性问题难以解决（Spenner，1990）。更重要的是，即便在技能水平相似的岗位之间，技术替代的程度也会不一样。例如，虽然同样需要一定的认知能力，文职工作相比管理工作却更易被自动化技术替代。因此，学界逐渐将分析重心从"技能水平"转向"具体工作任务类型"。

在此基础上，"例行偏向技术变迁"理论被提出，用以补充并拓展"技能偏向技术变迁"理论，强调技术发展主要替代的是"例行性任务"。"例行偏向技术变迁"理论指出，自动化并不仅仅影响低技能劳动者，也会广泛替代那些工作内容高度例行化的职业任务，包括体力性和认知性任务（Autor et al.，2003；Autor，2015）。由于例行性任务多集中于中等技能岗位，这一理论也为解释"就业结构两极化"现象提供了依据，即高薪岗位与低薪岗位的增长并存，而中等收入岗位不断流失（Autor and Dorn，2013）。尽管"例行偏向技术变迁"理论在学界极具影响力，但这一理论也遭遇了质性研究的批评。例如，Pfeiffer（2016）质疑"纯粹例行性任务"是否存在，指出即使看似重复机械的工作，也往往需要某种非例行性能力，如细微判断、情境理解和身体化知识。

此外，"阶级偏向技术变迁"（Class-Biased Technological Change，CBTC）理论也受到关注。该理论以阶级为核心来理解技术发展对劳动力市场的影响，认为新兴技术逐步侵蚀工人的集体（例如工会组织）地位权力，从而导致工人的劳动收入份额下降、资本家的利润份额上升（Kristal，2013，2019）。

不论是以技能、任务还是阶级为分析核心，上述理论都深刻影响着学术界对 AI 的理解路径。例如，Xie 等（2021）发现，在中国，AI 的应用减少了对低技能劳动的需求，同时东部地区和高科技企业小幅增加了对高技能劳动的需求。Bughin（2020）认为，AI 将增加对创意性、高技能岗位的需求，而减少对行政类和例行任务岗位的需求。

不过，AI 尤其是生成式 AI 的某些特性也可能会使这些传统理论面临挑战。例如，尽管 AI 系统常沿用"增加高技能岗位、替代例行任务"的旧路径，它们也引入了新情况，即将原本被视为"非例行性的任务"逐步"例行化"。这意味着 AI 同样可能冲击传统上被认为不易被替代的白领职业领域，如法律、医疗、会计及艺术设计等（Susskind and Susskind，2015）。

## 二 AI 职业曝露指数与岗位易感性：技能本位方法与任务本位方法及其局限性

随着 AI 系统日益深入地融入工作流程，研究者发展出多种实证策略，以评估哪些工作岗位最容易受到 AI 影响。其中，最常用的是技能本位方法（skill-based approach）和任务本位方法（task-based approach），这些方法通过考察具体工作技能和工作任务与当前 AI 技术能力之间的匹配程度来衡量替代风险。

在这一领域，一项具有里程碑意义的研究是 Felten 等（2018，2019，2021，2023）的系列成果。他们提出了 AI 职业曝露指数（AI Occupational Exposure，AIOE）与 AI 职业影响（AI Occupational Impact，AIOI）等概念，并构建了一套方法体系来量化具体职业受 AI 影响的程度。其核心创新在于，将 AI 技术的性能指标与职业能力数据建立起了系统性关联。

他们首先从电子前沿基金会（Electronic Frontier Foundation，EFF）的"AI 进展测量项目"（AI Progress Measurement Project）中获取 AI 能力的表现基准，这些指标涵盖图像识别、语言建模和语音识别等 10 个方面[①]。接

---

① 具体包括：抽象策略游戏（Abstract Strategy Games）、即时视频游戏（Real-time Video Games）、图像识别（Image Recognition）、视觉问答（Visual Question Answering）、图像生成（Image Generation）、阅读理解（Reading Comprehension）、语言建模（Language Modeling）、翻译（Translation）、语音识别（Speech Recognition）、器乐音轨识别（Instrumental Track Recognition）。

着，将这些能力关联到美国劳工部 O∗NET 数据库中的 52 项职业"能力"上，O∗NET 数据库是一个广泛使用的职业信息系统，覆盖了约 800 个职业类别，并包含身体技能、认知技能和人际交往技能等多个维度。它不仅记录了每种能力在某一职业中的重要性，还记录了这一职业要求该技能的水平高低，分别采用 1~5 分和 1~7 分的量表进行衡量。

例如，在针对首席执行官（CEO）的职业描述中，O∗NET 将口头理解（oral comprehension）能力视为"极为重要"，其重要性评分为 4.5 分，需求普遍性评分为 4.88 分；口头表达（oral expression）能力同样被高度重视，其重要性评分为 4.38 分，需求普遍性评分为 5 分。相比之下，肢体动作的速度（speed of limb movement）和静态力量（static strength）则被视为不重要的能力，这两项的重要性评分均为 1 分，需求普遍性评分均为 0 分。而口头理解能力很容易受到语言模型的影响。

为了将人工智能应用与职业能力相联结，Felten 等（2018，2021）采用了一种众包策略：他们通过亚马逊 Mechanical Turk（MTurk）平台招募人员对特定 AI 技术与 O∗NET 数据库中各项职业能力之间的关联程度进行评分。例如，AI 的语言建模能力可能被认为与语言理解（verbal comprehension）、书面表达（written expression）或演绎推理（deductive reasoning）高度相关。这一众包评分矩阵被用来计算能力层面的 AI 曝露值。随后，用 O∗NET 数据库提供的每项能力在各类工作中被使用的频率与重要性数据进行加权平均，这些能力层面的分数被进一步整合到职业层面，最终得出针对每种职业的全面 AI 职业曝露指数（AIOE）。

在 2023 年的研究中，研究者对 AIOE 方法进行了重要的更新，聚焦于语言模型领域。通过将曝露测算限制在涉及自然语言处理的 AI 应用上，Felten 等（2023）开发出了一个更能体现人工智能语言模型（如 GPT-3 和 GPT-4）变革潜力的曝露指数。基于此曝露指数，社会学者、政治学者、法官等职业被识别为 AI 曝露程度最高的群体，主要原因在于，这些职业高度依赖语言推理、写作和复杂沟通。行业层面的分析显示，法律服务、高等教育和金融在语言模型调整后的框架下呈现特别高的 AI 曝露程度。通过将 AI 技术能力与职业所需能力直接联结，这一方法为预测哪些工作更易受到 AI 影响提供了量化依据，也奠定了后续职业替代研究的任务维度分析基础。国内也有诸多研究采用这一思路来测量 AI 对就业的影响（张咏雪，

2024；贾朋、都阳，2024）。

尽管能够识别出高曝露职业，Felten 等（2021）强调，AI 曝露也不直接等同于就业替代。他们利用 2010～2016 年劳动力市场数据进行的实证分析显示，曝露程度高的职业并未出现大规模的岗位削减；相反，这些职业呈现更快的工资增长，特别是那些需要频繁使用软件的工作岗位。这说明，在 21 世纪 10 年代早期，AI 曝露的实际效应更多的是互补性而非替代性。Felten 等（2021）也发现 AI 可能强化高薪职业，而对其他职业产生较小甚至不利的影响。因此，尽管未广泛观察到失业现象，但不平等效应确实存在。

在技能本位方法之外，另一条研究路径关注具体职业任务而非所需技能。Susskind 和 Susskind（2015）对"AI 谬误"（AI fallacy）的讨论指出了一种常见误解：机器只有通过模仿人类的推理和行为才能超越人类。然而，事实上，AI 可以通过与人类不同的方式完成任务，却达到甚至超越人类的工作效果。因此，许多专业性强的职业正面临任务拆分与重构的趋势，例行性任务，甚至部分复杂任务正逐步被转交机器处理。这种"AI 谬误"可能导致专业人士低估了自身岗位被取代的风险。这一视角提醒我们，在评估 AI 对劳动力市场的影响时，应着重关注任务的具体性质，而不是人类完成这些任务要具备的技能。

OpenAI 和宾夕法尼亚大学的研究者基于任务本位方法提出了另一种极具影响力的方法，用于评估大语言模型对劳动力市场的影响。在论文（Eloundou et al.，2023）中，研究团队将"曝露"定义为：GPT 模型能在多大程度上减少完成具体工作任务所需的时间。与 Felten 等（2018，2019，2021，2023）的研究相似，该团队同样使用 O＊NET 数据库，将每一职业映射到一组详细工作活动上。详细工作活动是对工作任务的精细化描述，可以将工作拆解为多个组成部分。然后，研究者采用人类专家打分和大模型自我打分两种平行方法对每一项详细工作活动进行评估。

在基于 GPT-4 的标注中，研究人员设计了结构化提示词和分类标准，使模型能自行判断其对每项任务的完成或辅助能力。任务的 AI 曝露程度根据 GPT 是否完全、部分或根本无法完成或辅助完成任务而设定。这种创新性的双重分类方法既确保了一致性，又减少了评估偏差。模型生成的评分还通过人工判断进行验证，以确保可靠性。

这项研究显示：约 80% 的美国工人从事的职业中，至少 10% 的任务可能被大语言模型完成或辅助完成；约 19% 的工人所从事的工作中，超过一半的任务可能被大语言模型完成或辅助完成。这一研究还考虑了大语言模型支持下的工具（如 AI 增强型文档编辑器、客户支持系统）产生的影响。考虑到这些辅助应用后，可被显著减少完成时间的任务比例提升至 47%～56%。此外，高薪工作岗位，尤其是技术、法律或管理类岗位，往往具有更高的 AI 曝露程度。这一发现与 Felten 等（2018，2021）的研究一致，即 AI 冲击首先重构的是社会经济地位较高的专业工作岗位。

除了任务本位方法外，OpenAI 这一研究的特色还在于，它明确强调任务"耗时缩减"而非任务"被替代"。其曝露分类框架避免将任务曝露等同于岗位流失，而是强调潜在的岗位增强。这一微妙差异体现了更平衡的技术影响研究视角，也反映出工作场所中 AI 与人类协作方式的多样性。

许多经济学家延续了任务本位方法的分析框架，借助企业层面的数据，通过劳动力市场结果评估 AI 曝露程度对就业的影响。例如，Acemoglu 等（2020a，2020b）利用 2010～2018 年美国企业的职位发布数据比较了在 AI 曝露程度较高的企业与未曝露企业中的招聘趋势。他们发现：采用 AI 的企业会减少与 AI 无关岗位的招聘，调整技能要求，在某些情况下甚至增加对互补技能的需求。然而，他们并未观察到全行业范围内的工作岗位流失，而 AI 的影响更多地集中在特定企业或行业内部。

## 三 行业/地区层面的 AI 采用率测度法

与从任务或岗位层面出发的测量法不同，另一种方法直接考察 AI 在不同行业/地区的采用程度，并将其与就业或工资的变化相联系。这种方法首先需要为每个行业/地区构建一个 AI 采用率或 AI 扩散指标。由于目前官方统计中缺少直接的"AI 采用"指标，研究者往往使用替代变量来度量，例如，某行业中 AI 相关专业人才的占比、AI 相关投资或专利数量、AI 软硬件的支出、包含 AI 设备（如智能机器人、智能传感器）的普及率等（Bon-figlioli et al.，2024）。在地区层面，可以利用该地区主要行业的 AI 采用水平加权得到地区总体的 AI 渗透率。一旦得到了这些行业/地区的 AI 采用指标，就可以将其与同期的就业增长、失业率变化等进行比较分析，判断 AI

扩散是否伴随就业的显著变化。

Bonfiglioli 等（2024）针对美国通勤区（CZ）的研究就是这一方法的典型代表。他们将 AI 定义为一种以算法处理大数据的广义技术，首先识别出哪些职业是"AI 相关职业"，进而测算出每个行业在 2000～2020 年 AI 相关职业就业中占比的提高幅度。结果表明，自 21 世纪 10 年代以来，美国部分行业的 AI 人才比重迅速上升，如科技和金融业，有些传统行业则几乎没有变化。接着，他们将这种行业层面的 AI 扩散映射到地区：如果某个地区原本就业主要集中在那些 AI 采用程度高的行业，那么即使该地区没有硅谷式的 AI 公司集群，也会由于产业结构而间接受到 AI 扩散的较大冲击。利用这种跨地区的差异，他们比较了 AI 采用率高的地区和 AI 采用率低的地区在就业上的走势差异。研究发现，在 2000～2020 年，AI 采用率高的地区的就业率相对下降了约 0.6 个百分点，几乎各技能层次的工作都受到一定冲击，只有收入最高的 10% 的高薪岗位和 STEM 专业就业岗位略有净增。这表明，在美国早期 AI 扩散过程中，就业影响总体偏负面，并带有不平衡性，有利于高薪高技能群体而不利于中低技能群体。值得注意的是，该分析是在控制了地区发展趋势后得到的，这意味着可以将这些地区的就业率下降与 AI 技术的扩散联系起来，而不是其他因素所致。

Chiacchio 等（2018）使用国际机器人联合会的数据研究工业机器人在欧洲国家的采用情况，对比了工业机器人使用密度较大国家的就业变化情况，发现工业机器人对欧洲国家整体就业的负面影响较小，但对制造业就业有明显替代作用，每增加一个机器人平均替代大约 3 个制造业岗位。这一结论与 Acemoglu 和 Restrepo（2017）发现的美国机器人冲击（每 1000 个工人增加 1 个机器人使就业率下降 0.20～0.34 个百分点）在方向上一致，但幅度略有不同。Copestake 等（2024）基于印度招聘网站的数据发现，自 2016 年以来，对 AI 岗位的需求显著增加，集中于 IT、金融与专业服务等领域。这些岗位薪资溢价明显，但对非 AI 岗位的需求却呈现下降趋势：在对 AI 岗位的需求显著增加的企业中，非 AI 岗位的发布数在三年内下降约 1%，并且这种冲击主要体现在涉及高认知任务的职业上。研究指出，AI 对印度白领服务业的影响具有双刃剑效应：一方面创造了高薪机会，另一方面加剧了就业不平等。总体而言，行业/地区层面的分析能提供一种宏观图景，即 AI 如何向不同领域扩散，以及这些领域的就业总量、结构和技能构成发生了怎样的变化。

行业/地区的 AI 采用率测度法的优点是贴近实际。不像 AI 曝露程度仅仅衡量理论可行性，AI 采用率测度法是以真实世界中 AI 人才或设备的扩散作为指标。因此，其结果更能反映 AI 落地应用带来的实际影响。例如，通过地区比较可以看出在 AI 快速发展的十年里，哪些地区的就业受到冲击。另外，这种方法通常利用官方统计数据或可观测的数据（如行业就业数据），具有数据获取和计算相对简单的优势。然而，其局限在于：不能基于单纯的采用率与就业变化之间的关联直接推出二者存在因果关系，因为 AI 采用率和就业变化可能同时受到第三个因素影响（比如经济景气情况、产业政策等）。如果仅做简单匹配分析，可能存在内生性偏差。例如，高科技行业原本就业增长就慢，与 AI 采用率无关；或者反过来，就业减少的行业才被迫采用 AI 来节省成本。因此，必须谨慎解释相关关系。为了解决这一问题，Bonfiglioli 等（2024）等在分析中进一步借助工具变量方法来强化因果识别。此外，行业/地区的 AI 采用率指标往往是粗粒度，难以刻画微观的任务替代和技能变迁，通常需要与微观分析结合，以全面理解 AI 影响机制。

AI 职业曝露指数和行业/地区的 AI 采用率测度法都为我们识别哪些职业更易受到 AI 影响、哪些职业更易被替代提供了实质性的洞见。从这些研究中，可以提炼出若干一致性结论。

第一，AI 已经展现出执行高阶认知任务的能力，如记忆、评估、结构化判断。因此，即使是高技能职业（例如，法律和医学诊断相关职业）也越来越曝露在 AI 替代风险之下。然而，AI 仍然难以胜任那些需要复杂推理、抽象问题解决能力，以及需要身体活动、共情与人际沟通能力的任务。那些依赖上述能力的职业在当前仍表现出较强的抗自动化能力（Acemoglu and Restrepo，2018a，2018b）。

第二，低工资或入门级体力工作往往不容易被 AI 替代。正如 Van de Gevel 和 Noussair（2013）所解释的，复杂推理可能只需要有限的计算能力，但低层次的感知-运动协调对机器而言仍然非常困难。此外，这类工作还高度依赖默会知识，即以经验、身体感知等形式存在，难以被形式化表达的知识（Autor，2014），这也使它们在人工智能时代持续具备低替代性。

这类工作的低替代性也可以从成本角度加以解释。Petropoulos（2018）指出，在不稳定、低薪环境中工作的体力劳动者与照护工作者之所以不容易被替代，并非因为 AI 无法胜任其任务，而是因为替代这些任务的成本高于其经济回报，这一现象被他称为"技术滞后"。

第三，Felten 等（2021）也承认，AI 职业曝露指数测量无法完全预测现实中的 AI 替代能力。其中一个常被忽视但至关重要的变量是"需求侧视角"，即消费者是否愿意接受由 AI 驱动的产品与服务。尽管个体偏好会随时间变化，但当前公众对 AI 在某些领域适用情况的质疑，可能会显著放缓劳动被替代的速度。这表明，AI 职业曝露指数测量应辅以对消费者态度、信任与行为反应的分析。越来越多的研究指出：技术可行性与社会可接受性之间存在明显脱节。例如，实证研究显示，患者更倾向于选择人类医生而非 AI 系统（Yun et al.，2021），人们在心理咨询方面也更信任真人而非基于 AI 的服务（Ma et al.，2022）。这些发现表明，在服务导向行业中，消费者偏好也可能深刻影响 AI 替代的实际效果。

第四，AI 仍面临捕捉复杂语境的挑战。例如，在儿童福利领域，社会工作者使用 AI 工具来评估虐待风险时发现，AI 的风险判断能力不如人类，因为 AI 难以理解和处理背景中的复杂情境信息（Kawakami et al.，2022）。

作为对"什么样的劳动者特质能提升其在 AI 替代中的韧性"这一问题的洞察性回答，Xie 和 Avila（2025）指出，在生成式 AI 时代，个体关系、社会身份与软技能将变得日益重要，决定着工人能否适应 AI 带来的劳动转型。

## 四 替代与互补：AI 与劳动关系的核心争论

人工智能与劳动之间关系的核心学术争论聚焦于 AI 技术究竟主要是"替代"还是"增强"人类劳动。替代论者认为，AI 在执行工作任务方面优于人类，因此可以完全取代人类劳动。替代论者常被视为悲观派，他们担心 AI 及其他形式的自动化技术将导致大规模的岗位消失。

然而，越来越多的研究对这种替代论提出挑战。相对地，互补论或增强论则认为，AI 能够增强人类能力、提高生产力，有可能创造新的任务与劳动需求（Brynjolfsson，2022；Lei and Kim，2024）。正如前文所述，OpenAI 关于大语言模型岗位曝露程度的研究就是互补论的代表，它强调 AI 的作用是帮助人类缩短任务完成时间，而非直接取代人类（Eloundou et al.，

2023)。既有文献指出：替代与互补这两种机制并非彼此排斥。同一技术系统在不同组织结构、制度安排和经济背景下，可能既替代某些岗位，也增强其他岗位。

诸多实证研究支持互补论的观点。Zhang 等（2021）发现，当 AI 系统被适当地整合进工作流程时，在医疗、金融和客户服务等需要复杂决策的场景中，AI 可以显著减少人为错误。其他针对具体行业或职业的研究也表明，AI 更多的是协助而非取代医生、律师、会计师等专业人士（Chen et al.，2021；Jussupow et al.，2022；Rodgers et al.，2023）。此外，人类劳动还可以通过"人力扩展的自动化"（humanly extended automation）与 AI 相互补充（Delfanti and Frey，2021；Zhang et al.，2021）。AI 并非孤立运行，而是嵌入在社会-技术系统中，人类工人在配置、解释和干预自动化流程中扮演着关键角色。

Brynjolfsson（2022）在其提出的"图灵陷阱"（the Turing Trap）中区分了两种 AI 发展路径：第一是类人型 AI（human-like AI），旨在模仿或替代人类工作，通过模仿人类方式执行任务，强调替代性；第二是增强型 AI（augmentative AI），专注于提升人类能力，强调互补性。他警告说，过度追求类人型 AI 将陷入"图灵陷阱"，即过于关注复制人类能力，反而产生了无法带来生产率成倍提升或社会福利改善的替代性自动化系统。这一替代导向路径的社会后果包括：收入不平等程度上升、工人工资下降、权力向资本所有者与科技精英集中。相反，增强型 AI 更关注与人类能力的协同提升，更有利于实现长期的经济增长、就业稳定和公平收益分配。

## 五 AI 驱动的岗位替代的社会影响：失业与不平等

### （一）失业

既有关于 AI 驱动的岗位替代的社会影响研究主要聚焦于失业与不平等两个方面。Korinek 和 Stiglitz（2018）区分了两种技术性失业机制：结构性失业和过渡性失业。结构性失业是由于存在"效率工资效应"，企业为了提高生产率，可能仅向少数高技能工人支付更高的薪酬，从而减少对整体劳动力的需求，引发非自愿性失业。AI 的引入可能会强化这一过程，因为它提高了雇主对劳动生产率的期望。过渡性失业是指当劳动力在转岗、搬迁或重新培训过程中暂时处于失业状态。这类失业并非岗位本身消失，而是由技能与岗位要求之间的错配或劳动力市场调整的延迟引起。AI 有可能加快通用技能过时的速度，使缺乏培训基础设施的劳动力市场面临更长的过渡期。

Brynjolfsson 和 McAfee（2012，2016）还提出了"技术与就业的脱钩"概念，即数字技术（包括 AI）带来的收益主要集中在资本与高技能人才手中，而对执行例行性与中等技能工作的群体造成了不利影响。换句话说，自动化的替代效应超过了教育和制度的适应速度。

尽管如此，AI 导致的失业程度可能没有认知中的那么严重。Autor（2015）在其被广泛引用的论文中提醒不要对"技术性失业"得出过于悲观的结论。他认为，尽管 AI 确实替代了一些具体任务，但也创造了依赖于人类能力（尤其是判断力、创造力、情感能力和人际交往能力）的新任务。在合适的制度环境下，这些新任务的出现有可能抵消流失的岗位。Acemoglu 和 Restrepo（2019）进一步将此现象概括为"复位效应"，即 AI 在替代部分任务的同时，也创造了更多以人类为中心、劳动密集型或技术互补性的任务。

此外，AI 还可以通过"生产率效应"间接带来新的劳动需求。例如，AI 行业因效率提升而释放的资本和资源可能刺激其他行业（如消费、服务、投资等）产生更多岗位需求（Acemoglu and Restrepo，2018a，2018b；Smith，2020）。Autor（2015）利用 Kremer（1993）提出的"O-ring 模型"进一步阐释了这种动态。O-ring 模型认为，在许多生产过程中，最终成果的出现依赖于多个相互依存任务的顺利完成：一项任务失败可能导致整体失败。Autor（2015）将该模型的应用拓展劳动力市场，指出随着部分任务被自动化，其余任务的复杂性和价值会上升。因此，AI 实际上是在重组任务结构，使剩余的"人类任务"变得更重要，而非简单地减少劳动岗位。

从实证层面来看，技术扩张对劳动需求的"对冲效应"虽不同，但总体偏向谨慎乐观。Bughin（2020）基于对 10 个国家的 3000 家企业的调查发现，只有一部分企业预计 AI 会导致大规模裁员，更多的企业则预计将扩大员工规模或重新配置岗位。世界经济论坛（Center for the New Economy and Society，2018）在其《未来就业报告 2018》中同样指出：尽管预计全球有

7500 万个岗位将被替代，但可能同时创造 1.33 亿个新岗位，如机器学习、大数据分析与用户体验设计等新岗位。这些新岗位不仅需要技术技能，还依赖人类特有的特质，如创造力、适应性和共情能力。

但即使是在乐观情况下，职业转型的代价也可能相当大。新岗位的产生并不等于原有工人可以顺利转入新岗位。结构性障碍（如培训机会不平等、地理流动性差、数字鸿沟等）会让受教育水平较低或资源有限的群体难以跨越转型门槛（Autor，2015）。此外，新增的劳动需求并不必然意味着"高质量工作"的普遍增长。Gray 和 Suri（2019）提出了"幽灵劳动"的概念，用来描述那些在自动化产业中从事低薪、被忽视但支撑 AI 运转的工人，如数据清洗员、标注员、审核人员等。尽管这些工人对 AI 的正常运作至关重要，但他们往往缺乏正式身份、福利保障与劳动权利，"幽灵劳动"可能成为新的劳动不平等形式。

### （二）不平等

公众舆论反映出人们对 AI 驱动的失业以及 AI 引发的社会不平等的深切担忧。根据皮尤研究中心在 2019 年的一项调查，76% 的受访者认为自动化将扩大贫富差距（Parker et al.，2019）。这一担忧并非空穴来风，而是建立在过去数十年的经验观察基础之上。

在一项具有里程碑意义的研究中，Autor 等（2003）分析了 1960~1998 年美国的就业结构变迁，揭示了以重复性任务为主的中等技能岗位"空心化"的趋势。这一趋势导致高技能认知类岗位与低技能体力服务类岗位同时增长，同时也带来了工资差距扩大与阶层分化。

"复位效应"不仅意味着新就业机会被创造出来，也暗示了新的不平等形式的出现，因为技术红利往往集中于受过高等教育、掌握专业技能的群体，而这些人本身就已经具有优势地位（Acemoglu and Restrepo，2019）。

在此基础上，Brito 和 Curl（2020）建立了一个模拟美国经济结构的模型，预测 AI 将使中低技能劳动者的工资下降。Acemoglu 和 Restrepo（2022）进一步估算，在过去 40 年中，美国工资结构变化中的 50%~70% 可被归因为那些集中于重复性任务或自动化密集行业的工人工资的相对下降。在其最新研究中，Acemoglu（2024）补充指出：即使 AI 在某些任务中提高了低技能工人的生产率，也提高了他们的收入，若这些工人无法找到新的互补岗位，仍可能导致不平等进一步加剧。此外，他还强调，AI 将会扩大资本与劳动收入之间的差距。

不平等还体现在工人对 AI 替代风险的认知与应对能力上的差异。Xie 等（2025）在其近期论文中指出，非裔美国人，尤其是受教育程度较低者，更不容易意识到自己的岗位面临被 AI 替代的风险。这种认知差距会削弱弱势群体通过技能提升或转向更具抗 AI 风险的职业来主动适应劳动力市场变化的能力，从而进一步加剧了既有的社会不平等。

此外，AI 还可能在国际层面加剧全球不平等。现有研究强调，全球 AI 价值链再现了"中心-边缘结构"：高附加值、高薪的 AI 设计、工程与战略岗位集中在发达国家的技术中心，而低附加值、劳动密集型的岗位，如数据标注、内容审核和信息清洗，则往往被外包至欠发达国家或新兴经济体。这些岗位虽然对 AI 系统的开发和维护至关重要，但通常是隐性的、低薪的，甚至处于剥削性条件下（Burrell and Fourcade，2021；Kshetri，2021）。

# 六　总结与讨论

本文系统综述了关于人工智能驱动的就业替代这一议题日益丰富的跨学科研究文献，不仅梳理了该领域中最常被关注的主题，也系统总结了支撑研究的关键概念、理论与方法路径。核心问题在于：AI 技术是否会，以及以何种方式影响劳动力市场，甚至取代人类工作？这一问题吸引了来自经济学、计算机科学、管理学、社会学、公共政策等多个学科的关注。这些学科的研究不仅揭示了劳动力市场受 AI 影响的广度与深度，也展现了背后丰富的解释性争议与社会后果。

本文围绕以下四个方面展开：第一，理论基础。本文回顾了前几轮技术变革与自动化浪潮中形成的理论，特别是"技能偏向技术变迁"理论与"例行偏向技术变迁"理论。这些理论为理解 AI 与就业关系、技术性不平等与劳动-资本关系的重构提供了重要基础。第二，测度方法。本文详述了基于技能本位方法和任务本位方法的 AI 曝露程度指数测量法以及行业/地区的 AI 采用率测度法的演进情况。这些工具有助于识别哪些职业最易受到 AI 影响，但也存在一定的局限性，尤其是在捕捉消费者接受度与具体应用情境方面。第三，替代与互补的对立视角。本文系统梳理了替代观点与互补观点的理论分歧。前者强调 AI 将导致岗位消失，后者则认为 AI 能提升人类效率、催生人机协同的新任务与职业机会。实践中，这两者并非完全对立，具体结果高度依赖于制度背景、组织结构与经济环境。第四，社会影响：失业与不平等。尽管 AI 可能通过多个渠道带来失业风险，但本文指出，公众对"AI 导致大规模失业"的担忧可能被夸大了。相比之下，由 AI 引发的不平等风险——无论是在技能层面、社会群体层面还是国际维度上——更为真实且严峻，值得学术界与政策制定者持续关注。

在政策层面，本文强调应对 AI 时代不平等的策略不仅仅限于再分配机制，同时还需通过结构性改革将技术进步与包容性增长挂钩。如 Brynjolfsson（2022）建议，应调整税收与监管制度，遏制以替代劳动为导向的自动化趋势，转而鼓励发展增强型 AI 技术。支持增强型 AI 技术发展的制度可以包括支持提升劳动生产率与适应力的技术补贴制度。Mellacher 与 Scheuer（2021）进一步指出，这些制度应与工资补贴、税收改革以及强有力的教育投资相配套，从而帮助工人平稳过渡到更具 AI 韧性的岗位。

基于已有文献，本文提出未来可进一步拓展的研究问题和方向。首先，制度与组织差异如何塑造 AI 的就业影响，即：为何相同的 AI 技术在不同企业、地区或国家会产生迥异的就业结果？其次，消费者与客户偏好如何影响 AI 的采纳与就业替代，尤其是在医疗、教育、心理咨询等以人际互动为核心的行业中？最后，全球政治经济学维度的 AI 研究也是一个具有潜力的方向。来自不同领域的学者需要更深入地研究 AI 全球价值链中的风险、价值与脆弱性如何跨国分布，特别是核心国家与边缘国家之间的不对等关系。

## 参考文献

贾朋、都阳，2024，《人工智能对劳动力市场的影响》，《财经智库》第 5 期。

尹建堃、袁志刚、都阳、张成刚、杨力、姚建华、韩克庆，2025，《新劳动：人工智能、技术替代与就业未来》，《探索与争鸣》第 3 期。

张咏雪，2024，《从自动化技术到生成式人工智能——技术对劳动者影响的技能异质性研究》，《社会学研究》第 4 期。

Acemoglu, Daron. 2024. "The Simple Macroeconomics of AI." *Economic Policy* 40 (121): 13-58.

Acemoglu, Daron, and David Autor. 2011. "Skills, Tasks and Technologies: Implications for

Employment and Earnings. " Pp. 1043–1171, in *Handbook of Labor Economics*, Volume 4. Elsevier.

Acemoglu, Daron, David Autor, Jonathon Hazell, and Pascual Restrepo. 2022. " Artificial Intelligence and Jobs: Evidence from Online Vacancies. " *Journal of Labor Economics* 40 (S1): S293–S340.

Acemoglu, Daron, and Pascual Restrepo. 2017. " Low-Skill and High-Skill Automation. " Working Paper, National Bureau of Economic Research.

Acemoglu, Daron, and Pascual Restrepo. 2018a. " Artificial Intelligence, Automation, and Work. " Pp. 197–236, in *The Economics of Artificial Intelligence: An Agenda*. University of Chicago Press.

Acemoglu, Daron, and Pascual Restrepo. 2018b. " The Race between Man and Machine: Implications of Technology for Growth, Factor Shares, and Employment. " *American Economic Review* 108 (6): 1488–1542.

Acemoglu, Daron, and Pascual Restrepo. 2019. " Automation and New Tasks: How Technology Displaces and Reinstates Labor. " *Journal of Economic Perspectives* 33 (2): 3–30.

Acemoglu, Daron, and Pascual Restrepo. 2020a. " Robots and Jobs: Evidence from US Labor Markets. " *Journal of Political Economy* 128 (6): 2188–2244.

Acemoglu, Daron, and Pascual Restrepo. 2020b. " The Wrong Kind of AI? Artificial Intelligence and the Future of Labour Demand. " *Cambridge Journal of Regions, Economy and Society* 13 (1): 25–35.

Acemoglu, Daron, and Pascual Restrepo. 2022. " Tasks, Automation, and the Rise in U. S. Wage Inequality. " *Econometrica* 90 (5): 1973–2016.

Akerman, Anders, Ingvil Gaarder, and Magne Mogstad. 2015. " The Skill Complementarity of Broadband Internet. " *The Quarterly Journal of Economics* 130 (4): 1781–1824.

Ashokkumar, Ashwini, Luke Hewitt, Isaias Ghezae, and Robb Willer. 2024. " Predicting Results of Social Science Experiments Using Large Language Models. " Preprint.

Autor, David. H. 2014. " Polanyi's Paradox and the Shape of Employment Growth. " Preprint.

Autor, David H. 2015. " Why Are There Still So Many Jobs? The History and Future of Workplace Automation. " *Journal of Economic Perspectives* 29 (3): 3–30.

Autor, David H. , and David Dorn. 2013. " The Growth of Low-Skill Service Jobs and the Polarization of the U. S. Labor Market. " *American Economic Review* 103 (5): 1553–1597.

Autor, David H. , Frank Levy, and Richard J. Murnane. 2003. " The Skill Content of Recent Technological Change: An Empirical Exploration. " *The Quarterly Journal of Economics* 118 (4): 1279–1333.

Autor, David H., and Michael J. Handel. 2013. "Putting Tasks to the Test: Human Capital, Job Tasks, and Wages." *Journal of Labor Economics* 31 (2): S59–S96.

Bonfiglioli, Alessandra, Rosario Crinò, Gino Gancia, and Ioannis Papadakis. 2024. "The Effect of AI Adoption on Jobs: Evidence from U. S. Commuting Zones." CESifo Working Paper, No. 10685.

Bowles, Jeremy. 2014. *The Computerisation of European Jobs*. Bruegel.

Brito, Dagobert L., and Robert F. Curl. 2020. "Automation Does Not Kill Jobs: It Increases Inequality." Baker Institute Report.

Brynjolfsson, Erik. 2022. "The Turing Trap: The Promise & Peril of Human-Like Artificial Intelligence." Preprint.

Brynjolfsson, Erik, and Andrew McAfee. 2012. *Race Against the Machine: How the Digital Revolution Is Accelerating Innovation, Driving Productivity, and Irreversibly Transforming Employment and the Economy*. Lexington, MA: Digital Frontier Press.

Brynjolfsson, Erik, and Andrew McAfee. 2016. *The Second Machine Age: Work, Progress, and Prosperity in a Time of Brilliant Technologies*. New York, NY: W. W. Norton & Company.

Buera, Francisco J., Joseph P. Kaboski, and Richard Rogerson. 2015. "Skill Biased Structural Change." Preprint.

Bughin, Jacques. 2020. "Artificial Intelligence, Its Corporate Use and How It Will Affect the Future of Work." Pp. 239–260, in *Capitalism, Global Change and Sustainable Development*, edited by L. Paganetto. Cham. : Springer.

Burn-Murdoch, John. 2025. "Why Hasn't AI Taken Your Job yet?" March 28. Preprint.

Burrell, Jenna, and Marion Fourcade. 2021. "The Society of Algorithms." *Annual Review of Sociology* 47: 213–237.

Center for the New Economy and Society. 2018. "The Future of Jobs Report 2018." Geneva: World Economic Forum.

Chen, Yaru, Charitini Stavropoulou, Radhika Narasinkan, Adrian Baker, and Harry Scarbrough. 2021. "Professionals' Responses to the Introduction of AI Innovations in Radiology and Their Implications for Future Adoption: A Qualitative Study." *BMC Health Services Research* 21 (1): 813.

Chiacchio, Francesco, Georgios Petropoulos, and David Pichler. 2018. "The Impact of Industrial Robots on EU Employment and Wages: A Local Labour Market Approach." Bruegel Working Paper No. 25186. Brussels: Bruegel.

Copestake, Alexander, Max Marczinek, Ashley Pople, and Katherine Stapleton. 2024. "AI and Services-Led Growth: Evidence from Indian Job Adverts." STEG Working Paper

060. International Monetary Fund; University of Oxford; World Bank.

Delfanti, Alessandro, and Bronwyn Frey. 2021. "Humanly Extended Automation or the Future of Work Seen through Amazon Patents." *Science, Technology, & Human Values* 46 (3): 655-682.

Deranty, Jean-Philippe, and Thomas Corbin. 2024. "Artificial Intelligence and Work: A Critical Review of Recent Research from the Social Sciences." *AI & Society* 39 (2): 675-691.

Eloundou, Tyna, Sam Manning, Pamela Mishkin, and Daniel Rock. 2023. "GPTs Are GPTs: An Early Look at the Labor Market Impact Potential of Large Language Models." Preprint.

Faverio, Michelle, and Alec Tyson. 2023. "What the Data Says about Americans' Views of Artificial Intelligence." Pew Research Center. Retrieved May 9, 2025 (https://www.pewresearch.org/short-reads/2023/11/21/what-the-data-says-about-americans-views-of-artificial-intelligence/).

Felten, Edward, Manav Raj, and Robert Seamans. 2018. "A Method to Link Advances in Artificial Intelligence to Occupational Abilities." *AEA Papers and Proceedings* 108: 54-57.

Felten, Edward, Manav Raj, and Robert Seamans. 2019. "The Occupational Impact of Artificial Intelligence: Labor, Skills, and Polarization." Preprint.

Felten, Edward, Manav Raj, and Robert Seamans. 2021. "Occupational, Industry, and Geographic Exposure to Artificial Intelligence: A Novel Dataset and Its Potential Uses." *Strategic Management Journal* 42 (12): 2195-2217.

Felten, Edward, Manav Raj, and Robert Seamans. 2023. "How Will Language Modelers like ChatGPT Affect Occupations and Industries?" Preprint.

Fernandez, Roberto M. 2001. "Skill-Biased Technological Change and Wage Inequality: Evidence from a Plant Retooling." *American Journal of Sociology* 107 (2): 273-320.

Frey, Carl Benedikt, and Michael A. Osborne. 2017. "The Future of Employment: How Susceptible Are Jobs to Computerisation?" *Technological Forecasting and Social Change* 114: 254-280.

Gevel, Ad J. W. van de, and Charles N. Noussair. 2013. *The Nexus Between Artificial Intelligence and Economics.* Berlin: Springer.

Gray, Mary L., and Siddharth Suri. 2019. *Ghost Work: How to Stop Silicon Valley from Building a New Global Underclass.* Boston, MA: Harper Business.

Jansen, Bernard J., Soon-gyo Jung, and Joni Salminen. 2023. "Employing Large Language Models in Survey Research." *Natural Language Processing Journal* 4: 100020.

Jussupow, Ekaterina, Kai Spohrer, and Armin Heinzl. 2022. "Radiologists' Usage of Diagnostic AI Systems." *Business & Information Systems Engineering* 64 (3): 293-309.

Katz, Lawrence F., and Kevin M. Murphy. 1992. "Changes in Relative Wages, 1963-1987: Supply and Demand Factors." *The Quarterly Journal of Economics* 107 (1): 35-78.

Kawakami, Anna, Venkatesh Sivaraman, Hao-Fei Cheng, Logan Stapleton, Yanghuidi Cheng, Diana Qing, Adam Perer, Zhiwei Steven Wu, Haiyi Zhu, and Kenneth Holstein. 2022. "Improving Human-AI Partnerships in Child Welfare: Understanding Worker Practices, Challenges, and Desires for Algorithmic Decision Support." Proceedings of the 2022 CHI Conference on Human Factors in Computing Systems, pp. 1-18.

Kinder, Molly, Xavier de Souza Briggs, Mark Muro, and Sifan Liu. 2024. *Generative AI, the American Worker, and the Future of Work.* Washington, DC: Brookings Institution.

Korinek, Anton, and Joseph E. Stiglitz. 2018. "Artificial Intelligence and Its Implications for Income Distribution and Unemployment." Pp. 349-390, in *The Economics of Artificial Intelligence: An Agenda.* University of Chicago Press.

Kremer, Michael. 1993. "The O-ring Theory of Economic Development." *The Quarterly Journal of Economics* 108 (3): 551-575.

Kristal, Tali. 2013. "The Capitalist Machine: Computerization, Workers' Power, and the Decline in Labor's Share within U. S. Industries." *American Sociological Review* 78 (3): 361-389.

Kristal, Tali. 2019. "Computerization and the Decline of American Unions: Is Computerization Class-Biased?" *Work and Occupations* 46 (4): 371-410.

Kshetri, Nir. 2021. "Data Labeling for the Artificial Intelligence Industry: Economic Impacts in Developing Countries." *IT Professional* 23 (2): 96-99.

Lei, Ya-Wen, and Rachel Kim. 2024. "Automation and Augmentation: Artificial Intelligence, Robots, and Work." *Annual Review of Sociology* 50: 251-272.

Ma, Jennifer S., Megan O'Riordan, Kelly Mazzer, Philip J. Batterham, Sally Bradford, Kairi Kõlves, Nickolai Titov, Britt Klein, and Debra J. Rickwood. 2022. "Consumer Perspectives on the Use of Artificial Intelligence Technology and Automation in Crisis Support Services: Mixed Methods Study." *JMIR Human Factors* 9 (3): e34514.

Manning, Benjamin S., Kehang Zhu, and John J. Horton. 2024. "Automated Social Science: Language Models as Scientist and Subjects." Preprint.

McClain, Colleen, Brian Kennedy, Jeffrey Gottfried, Monica Anderson, and Giancarlo Pasquini. 2025. "How the U. S. Public and AI Experts View Artificial Intelligence." Pew Research Center. Retrieved May 9, 2025 (https://www.pewresearch.org/internet/2025/04/03/how-the-us-public-and-ai-experts-view-artificial-intelligence/).

Mellacher, Patrick, and Timon Scheuer. 2021. "Wage Inequality, Labor Market Polarization and Skill-Biased Technological Change: An Evolutionary (Agent-Based) Approach."

*Computational Economics* 58 (2): 233-278.

North, Douglass C. , and Robert Paul Thomas. 1971. "The Rise and Fall of the Manorial System: A Theoretical Model. " *The Journal of Economic History* 31 (4): 777-803.

Parker, Kim, Rich Morin, and J. M. Horowitz. 2019. "The Future of Work in the Automated Workplace. " Pew Research Center. Retrieved May 9, 2025 (https://www. pewr- esearch. org/social - trends/2019/03/21/the - future - of - work - in - the - automated - workplace/).

Petropoulos, Georgios. 2018. *The Impact of Artificial Intelligence on Employment.* Bruegel.

Pfeiffer, Sabine. 2016. "Robots, Industry 4. 0 and Humans, or Why Assembly Work Is More than Routine Work. " *Societies* 6 (2): 16.

Pouliakas, Konstantinos. 2018. "Determinants of Automation Risk in the EU Labour Market: A Skills-Needs Approach. " IZA Discussion Papers.

Rodgers, Ian, John Armour, and Mari Sako. 2023. "How Technology Is (or Is Not) Transforming Law Firms. " *Annual Review of Law and Social Science* 19: 299-317.

Smith, Aaron, and Monica Anderson. 2017. "Automation in Everyday Life. " Pew Research Center. Retrieved May 9, 2025 (https://www. pewresearch. org/internet/2017/10/04/automation-in-everyday-life/).

Smith, Jason E. 2020. *Smart Machines and Service Work: Automation in an Age of Stagnation.* London: Reaktion Books.

Spenner, Kenneth I. 1990. "Skill: Meanings, Methods, and Measures. " *Work and Occupations* 17 (4): 399-421.

Susskind, Richard, and Daniel Susskind. 2015. *The Future of the Professions: How Technology Will Transform the Work of Human Experts.* Oxford: Oxford University Press.

van de Gevel, A. J. W. , & Noussair, C. N. 2013. *The Nexus between Artificial Intelligence and Economics* (Springer Briefs in Economics). Springer Berlin Heidelberg.

Xie, Mengmeng, Lin Ding, Yan Xia, Jianfeng Guo, Jiaofeng Pan, and Huijuan Wang. 2021. "Does Artificial Intelligence Affect the Pattern of Skill Demand? Evidence from Chinese Manufacturing Firms. " *Economic Modelling* 96: 295-309.

Xie, Yu, and Sofia Avila. 2025. "The Social Impact of Generative LLM-Based AI. " *Chinese Journal of Sociology* 11 (1): 31-57.

Xie, Yueqi, Lemeng Liang, and Yu Xie. 2025. "Awareness Disparities in AI Replacement of Jobs. " Preprint.

Yun, Jin Ho, Eun-Ju Lee, and Dong Hyun Kim. 2021. "Behavioral and Neural Evidence on Consumer Responses to Human Doctors and Medical Artificial Intelligence. " *Psychology &*

*Marketing* 38（4）：610-625.

Zhang, Dan, L. G. Pee, and Lili Cui. 2021. "Artificial Intelligence in E-Commerce Fulfillment: A Case Study of Resource Orchestration at Alibaba's Smart Warehouse. " *International Journal of Information Management* 57: 102304.

Ziems, Caleb, William Held, Omar Shaikh, Jiaao Chen, Zhehao Zhang, and Diyi Yang. 2024. "Can Large Language Models Transform Computational Social Science?" Preprint.

# 论智能体互联网的崛起：智能经济性驱动的价值转移与生态重构

侯　宏[*]

**摘　要**　随着 AI 技术的发展，智能体互联网作为支撑跨组织智能体协作的新型基础设施正在兴起。本文从政治经济学和技术经济学视角，分析智能体互联网的崛起逻辑及其对平台互联网的颠覆性影响。研究发现，平台互联网建立在三重飞轮效应之上，平台价值创造机制以智能不对称和时间有限性为隐含前提。智能基础设施创造了零边际成本认知、零边际成本生成和零边际成本互动的智能经济性，构成挑战平台经济的核心力量。智能体互联网通过智能平权、暗流量和开放协议，推动平台格局从垂直整合走向水平解构，驱动价值从平台互联网企业向智能体经济转移。智能体经济融合产业互联网与消费互联网，以智能体为价值创造单元，以智能体互联网为价值网络。本文提出了智能体互联网基于供给侧智能体与消费侧智能体跨边网络效应的发展路径，对理解智能体经济商业格局的变化具有重要意义。

**关键词**　智能体经济　智能体互联网　平台生态　价值转移　智能平权

# 引　言

　　智能体互联网允许跨组织边界的各种智能体以一种可扩展的方式无缝通信与协作（Chen et al.，2024；Ehtesham et al.，2025）。作为 AI 技术革命的前沿进展，智能体互联网受到了各界的关注。比如，思科公司认为智能

---

*　侯宏，北京大学国家发展研究院管理学助理教授，承泽企业家研修项目学术主任，剑桥大学博士；主要研究方向：公司战略、商业生态、商业模式。

体互联网代表互联网与平台互联网之上的第三层互联网基础设施（Pandey，2025）；麻省理工学院媒体实验室认为智能体互联网代表去中心化 AI 的一种实现方式（Singh et al.，2024）；中国互联网协会互联网互联互通工作委员会委托中国信息通信研究院规划所开展《智能体（Agent）技术要求与评估方法》系列标准编制。值得一提的是，中国开源社区的创业者最早提出支撑智能体互联网通信的协议——ANP（Agent Network Protocol），而谷歌随后推出了类似的 A2A（Agent to Agent）协议。可以预见，智能体互联网将成为未来一段时期中美 AI 产业竞争前沿。

然而，尽管智能体互联网技术进展逐步深入，但对其商业生态的思考却严重不足。与单点部署的技术如大模型和智能体相比，智能体互联网的发展将格外依赖网络效应和商业生态，其采纳障碍不仅存在于个体和组织层面，更存在于生态层面。由于网络效应目前主要被若干重要的消费互联网平台企业捕获，智能体互联网的发展绕不开一个问题：智能体互联网与平台互联网是何关系？一方面，从过去经验来看，智能体互联网可能被这些企业通过平台包络战略纳入其生态版图；另一方面，得益于一系列新技术，智能体互联网可能颠覆现有平台互联网格局。可见，对上述问题的回答对于理解智能体互联网的发展至关重要。

本文创造性地结合政治经济学和技术经济学视角对这一问题展开系统性分析。本文结构安排与关键概念见图 1。

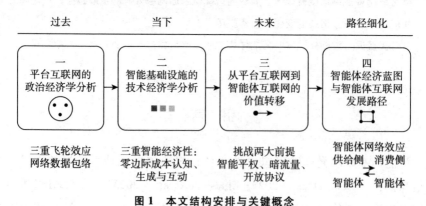

图 1　本文结构安排与关键概念

本文对理论与实践均有贡献。在理论方面，一是提出智能经济性概念，为理解 AI 技术的价值创造机制提供了理论基础；二是指出平台商业模式长期被忽视的两大隐含前提，厘清了平台生态理论的边界条件；三是构建从平台互联网到智能体互联网的价值转移理论模型，为后续案例和实证研究奠定基础。在实践方面，本文为企业战略性理解 AI 带来的产业变局、拥抱智能体经济及政府支持智能体互联网发展提供了参考。

# 一    平台互联网的政治经济学分析

平台互联网是指平台企业主导的消费互联网。平台主导地位的建立，主要得益于网络效应、数据积累效应以及平台包络战略三重飞轮效应（即正反馈）的推动（Gregory et al.，2021；Parker et al.，2016，2021）。互联网流量快速向平台企业集中，平台企业再变更生态治理规则，将流量转化为收入与利润。不可忽视的是，世界各国政府对平台的规制日趋严格（Condorelli & Padilla，2020；Khan，2016；Mozur et al.，2021）。因此，在外部治理与平台（内部）治理的共同作用下，平台企业在价值创造与价值捕获之间寻求平衡。本节框架如图 2 所示。

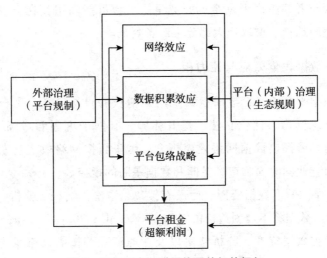

图 2    理解平台互联网格局的极简框架

## （一）网络效应与垄断租

产品价值随用户增加而呈指数级增长的特性被称为网络效应（Katz &

Shapiro, 1994)。它的一个通俗版本是梅特卡夫定律, 即网络的价值与节点的平方成正比。具备网络效应的产品依赖网络规模而非产品本身创造的价值。平台正是如此, 其效用随用户增加而增加。根据用户效用增加源于同一群体 (如微信用户) 还是不同群体 (如淘宝卖家), 文献区分了直接网络效应与间接网络效应。

经济学文献把网络效应视为外生市场特征, 而管理学文献则强调网络效应源于平台创业者行为 (Langlois, 2012; Rysman, 2009)。比如, 共享经济平台把闲置资产转化为有效供给, 而 iPhone 首先提供了 iOS 这样的创新基础设施。但无论如何, 平台须设法使自己成为网络核心或瓶颈 (Baldwin, 2021), 最终坐拥网络效应。这种通过占据产业中某个特定位置 (即战略定位) 而获取竞争优势的逻辑, 与波特的竞争战略理论一脉相承 (Teece, 2023)。

网络效应常与垄断租相关。垄断租是指竞争不充分导致的企业超额利润。在平台竞争中, 由于网络效应存在, 一旦先发平台取得领先地位, 通常形成赢家通吃的格局, 或有损消费者福利。同时, 在平台生态内部, 平台与生态参与者就生产者剩余展开竞争。平台可能利用其在自身生态内占据的绝对垄断地位, 攫取绝大部分生产者剩余。

### (二) 数据积累效应与能力租

对于数字平台而言, 数据积累是用户增长的自然后果。平台企业利用这些数据训练模型、优化算法、提升体验, 有助于巩固和增强网络效应。基于此, 有学者提出数据网络效应概念。由于数据网络效应与垄断租紧密相联, 平台企业同时面临市场垄断和数据垄断的指控。

然而, 如果只有数据资源, 而没有搜集、清洗、组织、分析、利用数据的组织能力, 数据将不会创造价值 (Gregory et al., 2021; Varian, 2019)。这种能力涉及把数据资产、分析技术以及业务流程等按需动态编排, 因而是动态能力。注意, 上述主张并未否定数据垄断本身, 否定的是平台滥用数据垄断地位获取垄断租的指控, 认为平台获取的是能力租, 不应被纳入反垄断范畴。

OpenAI 的崛起印证了数据本身并不那么重要的观点。一方面, 按照对谷歌的指控, 它滥用数据垄断地位扼杀创新。但这并未影响 OpenAI 依靠公开数据、算法创新以及算力堆积强势崛起，实质性威胁到谷歌搜索。另一方面，谷歌在 AI 领域能与 OpenAI 抗衡的关键优势，不在于数据，而在于其自行设计 TPU 以免于支付英伟达 GPU 高额费用的能力（王明辉、任师攀，2023）。

### （三）平台包络战略

几乎所有平台企业都发展为"八爪鱼"形态，业务渗透多个领域。在此过程中，一种常见的战略叫平台包络战略，即在现有客户基础上拓展平台功能，使其能覆盖相邻的平台市场（Eisenmann et al.，2011）。这里的飞轮效应体现在，用户规模越庞大，就越有可能在进入一个新市场时获得成功。这样，一家平台企业通常为消费者提供多种服务，而自身也发展为所谓的超级 App 运营者。

平台包络战略的本质是利用网络效应和数据积累效应把市场权力从市场 A 转移到市场 B。这种战略有时促进竞争（如京东进入外卖市场），但有时被认为妨碍竞争或滥用垄断地位。比如，若市场 A 的平台收购市场 B 的玩家，可能有扼杀潜在竞争对手的意图；再比如，如果市场 B 是市场 A 的互补品市场，则市场 A 的平台进入市场 B 可能挤压或歧视其他互补者（优待自营业务）。

### （四）平台（内部）治理

平台（内部）治理是关于谁能进入平台生态系统以及生态系统成员间价值分配的一系列规则（Chen et al.，2022）。在生态系统发展初期，平台（内部）治理主要着眼于价值创造、确保生态健康发展、避免劣币驱逐良币，以最大化网络效应。但随着主导权的获得，平台（内部）治理转而强调价值捕获，追求货币化收益（Rietveld et al.，2020）。

其实，网络效应属于价值创造范畴，不涉及价值捕获。要把网络效应带来的市场份额转化为收入与利润，平台须提高用户转移成本以及流量货币化水平（Lam，2017）。一方面，如果用户转移成本低，任何货币化行为都可能导致用户离开、用户份额下降。因此，通过设置不兼容的标准、禁止外链、增加数据迁移成本等手段，平台构筑了"围墙花园"，试图圈住用户。另一方面，作为规则的载体，平台算法开始更多地回应货币化诉求。

比如，亚马逊推荐算法最初服务于降低供需双方的交易成本，但后期服务于广告位的竞价者（Strauss et al.，2023）。由于信息过载，人们不得不在一个算法塑造的信息环境里做出购买决策。这时的平台不再是供需撮合者，而是供需操纵者。

数据权属是内外部平台治理的共同焦点。在内部治理方面，尽管平台企业声称数据能力比数据资源重要，但它们绝不愿意把数据所有权交给用户，因为这将大大降低用户转移成本。在外部治理方面，不同经济体持不同的立场。比如，欧盟认为消费者拥有平台数据所有权，而中国则倡导数据资源持有权、数据加工使用权和数据产品经营权"三权分置"。

### （五）小结

本节强调平台互联网处于市场经济学与政治经济学交织的场域。三重飞轮效应揭示了平台生态繁荣的内在机制。这导致两方面的后果。一方面，平台企业作为它们的建设者，获取了巨大的经济收益和社会能量，成为这个时代耀眼的组织群体；另一方面，平台企业不得不将自身置于外部治理之下，小心翼翼地在创造社会价值与捕获股东价值之间寻求平衡。然而，精心维持的内外部治理权力的平衡，很可能在 AI 智能体代表的新质生产力冲击下崩溃。在进入此分析之前，我们需要了解智能体和智能体互联网。

## 二　智能基础设施的技术经济学分析

本文把 AI 技术基础设施的演进划分为大模型、智能体与智能体互联网三个阶段，分别在生产资料、价值创造单元与价值网络三个层面上具有代表性意义。同时，大模型、智能体与智能体互联网也是智能基础设施，分别创造了零边际成本认知、零边际成本生成与零边际成本互动三大智能经济性，共同驱动智能体经济蓬勃发展。本节框架如图 3 所示。

### （一）大模型：智能的工业化大生产

人类文明的进步，见证了能源结构从自然能进化到工业能再到信息能的变迁。工业文明璀璨发展的前提之一，是水、火、风、光等自然能可以

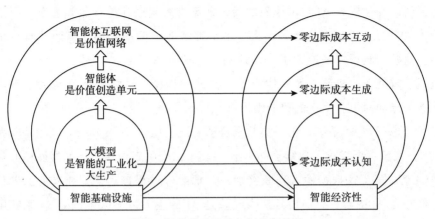

**图3　智能基础设施与智能经济性**

大规模转化为电能。然而，尽管进入信息时代已几十年，电能大规模向信息能的转化始终没有找到实现路径；相反，智能的生产长期停留在作坊手工业时代。无论消费互联网、产业互联网还是企业级 IT，生产智能主要靠程序员的软件开发。所谓的规则式 AI，也要求专家根据经验把业务规则提炼出来。由于这些软件与规则都是专用的，要满足日益多元化的智能需求就要不断投入人力资源。这种模式缺乏规模经济，因而发展受限。

　　大模型的出现推动智能生产迈入规模化工业时代。不同于手工作坊式的智能生产，大模型训练与运营类似于重工业，需要高昂的前置投资。好消息是，由此得到的大模型（或称基座模型）泛化性很强，在非常多的场景下能提供与人类媲美的智能。这得益于大模型在训练过程中吸收了几乎所有公开可得的高质量数据。在如此大规模的数据集上训练参数动辄过千亿的深度神经网络，需要消耗巨大的算力与电力。如此，智能背后的能源结构完成了从自然能（即程序员与专家）到工业能（即算力与电力）的转换。这突出体现在主导大模型各发展阶段（预训练、后训练、推理）的规模定律（Scaling Law）上，即模型性能随着算力投入的增加而提升。

### （二）智能体：价值创造单元

　　尽管大模型性能不断提升，但它不能面向现实世界采取行动，进而价值有限。不难想见，这种先进要素应通过嵌入某种系统发挥作用。这种系统就是智能体：能分解任务、调用工具执行任务并最终实现用户意图的技术系统。在生成式 AI 技术成熟之后，模型理解复杂任务、感知复杂世界的能力大幅提升。在这些能力的支持下，智能体可调用外部工具改造现实世界。这些工具可以是搜索引擎、地图、专业软件等数字产品，也可能是无人机、智能车、机器人等实体产品。在某种程度上，智能体就是大模型以任务为导向对工具生态的智能编排。

考虑三类 AI 系统。第一类是全自动系统。比如 Deep Research 和特斯拉 FSD，人负责提需求，后续全部交给 AI。第二类是工作流。比如客服精心设计响应流程，AI 根据输入判断类别，并把响应过程自动化。如果说前者认为经验是 AI 的累赘，而后者认为经验是 AI 的主人，那么第三类 AI 系统则处于两者之间。比如 AI 编程时，人无须设定 AI 工作流，但需要知道 AI 进行到哪一步并可以随时接管；AI 在此过程中也越来越理解人的习惯和偏好。上述三类系统中哪一类是智能体呢？不同行业达人的答案各不相同，因为他们对智能体的定义受其业务领域与技术路线影响。

由于在不同技术路线中做出选择并非本文重点，我们把智能体宽泛地定义为基于大模型构建的任务完成系统。大模型是该定义的基础之一。很多智能体定义强调的环境感知、决策推理等能力实际上都来自大模型。任务完成是该定义的基础之二。如果只推理不行动则不是智能体。模型能力与任务完成之间的差距意味着需要引入其他要素如工具、数据乃至人。有时，模型可自带工具或创造工具来完成任务。大多数情况下，模型须调用外部工具。然而，调用内部工具还是外部工具、对外部工具事先加以定义还是实时编排、人需要何程度的参与都取决于任务属性、资源约束、用户偏好等，而非智能体的内在规定，因而调用工具不应作为智能体的定义要素。

本质上，智能体是模型能力向现实世界的延伸。基于此，前述三类 AI 系统都是智能体。为实现与现实世界互操作，模型智能须外化到环境。这是通过把模型智能与各种现存要素整合为一个价值创造单元实现的。可见，拥抱智能体是拥抱价值创造，而非拥抱某种特定技术路线。看到模型能力快速进步的人坚信全自动系统是唯一正确的智能体，而那些不断挑战更高任务复杂度以及任务环境不确定性的人则更加温和。我们用一个宽泛的定义调和了上述两类不同的观点。

### （三）智能体互联网：价值网络

当服务流程的执行主体由人、软件、机器等转变为智能体，这些跨组织边界的异构智能体将依托智能体互联网以可扩展的方式无缝通信与协作。若把智能体比作网站，则每个智能体都可在互联网上注册独一无二的身份并具有可访问性。但不同于被动等待访问、静态链接的信息页面，智能体是善于主动出击、缜密思考、帮助主人［消费者（Consumer）和企业（Business）］完成意图的行动者。注意，单智能体为提升行动能力，可用于组建模型-工具网络，而智能体互联网是智能体-智能体对等网络。两者的差异不仅体现在节点属性上，还体现在网络模式上。模型-工具网络类似于单向网络，工具被动响应模型调用，而智能体互联网是双向网络，任何节点都可主动发起通信。

智能体互联网也不同于组织层面的多智能体协作。一方面，跨组织的智能体可能因技术不兼容难以直接通信，又或因缺少组织信任而难以把握数据交换尺度。这种交易成本的差异，导致多智能体协作首先在组织内实现（类似于智能体局域网），而智能体互联网须应对更多挑战。另一方面，多智能体协作的目标与成员通常事先给定，而智能体互联网的协作通常始于价值定义，却并不给定创造价值的配方。比如，企业发出某一创新诉求，又或消费者寻找"最优"性价比的产品，并不事先知道合适的供应商身在何处。这意味着，尽管最终达成协作的智能体可能只有 1 个，但中间可能经历了几十个甚至更多智能体的沟通和谈判。

若智能体是价值创造单元，智能体互联网就是价值网络。企业将首先采纳智能体，因为它能嵌入、增强乃至再造企业现有价值链。但智能体互联网作为跨组织智能体之间开放式互动的基础设施，能够帮助企业加入乃至组建新价值网络。这得益于智能体互联网的三大特征。一是无边界，即智能体互联网面向所有节点零门槛开放，不是局域网，也不是某个企业控制的生态网络；二是低信任环境，即智能体互联网支持"陌生人"通信，而不要求智能体之间事先存在信任基础；三是双向对等互动，即智能体互联网支持智能体之间相互交换信息、平等磋商，而不把决策权（如任务分解）单方面赋予某方。这些特征使智能体互联网成为复杂自适应系统，激发新价值网络与新商业模式不断涌现，进而对经济发展做出独特贡献。

### （四）智能经济性：零边际成本认知、零边际成本生成与零边际成本互动

当且仅当大模型、智能体和智能体互联网发挥某种经济性，即允许采纳者花费更少人力、物力和时间来完成更多任务、获得更多产出，它们才可能被普遍采纳。接下来，我们讨论智能经济性的三重内涵，即零边际成本认知、零边际成本生成与零边际成本互动，分别对应大模型、智能体与智能体互联网的核心价值。

1. 基于大模型的零边际成本认知

经济活动对语言理解与表达、多模态信息处理与感知、复杂问题拆解与推理等认知能力的需求是无止境的。当这些能力靠人来提供时，需求增加与成本增加是线性关系，即边际成本恒定。当前，模型在上述方面的能力已达到甚至超过人类平均水平，但提供认知能力的边际成本（完成一次推理任务的成本）却非常低，且随着技术进步可能很快趋近于 0。价格低廉意味着智能平权，即大中小企业乃至消费者都能接入大模型获得高级智能。当然，这一论断的前提是，DeepSeek、阿里通义代表的开源阵营在模型能力上逼近闭源模型且持续进步。若非可无偿使用开源模型，我们将面对智能垄断，而非智能平权。

需要强调的是，零边际成本认知本质上源于大模型作为一种新型智能供给方式，而无关具体模型。当前，智能平权体现为企业纷纷部署 DeepSeek 或消费者可免费使用 DeepSeek。但这仅仅是初级阶段。未来，每个企业与个人都会拥有私有模型，实现差异化、专业化的零边际成本认知。企业可以在私有数据或行业 Know-how 上微调开源模型，并通过剪枝、量化、蒸馏等模型小型化技术缩小私有模型的参数规模，进而降低运行成本，提升响应速度。

2. 基于智能体的零边际成本生成

相对于大模型，智能体引入了上下文与工具。AI 内容不应被狭隘地理解为娱乐素材，而应被理解为基于对输入问题和上下文的理解向提问者反馈的个性化解决方案。比如，智能体可根据企业知识库对客户问询反馈一条精准答复、根据管理层需求调用软件工具分析数据并产出精美的图表、根据小说写手提供的创意完成一篇情节严丝合缝的个人风格小说、根据现

场视频图像以实时语音的形式反馈存在安全隐患的细节。以上任务，都不是大模型本身能胜任的，需要诉诸精心设计的专业智能体、高质量的提示词与丰富的上下文信息。在可预见的未来，随着具身智能的发展，智能体能生成的绝不仅仅是数字内容，同时还有任务完成的物理结果。

尽管搭建令人满意的智能体绝非易事，但一旦搭建成功，其边际成本接近于0。这将带来两方面后果。一是内容经济从个性化推荐进化为个性化生成。过去的所谓个性化内容经济，建立在数字内容零边际成本复制的经济性基础之上，把给定数字商品推荐给消费者。未来，零边际成本生成使按需生成数字商品成为可能，实现真正的个性化内容消费。二是生产侧的服务规模经济。企业在拥抱产业互联网过程中，最大的障碍之一在于服务的规模不经济性，即服务成本随着业务规模的扩大线性增长。未来，如果服务内容（比如代码）能够零边际成本生成，产业互联网将在某种程度上实现消费互联网化，有望更蓬勃地发展。

3. 基于智能体互联网的零边际成本互动

开放互联网带来的无穷选项，是幸福也是烦恼。烦恼之一是交易成本，即找到满意选项所需付出的成本；烦恼之二是机会成本，即选择一个而放弃其他所带来的潜在损失。回顾互联网发展历程，尽管平台显著降低了交易成本，但用户面对的机会成本却恒不为0且显著增加。

一方面，恒不为0的机会成本来自用户本身，可称为内生机会成本。人既希望有更多选择又厌恶做出选择。厌恶做出选择并不是因为消费者不在意因选择变少而承担机会损失，而是因为消费者的时间与精力有限。与更多选项互动固然可能获得收益的改善，其收益却不一定能补偿额外消耗时间和精力产生的机会成本。因此，面对理论上互联网能给出的无穷选项，用户倾向于少做互动的核心原因在于，每多做一次互动，用户付出的机会成本恒不为0。

另一方面，显著增加的机会成本来自平台"围墙花园"，可称为外生机会成本。平台通过种种手段（如提供一站式服务）提高用户离开的机会成本，使该成本超过用户放弃选择其他平台带来的机会成本，最终将用户留住。此外，平台还创造了一种让机会成本难以被感知的沉浸环境。比如，以个性化推荐的名义直接替消费者做选择，其背后很大程度上是牟利需要。结果，尽管理论上互联网能给出无穷选项，但用户的实际选择却被人为增加的外生机会成本限制了。

在此背景下，智能体互联网实现了零边际成本互动。由于代表用户采取行动的智能体拥有近乎无限的时间与精力，用户与选项互动的内生机会成本直接降低。与此同时，外生机会成本也可被降低。这是因为消费者仅需耗费一些 Token 和低廉算力，便能借助智能体在海量选项中自行做出选择，平台精心构筑的"围墙花园"将不再有效。

### （五）小结

本节初步建立了理解智能基础设施的技术经济学框架。一方面，为大模型、智能体、智能体互联网的价值创造找到了现实锚点。大模型锚定的是作坊式的智能生产模式，智能体锚定的是低效的企业价值链，而智能体互联网锚定的是平台割据的互联网。另一方面，基于这些锚点，阐释了零边际成本认知、零边际成本生成与零边际成本互动三重依次递进的智能经济性。作为智能基础设施所支持的独特的创造价值的机制，它们为 AI 新质生产力赋予了具体内涵。

## 三 从平台互联网到智能体互联网的价值转移

智能经济性将打破平台内外部治理的平衡，推动平台经济向智能体经济演化。理解这一趋势需要识破平台经济的隐含前提，并探究为何智能体互联网挑战了这些前提。最后，本节还探讨了平台互联网向智能体互联网演化与历史上电信网向互联网演化的类似之处。

### （一）平台互联网两大前提：智能不对称与用户时间有限性

众所周知，平台创造价值的两大核心机制是降低交易成本和创造网络效应，而平台捕获价值的两大核心机制是流量垄断和"围墙花园"。然而，上述价值创造与价值捕获机制背后，分别隐含着一个重要假设，尚未被文献重视。

一方面，平台价值创造机制的隐含前提是平台相对于个体的智能优势。平台能否降低交易成本和创造网络效应，取决于它能否提供丰富的工具。这些工具是一系列软件应用或功能，不用买家和卖家各自开发，而由平台集中提供，构成端到端的交易基础设施。在工具层面，B 端和 C 端个体一开始就是落后于平台的。因此，它们把数据交予平台，委托平台按需为之匹配供给，并使用平台工具完成交易全过程。这样，相对于个体，平台不仅有了工具优势，还具备了信息优势。随着数据好似江河入海般向平台汇聚，基于数据的算法持续迭代最终赋予平台智能优势，成为个体望尘莫及的巨头。上述工具—数据—智能的技术暗线是交易成本和网络效应等平台经济叙事的重要支撑，也是数字化平台超越农业时代线下集市之处。

另一方面，平台价值捕获机制的隐含前提是用户时间有限性。流量的本质是屏幕时间或者消费者注意力。消费者一天只有 24 小时，而每单位时间（或注意力）不可能同时被多个应用占用。消耗在某个应用上的时间多一些，留给其他应用的时间就少一些。我们知道，网络效应导致流量垄断的一个重要机制是用户预期的自我实现，而用户时间有限性是大者恒大预期的重要前提。其实，"围墙花园"机制也与时间有限性息息相关。比如，平台为锁定客户，常扩张到相邻领域提供"一站式服务"。这种模式最突出的价值是节省用户时间，其隐含前提正是用户时间有限性。更一般地，用户转移成本的很大一部分是用户的时间机会成本，也基于此前提。

### （二）智能体互联网三大基石：智能平权、暗流量与原生 AI 开放协议

随着数据智能向模型智能跃迁，智能不对称将转向智能平权。在数据智能范式下，由于智能以数据积累为前提，个体与平台的智能鸿沟越拉越大。但模型智能是截然不同的范式。OpenAI 利用公开数据训练出 GPT 3.0，开启了模型智能新篇章，一开始就挑战了数据积累丰厚的谷歌。得益于 DeepSeek 等开源模型，模型智能通过以下方式有力推动了智能平权。一是智能基础设施为个体提供了超前智能起跑点；二是智能到（合成）数据反向路径的出现，打破了数据垄断；三是企业利用相对少的数据便可把基座大模型微调成专属小模型。

暗流量刻画了用户以 AI 智能体为媒介使用互联网的趋势。在智能体条件下，消费者分身乏术，有各具专长的个人助手来完成各种工作。比如，消费者可授权会议助手同时列席多个会议并在必要的时候回答相关问题。消费者还可授权财务助手审查日常开销，取消不必要的订阅服务，甚至给服务提供商写电子邮件要求折扣。暗流量反映用户真实的意图，但不反映

用户注意力分配，因为智能体无限提高了用户注意力。当然，暗流量并不必然来自消费者。比如，智能体撰写的投诉邮件完全可能由企业的客服智能体回复，而用户订阅的服务智能体也被允许主动向用户推送信息。如此一来，未来智能体与智能体之间的互动将推动暗流量迅猛增长。

智能平权与暗流量都将依托原生 AI 开放协议。一方面，智能主要通过转化为智能体的认知、生成和互动能力创造价值，因而允许模型调用外部工具的协议显得格外重要。在这方面，模型上下文协议（Model Context Protocol，MCP）规定了模型与各种工具间的标准化接口，避免不同工具、模型各自开发协议给智能体开发带来额外适配成本。另一方面，暗流量的本质是智能体间跨越组织边界的对等协作，需要一个支持开放环境下跨域互操作的网络协议。在这方面，智能体网络协议（Agent Network Protocol，ANP）对智能体注册、发现、认证、交换、安全等环节进行了统一约定，避免形成网络孤岛。需要指出的是，上述协议都是开源的。

### （三）智能体互联网驱动平台解构

降低交易成本涉及帮助交易双方解决一系列问题，比如信息搜索、信任建立、讨价还价、完成支付、售后保障等。互联网平台，究其实体而言，就是解决上述问题的一系列工具的捆绑集合。所谓平台解构，是指垂直绑定的工具集将解构为水平竞争的工具堆栈，如图 4 所示。

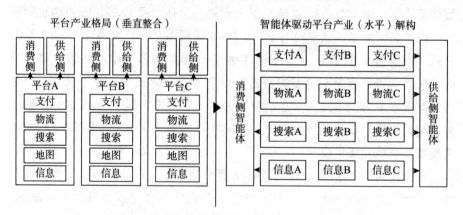

**图 4　平台产业格局从垂直整合到水平解构**

智能体互联网驱动平台解构发生。一方面，智能平权会极大地提升卖家与买家摆脱平台控制的能力。以往，买家、卖家对平台的依赖在很大程度上是数据智能的依赖。现在，买家和卖家可以打造自己的智能体，实现智能的自给自足。比如，以前用户没有调用其他工具的能力，只能被动接受平台推荐的工具；也没有数据存储能力，只能把个人消费轨迹托管在平台上。现在，智能体可以通过 MCP 调用外部工具，并自行记录所有消费行为。另一方面，暗流量的兴起意味着 2A（to Agent）将成为 2B 和 2C 之外的重要流量来源。对平台来说，为争取这部分流量，它们有动机将自身的工具 MCP 化。竞争会加剧这一趋势。份额最大的不吃螃蟹，排名第二的吃。

结果，平台退化为工具。平台与工具的重要区别在于，平台部分或完全剥夺了用户的工具选择权，而工具是特定能力的标准化供给，用户可在同类工具中自主选择。比如，搜索平台与搜索工具的区别在于：搜索平台在结果中显示竞价广告，用户无法拒绝；但搜索工具显示竞价广告则通常不可接受，除非该工具的 API 描述中有明示。但如果是这样，用户有权不调用该工具，而转向其竞品，且不产生机会成本。当然，用户也可离开该平台，但面临机会损失（如平台上丰富的供给）。

### （四）智能体互联网驱动"围墙"坍塌

平台的成功离不开网络效应，但网络效应却未必需要平台。平台网络效应是有"围墙"的网络效应，而智能体互联网将创造没有"围墙"的网络效应。实际上，网络效应至少有三种实现方式。一是数字封建主义，即平台寡头；二是国家资本主义，如电信、铁路等自然垄断行业；三是技术共产主义，比如 E-mail、Web 等互联网应用。智能体互联网将遵循第三种方式，依托开源协议（如 ANP）创造网络效应，成为平台中心网络效应的替代方案。

智能体互联网存在两种网络效应。一是智能体与工具之间由 MCP 联系的网络效应。智能体越多，MCP 工具越多，因为工具提供商觉得 2A 市场有利可图；MCP 工具越多，智能体越多，因为更多智能体开发者的创意能得到工具支持。结果，智能体将越来越强大。比如，相对于仅调用搜索工具的旅行规划助手，调用地图能给出更可靠、精准的旅程规划，而调用中航信的票务信息能进一步给出往返机票建议。二是智能体与智能体之间的网络效应。比如，如果旅行规划智能体在旅行规划得到用户认可后，想要完成机票订购，则需要与航司官方销售智能体互动（中航信不提供购票服务）。在此场景下，旅行规划智能体的普及与航司官方销售智能体、酒店销售智能体的普及相互促进。它们日益增长的互动量将威胁到当下的票务平台。类似地，智能体网络互联越来越广泛，承载的应用场景越来越多，智能体经济进而成型。

上述两种网络效应都依托开源协议而非平台。有人说，网络效应跨越规模门槛需要平台承担补贴市场。然而，补贴大战并非网络效应启动之必需。回顾消费互联网发展历史，Web 2.0（YouTube）、移动互联网（iPhone）、短视频的崛起都没有过分依赖补贴，而是紧紧抓住消费范式变化的势能。智能体的势能远超上述案例，因为它不仅代表着全新消费范式，也代表着全新生产范式。有理由期待，智能体网络效应的形成与发展将由价值驱动而非补贴驱动。实际上，补贴将以平台巨头们战略性投入的形式出现。但这些加固"围墙"的投入都将滋养一个开放的智能体互联网，而无法改变平台互联网的命运。本文最后将简要讨论这一问题。

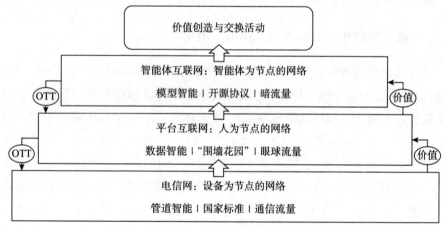

**图 5　智能体互联网对平台互联网的"过顶传球"**

## （五）智能体互联网对平台互联网的"过顶传球"

平台解构与"围墙"坍塌，可被理解为智能体互联网对平台互联网的"过顶传球"（Over-the-Top，OTT）。过去，OTT被用来描述互联网企业依托电信基础设施开展业务的同时，剥夺了电信运营商的用户控制权和业务联系（如短信和话音）；进而，产业利润从电信运营商向互联网企业转移，而电信运营商退化为所谓的"哑管道"。未来，类似一幕或将在平台互联网与智能体互联网之间重演：智能体互联网企业在依托平台互联网用户开展业务的同时，剥夺了平台互联网企业对用户的控制权和业务所有权；进而，价值向智能体互联网转移，而平台互联网下沉为重资产的算力基础设施。简言之，过去用户通过互联网参与价值创造与分配，而未来将以智能体为媒介。在后端，模型智能平权代替数据智能寡头成为核心驱动力；在前端，无限供给的暗流量代替稀缺的眼球流量成为互动载体；在商业模式上，开放协议代替"围墙花园"成为网络效应的制度安排。

在上一波价值转移中，电信运营商从类似于现在平台巨头的位置退回到基础设施本位。但在这一波转移中，平台互联网企业可能要比电信运营商脆弱，因为它们的"本位"并不明显。平台互联网企业对算力基础设施业务寄予高期望，但这是一个拥挤且缺乏保护的市场。另一些平台互联网企业希望延续现有范式建立封闭的智能体互联网，但最终将很难改变"围墙"坍塌的命运。当然，少数多元化集团有资格两头下注，但这意味着内部激烈的战略冲突与资源争夺。对基础设施而言，最大化智能消耗的战略意图要求它们放弃门户之见、积极拥抱开放的智能体互联网；对"围墙花园"而言，封闭生态才能最大化价值捕获，使它们排斥开放协议。

## （六）小结

本节综合前两节的分析，揭示了平台互联网与智能体互联网之间的价值转移机制。本质上，本节的论证遵循一个技术经济学假设：智能的重新分布导致价值的重新分布。接下来，笔者将对智能体经济的发展路径做进一步展望。

## 四 智能体经济蓝图与智能体互联网发展路径

本节首先把智能体经济蓝图阐述为产业互联网与消费互联网的融合，然后以消费侧-供给侧智能体网络效应为焦点勾勒智能体互联网发展路径，最后回应了对智能体互联网颠覆平台互联网的若干不同意见。

### （一）智能体经济蓝图

智能体经济是数字经济与平台经济的下一代形态，是各行各业以模型为动力源泉、以智能体为价值创造单元、以智能体互联网为价值网络而开展的生产消费活动的总称。智能体经济根植于全新的能源转化结构（即智能的大规模生产）与全新的经济性（即零边际成本认知、零边际成本生成与零边际成本互动），从而从根本上区别于工业经济与此前的数字经济。

可将智能体经济理解为产业互联网与消费互联网的融合。一是客户属性融合。消费者具备代码生成、工具调用、数据分析等企业级 IT 能力，从而使企业客户流程自动化程度得到极大提升，产业互联网发展中遇到的知识、流程等障碍有望大幅减少。二是服务属性融合。通常认为产业互联网服务的定制属性更强，但未来为消费者提供智能体定制服务可能成为重要业态。同样，通常认为消费互联网服务的扩展性更好，但向企业提供可规模化扩展的智能体服务已在多行业落地推广。三是商业模式融合。无论面向消费者还是企业，智能体综合服务提供商本质上都是帮助客户构建智能飞轮驱动的任务完成系统，提供模块或者系统，靠专精能力取悦客户。消费互联网的平台、广告模式被扬弃，平台价值被诸多消费侧智能体和生产侧智能体瓜分。最终，产业互联网与消费互联网在 2B（to Business）与 2C（to Consumer）的分歧中转而一起拥抱 2A。

如图 6 所示，智能体经济包括四个价值层次。下面两层可被视为基础设施层，实现智能要素的大规模供给；而上层由海量消费侧智能体与供给侧智能体构成智能体互联网，大规模消耗智能以承载各种经济互动。需要指出的是，消费侧智能体与供给侧智能体并不对应于消费互联网与产业互联网。比如，天猫、拼多多、京东等消费互联网企业开发的站内购物助手属于供给侧智能体，而消费侧智能体是完全站在消费者立场，同时与天猫、拼多多、京东开发的智能体互动，进而帮助消费者筛选最佳购物选项。也可能出现通用个人助手，帮助消费者在各种消费意图中对接图 4 右侧各种供给侧智能体。在某种程度上，消费互联网和产业互联网都被挤压到右侧。随着平台被解构，原本被锁定在消费互联网平台生态中的企业被解放出来，可能通过智能体互联网与消费侧智能体直接建立联系。

消费侧智能体是此前未出现过的生态位。它有两个关键要素。一是功

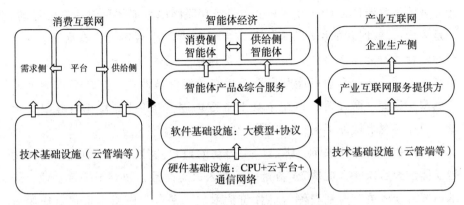

**图 6　智能体经济与消费互联网和产业互联网**

能性要素，即它必须是消费者使用供给侧智能体的媒介。比如，微信个人助手可能充当用户使用各种服务智能体（小程序转化而来）的媒介；反之，如果用户使用某智能体直接完成任务，则该智能体一定不是消费侧智能体。二是价值取向要素，即它必须站在消费者利益最大化立场履行其媒介功能，取得消费者的绝对信任。为此，该智能体的控制权必须让渡给消费者，其算法、功能、使用规则等都可按需定制。微信个人助手不满足这一点。即便它不为广告收入而操控用户选择，它仍然会为维护"围墙花园"而限制微信生态之外的选择，且不可能放弃产品控制权。总之，消费侧智能体在功能与商业模式上都显著不同于当下常见的供给侧智能体。

### （二）智能体互联网的发展路径

智能体互联网蓬勃发展的核心驱动力来自消费侧智能体与供给侧智能体之间的网络效应，而网络效应起作用的前提是解决"冷启动"问题、突破临界规模。本部分从消费侧智能体与供给侧智能体的发展来勾勒智能体互联网的可能发展路径。

供给侧智能体的发展主要体现在以下两方面。一方面，B 端智能体局域网建设已经开始。一是 IT 厂商及云厂商推动企业级智能体部署。目前，很多行业企业已开始部署智能体，并且开始利用 MCP 来提升智能体的任务完成能力，且不少企业开始探索多智能体协作（或基于 A2A 协议）。二是垂直行业的创业者基于行业 Know-how 推出智能体工具。这类创业者以企业里的知识工作者为目标客户，以标准化模式高效交付工具价值。不少企业私有化部署此类智能体工具。另一方面，消费互联网的智能体化改造也已启动。一是为抢占 AI 时代的用户流量入口，大厂们试图把 AI 聊天、浏览器、搜索框等融合为智能体入口；二是为打造差异化生态体验，电商、外卖、出行等诸多领域的平台企业可能开启平台生态的智能体改造，打造 C 端智能体局域网。尽管这两方面努力在主观上意欲加固"围墙"，旨在争夺眼球流量，但在客观上增加了服务智能体的供给。

在消费侧智能体方面，终端厂商的动向值得关注。终端是消费者使用智能体的天然媒介，也是 2A 流量的天然入口。而且，相对于平台企业，终端内置智能体更符合消费侧智能体价值取向。平台和应用玩家很难摆脱对眼球流量的路径依赖，但终端厂商关心终端体验的差异化，而暗流量无疑是一个绝佳卖点。对整个终端产业而言，暗流量所代表的人机互动模式可能是一个 iPhone 级别的机遇，可能吸引破坏性玩家入局。比如，手机厂商不难觉察到，智能耳机、智能眼镜等新型硬件智能程度的提升，会降低其对消费者的重要性。再比如，乔布斯的初心（以浏览器为主屏的硬件）在智能体时代更具可行性。这些都可能吸引创业团队、互联网企业乃至电信运营商入局。显然，消费侧智能体将成为观察上述动态的重要窗口，值得期待。

智能体互联网的繁荣，取决于供给侧智能体与消费侧智能体的跨边网络效应（见图 7）。现阶段，供给侧智能体以局域网为单位发展。不久之后，渴望差异化的终端厂商与渴望 2A 流量的平台互联网企业将就特定产品达成合作。这种合作不大可能一开始就拥抱智能体互联网，但客观上将促进智能体互联网繁荣，因为它给供给侧智能体与消费侧智能体的互动"打了个样"。在竞争的驱动下，两个智能体之间的合作场景将多样化，因为供给侧智能体前期已经得到发展，而终端厂商也在增加甚至有后来者入局。最终，终端厂商会发现，此前为与某个产业合作而设计的消费侧智能体架构完全可能开放对接多样化的供给侧智能体，而供给侧智能体也希望承接尽可能多的 2A 流量，而不愿被锁定在某特定终端上。智能体互联网的网络效应，将在这样的路径下逐步成型。

## （三）对若干意见的回应

本文的主张可能被认为不切实际。第一种意见是，平台互联网企业也

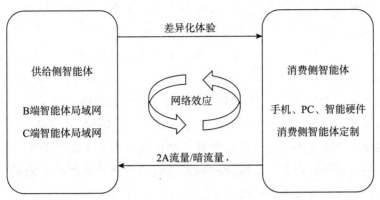

**图7　智能体网络效应是智能体互联网繁荣的关键**

会利用智能体经济性改造自身，因而不会被颠覆；第二种意见是，互联网平台被颠覆后又会出现新的平台如终端企业；第三种意见是，平台根本不会被颠覆，因为没有平台托底，不诚信行为与交易纠纷将增加。为回应这些意见，让我们以"只听楼梯响，不见人下来"的微信个人助手为例，进行更细致的分析。

微信个人助手具备的优势：一是大量可转化为智能体的服务号；二是无可比拟的用户流量；三是托管最丰富的个人数据。这些优势可采取两种模式变现。模式 A 是"围墙花园"，即用户只能通过微信个人助手使用服务智能体。在此过程中，微信个人助手根据个人数据精准筛选服务智能体，并向商家收取服务费。模式 B 是基础设施，即在用户授权下微信个人数据可被包括微信个人助手在内的任意消费侧智能体调用，且服务智能体并不必然来自微信生态。该模式不变现流量，仅变换个人数据托管，因此每次调用都会收取一笔服务费。

模式 A 在智能体互联网这里并不具备持续竞争优势。尽管服务智能体发挥了微信生态优势，但未来每个供给侧智能体都将可以轻松地在所有网关上注册分身。也就是说，先发优势不可持续。更重要的是，与终端厂商可能支持的真正消费侧智能体相比，这种模式不能确保消费者做出最佳选择。两相结合，此消彼长，模式 A 注定只存在于过渡阶段，或长或短但终将退场。这回应了上述第一种意见：企业的智能体化改造若以"围墙花园"为前提，则无法解决商业模式冲突，因而难以避免最终被颠覆。有人会问，平台难道不能转变利益立场吗？不能。平台必然站在商家这边以求利益最大化：流量与个人数据都可换取商家服务费，但都不构成向消费者收费的理由。

模式 B 则回应了第三种意见。颠覆平台并非消解掉平台功能，而是解构平台功能，使其成为智能体综合服务层的重要组成部分。可能有人质疑，微信怎么可能接受模式 B 呢？实际上，微信和支付宝已经以信用分的形式提供信任基础设施服务了。最近，国外的 Visa、万事达宣布了其面向智能体经济的创新赋能方案，允许购物智能体调用其更全面的购物数据作为决策参考。笔者预计，微信将采取两种模式并行的方式开启微信生态的智能体改造，在最大化收益的同时战略卡位。

担心终端企业恢复平台格局（第二种意见）的人，低估了一个本文反复出现的主题：永恒的竞争是驱动产业格局演进的关键力量。模式 A 的分析强调，消费侧智能体相对于"围墙花园"具有不对称优势。类似地，若终端企业意欲成为平台（如剥夺用户对微信个人助手的控制权），则会出现破坏性的终端企业帮助用户夺回控制权。比如，独立的消费侧智能体定制服务商或云手机解决方案提供商若主打消费者控制权的智能终端产品，将冲击终端在位者的地位。

## 五　总结

本文从商业生态角度，系统论述了方兴未艾的智能体经济。一是厘清了 AI 产业从大模型到智能体再到智能体互联网的发展脉络；二是提出了三大 AI 价值创造机制，即零边际成本认知、零边际成本生成与零边际成本互动，以及智能体互联网三大基石，即智能平权、暗流量与开放协议；三是阐明了从平台互联网到智能体互联网的价值转移机制，即平台解构与"围墙"坍塌，并提出了智能体互联网是对平台互联网的 OTT 的论断；四是具体勾勒了智能体经济的蓝图、及智能体互联网发展路径。

政府应充分认识智能体经济的巨大潜力以及智能体互联网的战略性作用。一方面，培育智能体经济，打造经济增长新引擎。智能体经济是模型智能向经济社会的广泛渗透与深度浸润，在释放新质生产力的同时，减少社会对平台经济的依赖。另一方面，发展智能体互联网。加快智能体互联网前瞻式布局，有利于把模型竞争的单一轨道转到我国具备比较优势的轨道上来。

## 参考文献

王明辉、任师攀，2023，《从战略高度重视 ChatGPT 引发的新一轮人工智能革命》，https://news.sohu.com/a/676865483_455313。

Baldwin，C. Y. 2021. *Capturing Value via Strategic Bottlenecks in Digital Exchange Platforms*. NewYork：The MIT Press.

Chen，L.，Tong，T. W.，Tang，S.，& Han，N. 2022. "Governance and Design of Digital Platforms：A Review and Future Research Directions on a Meta-Organization." *Journal of Management* 48（1）：147-184.

Chen，W.，You，Z.，Li，R.，Guan，Y.，Qian，C.，Zhao，C.，Yang，C.，Xie，R.，Liu，Z.，& Sun，M. 2024. "Internet of Agents：Weaving a Web of Heterogeneous Agents for Collaborative Intelligence"，arxiv-eprint 1-31. https://doi.org/https://doi.org/10.48550/arXiv.2407.07061.

Condorelli，D.，& Padilla，J. 2020. "Harnessing Platform Envelopment in the Digital World." *Journal of Competition Law and Economics* 16（2）：143-187.

Ehtesham，A.，Singh，A.，Gupta，G. K.，& Kumar，S. 2025. "A Survey of Agent Interoperability Protocols：Model Context Protocol（MCP），Agent Communication Protocol（ACP），Agent-to-Agent Protocol（A2A），and Agent Network Protocol（ANP）"，*arxiv-eprint*，1-21.

Eisenmann，T.，Parker，G.，& Van Alstyne，M. 2011. "Platform Envelopment Strateg." *Manage Journal* 32：1270-1285.

Gregory，R. W.，Henfridsson，O.，Kaganer，E.，& Kyriakou，S. H. 2021. "The Role of Artificial Intelligence and Data Network Effects for Creating User Value." *Academy of Management Review* 46：534-551.

Katz，M. L.，& Shapiro，C. 1994. "Systems Competition and Network Effects." *Journal of Economics*，Perspect 8：93-115.

Khan，L. M. 2016. "Amazon's Antitrust Paradox." *Yale Law Journal* 126：710-805.

Lam，W. M. W. 2017. "Switching Costs in Two-Sided Markets." *Journal of Industrial Economics* 65：136-182.

Langlois，R. N. 2012. "Design，Institutions，and the Evolution of Platforms." *Journal of Law，Economics，and Policy* 9（1）：1-13.

Mozur，P.，Kang，C.，Satariano，A.，& McCabe，D. 2021. "A Global Tipping Point for

Reining in Tech Has Arrived. " *New York Times* 1-8.

Pandey, V. 2025. *The Internet of Agents*. Cisco.

Parker, G. , Petropoulos, G. , & Van Alstyne, M. 2021. "Platform Mergers And Antitrust. " *Industrial and Corporate Change* 30 (5): 1307-1336.

Parker, G. , Van Alstyne, M. , & Choudary, S. 2016. *Platform Revolution: How Networked Markets Are Transforming the Economy and How to Make Them Work for You*. W. W. Norton & Company, NewYork.

Rietveld, J. , Ploog, J. N. , & Nieborg, D. B. 2020. "Coevolution of Platform Dominance and Governance Strategies: Effects on Complementor Performance Outcomes. " *Academy of Management Discoveries* 6 (3): 488-513.

Rysman, M. 2009. "The Economics of Two-Sided Markets. " *Journal of Economic Perspect* 23: 125-143.

Singh, A. , Lu. Charles, Gupta, G. , Chopra, A. , Blanc, J. , Klinghoffer, T. , Tiwary, K. , & Raskar, R. 2024. "A Perspective on Decentralizing AI. " Last modified July 2024, https://www. media. mit. edu/publications/decai-perspective/.

Strauss, Ii. , O'Reilly, T. , & Mazzucato, M. 2023. "Amazon's Algorithmic Rents: The Economicsof Information on Amazon. " UCL Institute for Innovation and Public Purpose, Working Paper Series (IIPP WP 2023-12).

Teece, D. J. 2023. "Big Tech and Strategic Management: How Management Scholars Can Inform Competition Policy. " *Academy of Management Perspectives* 37 (1): 1-15.

Varian, H. 2019. "Artificial Intelligence, Economics, and Industrial Organization. " NBER Working Paper, No. 24839.

# 人工智能驱动的优化决策及其应用

侯庆春　张　耀　贾宏阳　丁　一　张　宁[*]

**摘　要**　大规模复杂问题优化决策存在实时求解难度高、复杂约束难以保证等一系列问题，人工智能技术为提高优化决策的效率提供了新的途径，但也面临新的挑战。在组合优化方面，存在决策模型难以训练、大规模场景难以泛化、复杂约束难以考虑的问题，提高模型在真实场景中的决策表现成为实时求解大规模组合优化问题的关键；在连续优化方面，存在复杂非线性约束条件难解析、难内嵌的问题，有效获得满足复杂约束的最优解成为关键。本文结合车辆路径优化和电力系统安全稳定规则提取及内嵌优化两个典型问题，重点研究了人工智能驱动的优化决策求解方法及其实际应用，介绍了通过人工智能学习启发式模型并泛化到大规模 VRP 实时求解场景，以及统一提取可解释的电力系统安全稳定规则并内嵌优化运行的方法，最后总结了人工智能在组合优化和复杂约束连续优化问题及应用中的已有成果与未来发展方向。

**关键词**　人工智能　优化决策　大规模 VRP　电力系统　安全约束

---

\* 侯庆春，浙江大学国际联合学院、电气工程学院研究员，主要研究方向为机器学习和运筹优化、数据驱动的新型电力系统分析，数据和模型联合驱动新型电力系统安全规则提取、内嵌安全稳定约束的新型电力系统优化；张耀，浙江大学电气工程学院博士研究生，主要研究方向为人工智能优化求解、电力系统优化决策；贾宏阳，清华大学电机工程与应用电子技术系博士研究生，主要研究方向为电力系统安全稳定分析与运行规划决策；丁一，浙江大学电气工程学院教授，主要研究方向为智能电网设计与优化运行、可再生能源规划与运行、复杂工程系统风险分析、需求侧管理和电力市场；张宁，清华大学电机工程与应用电子技术系长聘副教授，主要研究方向为电力系统规划、低碳电力系统、多能源系统、可再生能源消纳、云储能。

# 引 言

## （一）研究背景

优化决策是现代科学和工程领域中不可或缺的工具，其核心目标是从众多可行方案中选择最优解，以实现特定目标。优化决策广泛应用于医疗、金融、交通、能源、制造等领域，是推动各行业技术进步和社会发展的重要手段。传统优化方法（如线性规划、动态规划等）在解决简单、线性化问题时表现出色，但当面对复杂、动态化、非线性化问题时，往往受到计算能力、数据处理能力和模型构建能力的限制（Emmerich and Deutz, 2024）。例如，传统方法在处理高维、非凸优化问题时容易陷入局部最优，或在大规模组合优化问题中因计算复杂度过高而难以实施。

随着信息技术的飞速发展，人工智能已成为推动社会进步和经济发展的核心驱动力之一。近年来，人工智能技术在感知、学习、推理和决策等方面取得了显著进展，逐渐从单一的感知任务（如图像识别、语音识别）向复杂的决策任务（如资源分配、路径规划、风险管理）扩展（Li et al., 2024）。而优化决策作为人工智能的重要应用领域，旨在通过智能化算法和模型，对复杂系统中的资源、流程和策略进行优化，以实现效率最大化、成本最小化或风险最小化等目标。

人工智能技术的引入为优化决策提供了新的思路和方法。通过机器学习、深度学习、强化学习等技术，人工智能能够处理海量数据、挖掘隐藏模式，并在动态环境中实时调整策略，推动优化决策从单一的数学建模朝着数字化、自动化、智能化方向发展，从而显著提升了决策的效率和质量（Javidan and Za, 2024）。

此外，人工智能还在多个领域的优化决策中展现出巨大的应用潜力。例如，电网企业需要实时规划调度电力资源，在保证电力系统安全稳定的前提下使发电成本最小化，可以利用人工智能技术预测发电机组出力，并结合发电成本、碳排放、电网负荷等多维度因素，为火电、水电等传统能源发电提供智能调度方案，实现电力系统的经济、稳定和绿色运行（毕聪博等，2024）。这些应用不仅推动了各行业的技术进步，而且为解决社会问题提供了新的方案。

## （二）研究贡献与意义

研究优化决策具有重要的理论和实践意义。优化决策的核心在于通过科学的方法和工具，从众多可行方案中找到最优解，从而实现特定目标。在当今复杂多变的社会经济环境中，优化决策能够帮助企业、政府和社会组织更高效地分配资源、降低成本、提升效率。在本文中，我们旨在介绍人工智能技术应用于优化决策问题求解的具体方法并进行案例分析。本文的主要贡献体现在以下方面。

我们总结了人工智能在大规模组合优化和复杂约束连续优化问题及应用中面临的挑战，探索了通过人工智能技术将组合优化泛化到求解大规模问题的方法。

在组合优化问题方面，我们提出了通过人工智能解决路径规划等组合优化问题的通用思路及框架，设计了一种两阶段划分模型（TAM）用于学习如何分解大规模组合优化问题，并基于 TAM 开发了大规模实时路径规划求解器 Laser。Laser 先后在电商公司多个业务场景中得到应用。

在连续优化问题方面，我们提出了一套基于数据驱动人工智能模型的复杂非线性约束学习方法与内嵌框架。我们构建了用于电力系统安全稳定规则提取的稀疏斜决策树模型，使用了统一且通用的安全稳定规则提取方法，其中提取的安全稳定规则具有泛化能力强、易于理解和易于嵌入电力系统优化运行的特点，有助于在高比例可再生能源电力系统优化运行中兼顾安全性和经济性。

在大规模组合优化方面，以供应链和物流管理领域为例，通过人工智能驱动的组合优化技术 TAM，能够设计出更加有效的运输路线、仓储布局和库存管理。通过 TAM 将组合优化泛化到求解大规模问题中，对如今越发复杂的供应链网络和更高要求的资源整合来说尤为重要。基于 TAM 开发的大规模实时路径规划求解器 Laser，企业不仅可以降低物流成本并提高客户满意度，而且能够更好地应对市场变化和不确定性，提升整体竞争力。

在大规模复杂约束下的连续优化方面，以电力系统应用为例，基于本文提出的数据驱动人工智能模型的复杂非线性约束学习方法与内嵌框架，可以进行更高效的求解计算和实现更准确的调度策略。通过稀疏斜决策树模型提取的安全稳定规则，能够在复杂非线性优化问题中保证输出满足约束，对优化电力调度、减少碳排放、提升电力系统的灵活性和稳定性具有重要意义。基于数据驱动人工智能模型的连续优化技术能够为电力系统的设计和运行提供科学依据，推动能源转型和可持续发展。

因此，本文对人工智能驱动的优化决策技术的研究不仅能够为各领域提供科学的决策支持，具有重要的理论价值，而且能够通过解决大规模组合优化和连续优化问题，推动供应链、物流、电力系统等领域的高效运作和可持续发展，具有较高的实践价值和广阔的应用前景。

# 一 人工智能驱动的组合优化：大规模车辆路径问题的实时求解

## （一）人工智能驱动的组合优化决策研究综述

优化决策研究的主要问题之一是组合优化。组合优化是指决策变量为离散值（如整数或二进制值）的优化问题，求解组合优化问题就是在离散变量空间中寻找最优解的过程（Naddef and Rinaldi, 2002）。组合优化技术广泛应用于物流配送、生产调度等领域，对解决任务分配、路径规划（Golden et al., 2008; Bullo et al., 2011）、资源调度（Accorsi and Vigo, 2021; Christiaens and Vanden Berghe, 2020）等问题具有重要作用。大规模实时组合优化决策则是一个在复杂系统中，针对大规模、多变量、多约束的组合问题，需要在有限时间内寻找最优或近似最优解，并据此做出决策的过程，尤其适用于需要快速响应和高效调配资源的场景（Golden et al., 2008）。交通、物流、能源、金融、制造等众多领域有大规模实时组合优化决策的需求。例如，物流公司需要实时规划货运卡车的调度方案，以提高运输效率、降低成本；航空公司需要在暴风雨后紧急改变航线，以避免产生连锁反应；电网公司需要实时负荷平衡，以规避断电风险。这些应用场景涉及大量的变量和复杂的约束条件，需要在短时间内做出最优决策。

随着信息技术的飞速发展，各领域产生的数据量呈爆炸式增长，场景规模和复杂性不断增加；同时，市场和环境的变化越来越快，对优化决策的实时响应能力和适应动态变化能力提出了更高的要求（Li et al., 2022）。组合优化的传统方法〔如分支定界法（Toth and Vigo, 2002）、动态规划

（赵冬斌等，2009）、贪心算法等〕在处理小规模问题时有效，但处理大规模、动态化问题时计算复杂度极高，难以在合理时间内找到全局最优解。现有技术（如遗传算法、粒子群优化、蚁群算法等）通过启发式搜索和并行计算，可以在一定程度上解决组合优化中的"组合爆炸"问题（Helsgaun，2017；Vidal，2022；Vidal et al.，2012）。例如，遗传算法通过模拟生物进化过程，能够快速找到全局最优解；粒子群优化通过模拟群体行为，能够高效探索解空间。然而，当面对大规模、动态化的供应链和物流领域的组合优化问题时，由于解空间会随问题规模呈指数级增长，现有方法仍然无法在有限时间内求得最优解（Wang et al.，2024），NP-hard 的组合优化问题面临难以扩展到大规模问题的挑战。

近年来，人工智能技术在众多领域展现出巨大的应用潜力，也为解决组合优化决策问题提供了新的思路。从目前的发展来看，对于小规模的组合优化问题，人工智能的求解质量已经跟传统的精确方法和启发式方法类似，而且人工智能的求解速度更快。然而，随着问题规模的不断扩大和求解实时性要求的不断提高，现有人工智能技术在实际解决大规模实时组合优化决策问题时面临实时计算难度高、动态适应能力弱、多目标与多约束协调复杂、模型构建与训练困难等诸多难题。

（1）实时计算难度高。一方面，大规模组合优化问题通常涉及大量的决策变量和约束条件，导致可行解空间呈指数级增长。传统的求解算法在这种情况下往往需要耗费大量的计算资源和时间，难以在实际应用中实现实时决策。另一方面，许多应用场景，如即时配送、在线订单派送等，要求在极短时间内（如秒级）给出优化决策结果。例如，物流公司需要实时为一定数量的车辆规划最优配送路线，以满足多个客户的货物配送需求。每辆车都有容量限制，且需要考虑交通状况、时间窗口等因素。当客户数量增加时，可行的配送路径组合数量就会急剧增加，对于 10 个客户的配送问题，可能的路径组合数量可以达到数百万种。然而，现有的优化算法在处理此类大规模问题时，很难在有限的时间内找到精确解或满意解，导致决策的实时性无法得到保障。

（2）动态适应能力弱。一方面，实际中的场景往往是动态的，如交通状况、市场需求、资源可用性等会随时间发生变化。传统的优化方法通常基于静态模型进行求解，难以快速适应环境的变化，导致决策结果在实际执行时已经过时或不再适用。另一方面，在动态环境中，还存在许多不确定因素，如天气变化、突发故障等，这些因素会对优化决策产生干扰。如何在不确定的环境下，设计出具有鲁棒性和适应性的优化决策算法，是当前面临的一个重要挑战。

（3）多目标与多约束协调复杂。一方面，难以做到多目标权衡，许多组合优化问题涉及多个目标，如成本最小化、服务质量最优化、资源利用率最高等。这些目标之间往往相互冲突，如何在多个目标之间进行合理的权衡，找到一个综合最优的决策方案，是一个复杂的问题。另一方面，难以保证复杂约束满足：实际中通常存在大量的复杂约束条件，如时间窗口约束、容量约束、优先级约束等。这些约束条件增加了问题的求解难度，现有的优化算法在处理大规模复杂约束时，往往难以保证解的可行性和质量。

（4）模型构建与训练困难。一方面，构建能够准确描述实际问题的优化模型是实现有效决策的基础。然而，随着问题复杂性的增加，模型的构建难度相应加大，对模型泛化能力的要求也相应提高，难以保证模型在不同的场景和数据条件下能稳定地输出高质量的决策结果。另一方面，大规模实时组合优化决策模型的训练依赖大量的数据，但数据可能存在噪声、缺失值、异常值等问题。这些低质量的数据会影响模型的准确性和优化结果的可靠性，难以保证模型的高效训练。

因此，在技术进步、数据增长和应用需求的共同推动下，人工智能技术成为解决组合优化问题的有效手段。如何有效结合传统优化算法与人工智能算法的优势，如何提高大规模泛化能力，成为实时求解大规模组合优化问题的关键。

## （二）车辆路径优化问题（VRP）

随着全球经济一体化的加速推进和电子商务的蓬勃发展，物流运输行业迎来了前所未有的机遇。首先，商品的流通速度不断加快、范围不断扩大，消费者对于配送时效性、准确性的要求日益提高。企业需要在满足客户需求的同时，尽可能降低运输成本、提高运营效率，而车辆路径优化问题正是化解这一矛盾的关键所在。例如，电商巨头每天需要处理海量订单，如何合理安排配送车辆的路径，确保包裹能够快速、准确地送达客户手中，同时减少运输里程和降低时间成本，成为其物流运营中的核心问题之一。其次，在当今社会，资源的高效利用和环境保护已成为全球关注的焦点。交通运输是能源消耗和碳排放的主要领域之一，车辆的不合理行驶不仅浪费了大量燃油资源，还加剧了空气污染和交通拥堵等问题。优化车辆路径，可以有效减少车辆空驶里程和尾气排放、降低能源消耗，实现物流运输的绿色化发展。例如，在城市配送中，优化后的路径能够避免车辆频繁穿越拥堵区域，从而减少车辆的怠速时间和能源浪费。因此，车辆路径优化问题是在物流运输行业快速发展、资源环境压力加剧及技术不断进步的背景下产生的一个重要的组合优化研究课题。

近年来，信息技术、运筹学、人工智能等领域的快速发展为车辆路径优化问题的研究和应用提供了强大的技术支持。先进的地理信息系统能够提供详细准确的道路网络数据和地理信息，为路径规划提供了基础数据保障；优化算法的不断创新，如遗传算法、蚁群算法、模拟退火算法等智能优化算法，能够高效构建复杂的车辆路径优化模型，得到接近最优的解决方案（Hou et al.，2023）。同时，物联网技术的应用使得车辆的实时位置、状态等信息能够被准确获取和传输，进一步提高了路径优化的实时性和准确性。这些技术的发展使得车辆路径优化问题从理论研究逐渐走向实际应用，并不断拓展其应用范围和深度。

目前，对于车辆路径优化问题，国内外学者已经开展了广泛而深入的研究。众多研究成果已经被应用于物流配送、公共交通、应急救援等多个实际场景，并取得了一定的经济效益和社会效益。然而，随着问题复杂性的不断增加、应用场景规模的不断扩大，车辆路径优化问题的求解难度日益加大。

传统求解方法，如精确方法或求解器［分支定界、分支切割（Naddef and Rinaldi，2002）、列生成（Chabrier，2006）］等，虽然可以在小规模 VRP 上获得全局最优解并具有理论保证，但是由于这些方法排列数呈指数级增长，它们的计算复杂度随着问题规模的扩大而急剧上升，在实际的复杂场景中往往需要耗费大量的计算时间和内存资源，因此难以扩展到大规模 VRP（Lysgaard et al.，2004）。例如，使用分支定界法求解一个包含 100 个客户的 VRP 可能需要数小时甚至数天时间，而对于包含数千个客户的大型实例，这些方法几乎无法在合理的时间内得出结果。

传统启发式方法或求解器可以快速求解小规模 VRP 并获得接近最优的

解，一些启发式方法可以扩展到大规模 VRP。然而，这些方法需要大量迭代才能获得效果良好的解，依然难以满足实时（秒级）求解大规模 VRP 的需求。因此，如何在满足实际需求的情况下，进一步提高优化算法的效率和准确性，仍然是当前研究面临的重大挑战。

随着人工智能技术的飞速发展，车辆路径优化问题的求解迎来新的变革契机。人工智能，尤其是机器学习、深度学习、强化学习等前沿技术，正逐渐成为解决车辆路径优化问题的有力工具（Deineko and Kehrt，2024）。机器学习算法，如长短期记忆网络（LSTM）和卷积神经网络（CNN），能够对交通流量和拥堵状况进行精准预测，为路径规划提供动态信息支持（Li et al.，2021）。同时，通过对历史订单数据和客户行为的深度分析，机器学习还能预测未来的订单需求，使企业提前进行路径优化，从而更好地应对需求的波动。深度学习则进一步推动了路径优化的发展，路径生成网络（PathNet）等模型能够自动生成最优路径（Fan et al.，2024），并结合强化学习进行实时动态调整，以适应不断变化的交通环境。强化学习，如 Q-learning 和 Deep Q-Networks 等算法，为 VRP 的动态调整提供了强有力的支持（Jang et al.，2019）。在动态交通环境中，这些算法能够实时调整路径，确保车辆高效、准确地完成配送任务，启发式地从数据中学习直接构建 VRP 最优解的方法。像 Transformer 和图神经网络这样的深度学习方法被用来提取 VRP 和旅行商问题（TSP）的隐藏状态，这被称为编码器（Luo et al.，2023）；然后以自回归方式从隐藏状态生成 VRP 解序列，这被称为解码器；还应用了强化学习技术来训练编码器-解码器模型（序列到序列模型），以提高其准确性。这些学习构建启发式方法在最多 100 个节点的情况下可以超越传统 VRP 启发式方法或与其相当。

### （三）主要挑战及研究思路

尽管人工智能技术给 VRP 的解决带来了诸多可能性，但是在涉及超过 1000 个节点的大规模 VRP 中，现有的人工智能方法仍面临三大挑战。一是训练大规模 VRP 的数据驱动模型耗时长且计算成本高。数据驱动模型往往需要上百万个 VRP 100 样本去训练，GPU 内存很快会被耗完。如果用 VRP 200 训练，那么计算及内存的消耗不是线性地增长，而是以几何指数增长，所以训练难度非常大，训练时间基本上以天或周计。例如，Transformer 的训练复杂性和内存空间与输入序列长度（VRP 的节点数）呈倍数关系（Kool et al.，2019；Kitaev et al.，2019）。二是在小规模 VRP 上训练的模型难以推广到大规模 VRP。在 VRP 100 上训练的模型，一般只在 VRP 100 的问题上应用，想让 100 节点训练的模型应用到 1000 节点甚至 10000 节点是非常困难的。如果在大规模问题上训练，就会发现模型在小规模问题上表现并不好。这是因为纯数据驱动模型的泛化能力非常弱。三是全局约束（如最大车辆数）难以编码到编码器-解码器模型中。因为全局约束仅在序列末尾激活，而组合优化又涉及非常多且复杂的约束，这些约束如何嵌入数据驱动的模型也没有成熟的方案。

针对现有方法存在的局限性，我们提出以下问题：我们能否结合数据驱动和传统方法的优势，将学习启发式方法推广到实时求解大规模 VRP？我们尝试从以下角度回答这个问题。

（1）尽管传统启发式方法在求解大规模 VRP 时耗时较长，但它们可以在求解小规模 VRP 时快速获得最优或接近最优的解，并具有一定的理论保证。我们观察到，真实世界的大规模 VRP 中车辆容量有限，每辆车仅服务少数客户。如果我们知道每辆车需要服务的客户，那么原始大规模 VRP 可以被划分为多个小规模 TSP，这些 TSP 可以通过传统启发式方法快速并行求解。

（2）将数据驱动启发式方法推广到大规模 VRP 是困难的，因为序列到序列模型需要学习长序列中每个节点的分布。我们观察到，如果仅对子路径的分布进行建模，忽略子路径内节点的顺序，那么可能更好地将训练于小规模 VRP 的模型推广到大规模 VRP。

（3）尽管全局约束仅在序列末尾激活，但我们可以通过设计具有理论保证的全局掩码函数来事先防止不可行解。此外，全局约束可以包含一些先验信息，这有助于提高学习启发式方法的泛化能力。例如，我们观察到预定义的最大车辆数可以提供有关测试数据集中最优车辆数可能范围的全局信息，这有助于确定最小旅行长度。

**（四）研究框架**

基于上述分析，我们设计了一种 TAM（见图 1），用于将训练小规模 VRP 的启发式方法推广到实时求解大规模 VRP。

我们的 TAM 结合了数据驱动方法的实时优势和传统启发式方法的泛化

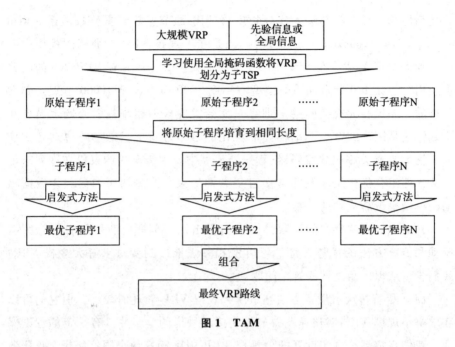

图 1　TAM

优势。它首先通过学习的编码器-解码器模型生成子路径序列。编码器-解码器模型通过一种两步强化学习方法进行训练，该方法引入了新的奖励和填充技术以加速训练过程，并使 TAM 对子路径内节点顺序不变。在第一阶段，我们提出了一种全局掩码函数，用于编码最大车辆数等全局约束；在第二阶段，所有小规模子路径都可以通过传统启发式方法或学习启发式方法并行求解。

为了更好地让读者理解我们的方法，我们通过将一个 VRP 12 划分为三个 TSP-4 并通过组合三个优化后的 TSP 获得最终路线来说明这个过程，如图 2 所示。

1. 第一阶段：大规模 VRP 的拆分

TAM 第一阶段的核心是一个基于注意力机制的编码器-解码器模型，该模型通过强化学习进行训练，以学习如何将大规模 VRP 划分为多个子路径序列。

为了提高模型的泛化能力，TAM 生成子路径序列而非传统的节点序列。通过忽略子路径内部节点的访问顺序，模型能够更专注于学习子路径之间的分布和关系，从而更好地从训练数据集推广到测试数据集。

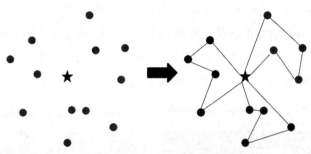

图 2　基于 TAM 的 VRP 12 求解

全局掩码函数是 TAM 的一个重要创新点，被用于在划分阶段编码全局约束，如最大车辆数、车辆容量等，从而避免违反最大车辆数等约束。全局掩码函数的引入不仅保证了生成的子路径序列满足全局约束，还为模型提供了先验信息，有助于提高解决方案的质量和泛化能力。

2. 第二阶段：小规模 TSP 的并行求解

在将大规模 VRP 划分为多个小规模 TSP 子问题后，TAM 进入第二阶段，使用传统启发式方法或学习启发式方法并行求解。传统启发式方法，如 LKH3 和 Ortools 等，已经在小规模 TSP 上得到广泛验证，具有高效性和鲁棒性。学习启发式方法能够直接生成路径序列，具有实时性强的优点。通过并行计算，TAM 能够充分利用现代计算机的多核架构和 GPU 加速，大幅提高求解效率，实现大规模 VRP 的实时求解。

3. 强化学习训练算法

TAM 的训练过程采用强化学习算法，以优化模型的划分策略。具体来说，模型通过与环境的交互，学习如何选择子路径序列，以最大化累积奖励。奖励函数的设计是强化学习的关键，TAM 引入了一种新的奖励函数，使得模型能够专注于学习子路径之间的分布，提高泛化能力。此外，为了加速训练过程，TAM 还采用了一种填充技术，将不同长度的子问题填充为相同的长度，以便在 GPU 上并行计算。

## （五）实验结果与分析

我们的 TAM 明显优于学习启发式方法，两者的求解时间相近。同时，TAM 在路径长度上也优于传统启发式方法（LKH3 和 Ortools）。

在合成数据集上，TAM 展示出卓越的性能。以有容量约束的车辆路径问题（Capacitated Vehicle Routing Problem，CVRP）7000 实例为例，如图 3 所示，TAM 的解决方案路径长度比 LKH 3 缩短约 20%，而求解时间仅为 LKH 3 的 6.6%。这表明 TAM 在保证解决方案质量的同时，大幅提高了求解效率，充分证明了 TAM 在处理大规模 VRP 时的优越性和可扩展性。

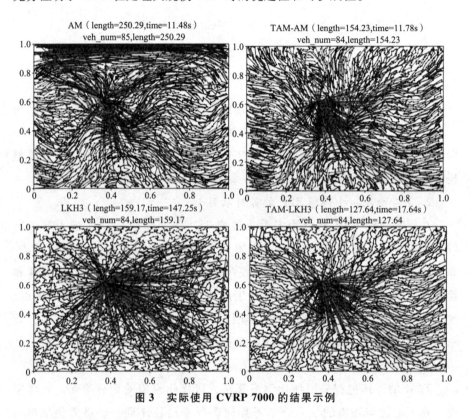

**图 3 实际使用 CVRP 7000 的结果示例**

　　在真实世界数据集上，TAM 同样取得了令人满意的结果。以一个包含 864 个客户的实际物流案例为例，如图 4 所示，TAM-LKH3 找到了长度为 23.33 的最优路径，而传统的 LKH3 只得到了 39.79 的路径长度，且求解时间为 TAM-LKH3 的 8.9 倍。这表明 TAM 不仅在合成数据集上表现优异，还在实际应用场景中具有很强的竞争力，能够为物流企业提供高效、优质的路径规划解决方案。

　　为了验证 TAM 的可扩展性，我们进一步将训练于 CVRP100 数据集的模型推广到 CVRP 5000 和 CVRP 7000。图 5 显示了 TAM 与基准方法（AM 和 LKH3）在 VRP 规模方面的性能。

图 5（a）显示，随着 VRP 规模的增加，我们的 TAM-LKH3 与基准方法（AM 和 LKH3）之间的差距在扩大。对于 CVRP 5000 和 CVRP 7000，TAM-AM 和 TAM-LKH3 都优于 LKH3。特别是，TAM-LKH3 在 CVRP 5000 上的路线长度比 LKH3 缩短约 18%，而求解时间仅为 LKH3 的 11%。对于 CVRP 7000，TAM-LKH3 的路线长度比 LKH3 缩短约 20%，而求解时间仅为 LKH3 的 6.6%。图 5（b）显示，TAM-LKH3、TAM-AM 和 AM 的求解时间保持稳定，而传统启发式方法 LKH3 的求解时间迅速增加。这些结果表明，我们的 TAM 在可扩展性方面优于 AM 和 LKH3。

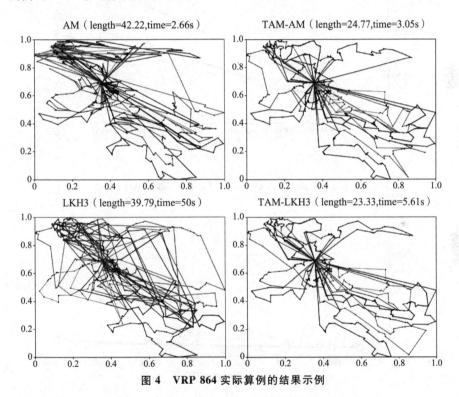

**图 4　VRP 864 实际算例的结果示例**

我们提出的 TAM 通过结合数据驱动方法和传统启发式方法的优势，在合成数据集和真实世界数据集上均具有优异的性能，实现了大规模 VRP 的实时求解，本文的技术贡献如下。

（1）我们提出了一种新的公式和 TAM，用于将训练小规模 VRP 的启发式方法推广到实时求解大规模 VRP。

（2）我们运用三种技术来提高 TAM 的零样本泛化能力。

（3）我们在合成数据集和真实世界数据集的大规模 VRP 上验证了 TAM 的可行性，在保持解的质量与传统启发式方法相当的同时，能够满足实时求解的需求。

（4）我们的 TAM 可以扩展到超过 5000 个节点的 VRP，能够满足大规模组合优化决策的求解需求。

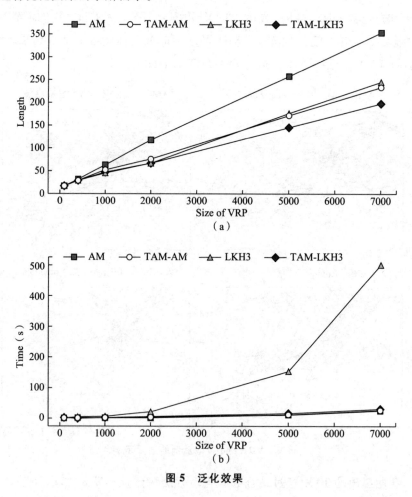

图 5　泛化效果

尽管 TAM 能够实时求解大规模的组合优化问题，但也存在一些局限性。首先，目前的 TAM 主要针对 CVRP 进行设计和验证，对于其他类型的 VRP 变种，如带有时间窗的 VRP（VRPTW）、多 depot VRP 等，可能需要对模型进行适当的调整和扩展。其次，尽管 TAM 在大规模 VRP 上表现出色，但在处理超大规模实例（如 CVRP 100000）时，仍然可能面临计算资源不足的问题，需要进一步优化模型结构和训练算法。最后，TAM 的性能在一定程度上依赖于第二阶段所选用的 TSP 求解器，如何选择更高效、更适配的求解器也需要进一步研究。

## （六）结果讨论与展望

### 1. 实际场景落地

基于 TAM，我们开发了大规模实时路径规划求解器 Laser，在电商公司多个实际场景当中落地并产生价值。针对不同场景下的实时路径规划，Laser 的落地面临诸多挑战。

（1）淘菜菜排线。这个场景的特点是问题规模大、团点数量多、求解时间短、目标函数复杂，主要目标包括成本低、配送时间短，以及熟悉度和美观度。熟悉度目标要求司机尽可能配送熟悉的团点，美观度目标要求避免线路交叉到一起，这为 Laser 在实际排线中的应用增加了难度。（2）无人车小蛮驴排线。小蛮驴目前已经在很多大学里运营起来，规模不大，排线的挑战在于实时性要求非常高，用户下单后需要尽快决策是否能配送。因为无人配送跟人工配送不一样，它的灵活性非常弱且装载和速度都是给定的，如果装了太多货品就难以及时履约，这对 Laser 的实时排线能力提出了挑战。（3）高德街景采集。高德地图打车本身是派单的模式，但高德还有一块是采集路上的街景，通过调度自营车和外部车来实现最优街景采集的目标，所以路径规划问题会有多个起点，求解时间也要求尽可能短，这也对 Laser 在街景采集中的规划速度提出了更高要求。

目前，Laser 已经先后在淘宝买菜、无人车、高德街景采集、天猫超市、天猫国际、盒马等多项业务中成功落地，在上述的淘菜菜、小蛮驴和高德地图三个实际场景中得到广泛应用，并显著提高了规划效率，验证了 TAM 在真实场景中的良好泛化性能和较强决策能力。

### 2. 未来研究方向

针对 TAM 的局限性和当前 VRP 研究的前沿趋势，我们提出以下未来研究方向。

（1）拓展 TAM 的适用范围：通过改进模型架构和设计更通用的掩码函数，将 TAM 推广到其他类型的 VRP 变种，如 VRPTW、多 depot VRP 等，以满足不同实际场景的需求。

（2）提升 TAM 的可扩展性：研究更高效的训练算法和模型压缩技术，减少 TAM 在大规模实例上的计算时间和内存占用，使其能够处理更大规模的 VRP。

（3）融合多源数据和信息：将交通流量、路况、天气等动态因素融入 TAM 中，提高解决方案的实际可行性和鲁棒性。此外，还可以结合车辆的实时位置和状态信息，实现动态路径调整和优化。

（4）开发统一的 VRP 求解框架：将 TAM 与其他先进的 VRP 求解方法相结合，构建一个统一的、灵活可扩展的 VRP 求解框架，能够根据不同的问题规模和约束条件自动选择最优的求解策略。

我们在本节中介绍了结合数据驱动、传统优化算法和并行计算优势的 TAM 以及基于 TAM 开发的 Laser 求解器，分析了 Laser 求解器泛化到大规模问题的效果和性能，并在不同场景中讨论了 Laser 的实际应用价值，为大规模复杂路径优化问题提供了高效的解决方案。希望本部分内容能为人工智能技术在求解大规模组合优化问题中的发展和应用提供有益的参考和借鉴。

## 二 人工智能驱动的连续优化：基于复杂非线性约束学习的电力系统安全稳定规则提取及内嵌优化

### （一）人工智能驱动的连续优化建模研究综述

优化决策中另一个主要研究的问题是连续优化。连续优化是指决策变量为连续值（如实数）的优化问题，求解连续优化问题就是在连续变量空间中寻找最优解的过程。这类问题的目标通常是寻找一个连续函数的极值，如最小化或最大化某个目标函数。连续优化技术广泛应用于科学计算、工程设计、金融分析等领域，在能源行业（如电力资源分配）、经济管理（如供应链优化）、工业流程（如生产调度）等方面应用范围较广。

连续优化的特点在于其解空间是连续的，因此可以利用微积分和线性代数等数学工具进行求解。传统的连续优化方法（如梯度下降法、牛顿法、共轭梯度法等）在处理低维、凸优化问题时效果显著，但在处理高维、非凸优化问题时容易陷入局部最优，且对初始值敏感。传统求解连续优化的方法存在以下问题。

（1）计算效率低：传统优化方法（如梯度下降法、模拟退火法等）通常需要大量的迭代计算，尤其是在处理高维或复杂问题时，计算成本极高。

（2）局部最优问题：传统方法容易陷入局部最优解，尤其是在处理非凸和复杂约束优化问题时，难以找到全局最优解。

（3）对问题结构的依赖性强：传统优化方法通常依赖明确的问题结构和条件，如线性规划、二次规划等，难以处理复杂、动态或非结构化的问题。

（4）难以处理高维优化问题：传统方法在处理高维优化问题时表现不佳，尤其是当问题维度增加时，计算复杂度呈指数级增长。

（5）缺乏动态适应性：传统方法通常无法快速适应问题的变化，尤其是在实时优化场景中。

近年来，人工智能技术通过深度学习、强化学习等方法引入非线性建模能力和全局搜索能力，有效提升连续优化的效率和效果（Chen et al.，2024）。例如，深度学习通过神经网络对复杂函数进行建模，能够更好地处理高维、非凸优化问题；强化学习通过与环境交互学习最优策略，能够适应动态环境并实时调整策略。同时，人工智能技术能够通过神经网络提取特征，处理复杂、非线性、高维优化问题，显著提高计算效率，并且可以基于数据驱动进行优化，通过学习历史数据快速找到最优解，在大规模场景中表现出色。

然而，当面对高维非线性优化问题时，人工智能虽然具有强大的潜力，但仍然面临诸多挑战。首先，数据稀疏性和维度灾难使得模型难以有效学习状态与动作之间的映射关系，同时训练过程中的不稳定性和收敛速度慢进一步加剧了这一问题。其次，非线性优化问题存在多个局部最优解，人工智能算法因容易陷入局部最优而无法找到全局最优解；并且高维连续优化问题的计算复杂度较高，导致训练和推理速度较慢，限制了其在实时性要求较高的场景中的应用。最后，由于在计算最优解时需要处理海量复杂约束条件，现有方法难以保证重要约束满足。因此，人工智能在连续优化中的应用面临如何有效处理复杂非线性约束的挑战。

在许多实际优化问题中，部分约束条件由于物理机制复杂或缺乏明确建模方式，难以显式表达，但相关的历史数据往往可以间接反映这些隐含约束。约束学习（Constraint Learning）由此应运而生，它旨在通过数据驱动的方法自动挖掘或近似表达此类隐性约束。不同于传统的模型学习（Donti et al.，2017）或模型搜索（Beldiceanu and Simonis，2016）方法，约束学习关注的是在优化模型结构已知但部分约束未知的情形中，从数据中提取可嵌入优化求解器的约束表达式（Fajemisin et al.，2024）。现有研究探索了多种机器学习技术在约束学习中的应用，如决策树、神经网络、遗传编程与符号回归等方法，用于将数据中的约束关系转化为可解析形式嵌入优化模型中，从而实现更高效和更具解释性的优化建模与求解过程，每种方法都有其适用场景与建模优势。

1. 线性模型（Linear Models）

线性模型包括线性回归与线性支持向量机等，被广泛应用于工程优化中。因建模简单、可解释性强、可直接嵌入优化器（如 MILP、LP），这类模型在数据维度较低、关系近似线性或拟合精度要求不高时表现良好（Verwer et al.，2017）。但其表征能力有限，不适用于强非线性或复杂边界的问题。

2. 树模型（Decision Trees/Tree Ensembles）

单棵决策树能够捕捉非线性与非凸结构，同时提供可解释的分段规则，被广泛应用于电力系统（Thams et al.，2017）等场景。树模型可通过线性化（如大 M 编码）嵌入优化器，形成可求解的混合整数模型，但嵌入多个路径会导致模型复杂度迅速上升。集成方法〔如随机森林（Bonfietti et al.，2015）〕在精度上有所提升，但牺牲了一定的可解释性，嵌入过程也更复杂。

3. 神经网络（Neural Networks）

前馈神经网络（FNN）具备强大的函数逼近能力，适用于高度非线性约束建模（如辐射治疗中的 TCP/NTCP 学习）。然而，其黑箱属性使得其可解释性不足，且嵌入优化模型的过程复杂，尤其是 ReLU 激活函数需引入大量二进制变量以形成可求解的 MILP（Say et al.，2017）。为提升可嵌入性，一些研究采用稀疏化网络、输入凸神经网络（ICNN）等改进结构（Chen et al.，2020），以保证优化问题的凸性或可导性（Yang and Bequette，2021）。

4. 支持向量机（SVM）

尽管主流应用集中于分类与回归任务，但支持向量机在约束学习中的使用较为普遍，如用于学习控制边界或构造线性/二次型可行域（Yang and Bequette，2021）。支持向量机具有较强的泛化能力，可解析形式便于嵌入（Jalali et al.，2019），但模型表达能力受限于核函数选择，适应性不如神经网络。

5. 进化算法与符号回归（Genetic Programming & Symbolic Regression）

进化算法与符号回归适用于对约束函数结构完全未知、需从头学习表达式的情形（Pawlak and Krawiec，2018）。这类方法通过搜索程序表达式或组合数学基函数，直接生成解析形式的约束，优势在于模型可解释、无须复杂嵌入，但搜索效率低、模型精度难以保证，不适用于高维复杂任务。

6. 程序化建模与优化（MILP/IP-based Learning）

一些研究通过构造特定的整数规划问题直接在数据上拟合可行域（如多面体或凸包）（Pawlak and Krawiec，2017），避免了黑箱模型的嵌入问题（Schede et al.，2019）。这类方法建模精度受限，但在结构明确、可行集紧凑的问题中具有高效可解性和稳定性，适合嵌入工业优化系统。

7. 混合方法（Hybrid Models）

当前趋势也趋向于使用多模型组合，例如将回归树与回归模型组合（Verwer et al.，2017），或将神经网络与整数规划联合建模（Paulus et al.，2021）。不同模型可分别拟合不同约束，提高整体精度与可嵌入性。

### （二）建模高维复杂非线性约束的关键问题

高比例可再生能源电力系统安全稳定机理复杂化的特点阻碍了运行调度人员对安全机理的认知。多样化的运行方式和故障类型使运行调度人员难以通过后校验和提前做预案的方式及时应对安全稳定故障。高比例可再生能源电力系统安全稳定运行面临重大挑战（陈国平等，2017）。因此，在高比例可再生能源渗透率下提取准确且可解释的安全稳定规则，以进行电力系统安全评估及预防矫正控制，对电力系统安全稳定运行具有重要意义。这促使许多学者思考以下关键问题：面对多样化的运行方式和故障类型，如何采用统一的方法提取可解释的电力系统安全稳定规则？如何在运行优化中内嵌复杂安全稳定约束？然而，上述问题的解决存在以下难点。

（1）难解析：大部分安全稳定规则难以直接解析化表达。例如，静态电压稳定通过求解连续潮流方程计算（毛安家等，2020；万凯遥等，2020），小干扰稳定通过求解状态矩阵的特征根确定（Kundur，2007），等等。这些间接判断依据给分析高比例可再生能源电力系统安全稳定机理带来了困难。此外，部分高比例可再生能源电力系统安全稳定机理未知，只能通过仿真的方式确定运行方式的安全状态。

（2）难理解：难以提取易于理解的安全稳定规则。实际电力系统包含大量的元件、多样的电气量、不同的时间尺度和时间粒度。不同的电气量之间存在基尔霍夫电流定律、电压定律及潮流方程的耦合。因此，电力系统的运行方式数据是高维且非线性相关向量，而电力系统的安全稳定状态往往只与其中少数维度复杂相关，如 N-k 安全性往往与电力系统的重载设备相关。因此，如何从超高维度中辨识出少数重要维度并保持必要的维度间相关性，使安全稳定规则保持高泛化性能的同时易于理解，仍然是一个难题。

（3）难统一：难以统一化提取安全稳定规则。高比例可再生能源电力系统安全稳定机理复杂、故障种类多样，如电压失稳、频率失稳、同步失稳、短路电流超标等。不同的安全稳定故障类型需要人为定制和设计不同的算法，从连续潮流方程、状态矩阵特征根或微分方程中提取相应的安全稳定规则，一种提取规则的方法只适用于特定的安全稳定问题，对于新出现的安全稳定问题需要重新研究相应的方法，投入大、时间长。因此，现有安全稳定规则提取算法的普遍适用性低。

（4）难内嵌：提取的安全稳定规则难以内嵌电力系统优化运行。不同类型的故障状态与相应的运行方式之间往往呈现复杂的非线性函数关系，如静态电压稳定裕度、小干扰稳定、频率稳定等与运行方式变量之间的关系。若将提取的非线性规则表达为非线性约束，则安全约束优化运行问题无法求解或难以扩展到实际大型系统；若对非线性规则进行线性化近似，则会降低规则的泛化性能。

针对上述关键问题和难点，我们的基本思路是从传统的模型驱动方式转化为数据和模型联合驱动的方式：通过数据驱动人工智能算法的方式统一提取安全稳定规则，通过模型驱动的方式将规则嵌入电力系统优化运行进行求解。基于高比例可再生能源电力系统运行模拟及安全仿真数据，通过统一的算法提取线性且稀疏的安全稳定规则。因此，只用更改相应的安全仿真数据，我们就可以提取不同故障类型的安全稳定规则，同时线性和稀疏性保证了规则易于理解。该规则无须近似就可以直接转化为混合整数线性约束，易于嵌入电力系统优化运行，从而在运行调度中实现经济性和安全性的协同。

为此，我们提出了基于稀疏斜决策树的电力系统安全稳定规则提取与嵌入技术，用来表示任意安全稳定边界。我们首先提出稀疏权重斜决策树模型及其训练方法，以学习任意的安全稳定规则，然后将提取的规则内嵌电力系统优化运行，以提升电力系统 N-k 安全性，最后总结了数据驱动的约束学习在电力系统安全稳定规则提取领域内的未来发展方向，展望了人工智能驱动的优化决策在电力系统调度运行等连续优化问题中的应用前景。

## （三）电力系统安全稳定规则的要求

根据前述电力系统安全稳定规则提取的难点，电力系统安全稳定规则提取与学习算法需要满足以下条件。

（1）泛化能力强：安全稳定运行是电力系统的基本要求，不安全稳定运行会带来严重的社会经济损失。因此，电力系统安全稳定规则需要尽可能准确地反映实际大型电力系统的运行状态和运行边界。为了实现这个目标，必须保证数据驱动人工智能模型具有足够强的表示性及泛化性能，在必要时应易于集成，以进一步提升学习精度。

（2）易于理解：由于电力系统对可靠性的要求极高，电力系统调度员必须能够直观理解和认可每条安全稳定规则。此外，电力系统的安全稳定状态往往与少量关键特征强相关且不同维度之间非线性相关。因此，数据驱动人工智能模型必须能学习稀疏、结构简单且能保持电力系统不同维度之间相关性的规则。

（3）易于嵌入优化模型：大部分安全稳定问题不存在解析规则或者难以嵌入优化问题进行求解。因此，数据驱动人工智能模型需要学习复杂的安全边界，提取规则并转化为线性约束。此外，易于嵌入的规则需要包含尽可能少的整型决策变量和非零参数。也就是说，相应的数据驱动人工智能模型需要保持稀疏性和尽可能精简的结构。

图 6 给出了电力系统安全边界提取示意。图 6（a）给出了黑箱模型学得的安全边界。虽然黑箱模型具有强大的表示性能、规则精度高，但学得

的规则难以被调度员理解，嵌入优化运行后相应的非线性优化模型无法求解，因此不符合电力系统安全稳定规则的要求。图6（b）给出了单变量决策树学得的安全边界。单变量决策树学得的规则线性且稀疏，但是每条边界必须与相应的坐标轴平行，这限制了其学习容量和学习精度。因此，在学习复杂的电力系统安全稳定规则时，必须增加决策树的深度，否则容易陷入过拟合。此外，安全稳定规则及整型变量数量随着树深度的增加呈指数趋势上升，安全稳定规则变得难以理解和嵌入优化模型，同样不符合电力系统安全稳定规则的要求。为了提取泛化能力强、易于理解且易于嵌入优化模型的电力系统安全稳定规则，我们期待的安全边界如图6（c）所示：用尽可能少的线性稀疏超平面拟合任意电力系统的安全稳定边界，甚至是非凸和离散的边界。我们提出利用稀疏斜决策树学得这样的规则，即在决策树的每个节点都利用线性稀疏超平面划分代替单变量划分（Hou et al.，2021）。决策树算法理论上可以学得任意非凸、非线性边界，线性超平面划分能提升单棵树的学习精度、降低决策树的深度，稀疏性则保证了规则的可解释性，同时稀疏结构有利于优化问题的快速求解。

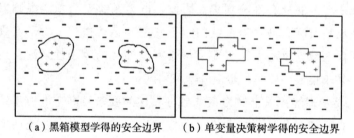

（a）黑箱模型学得的安全边界　　（b）单变量决策树学得的安全边界

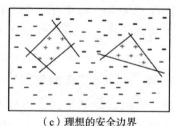

（c）理想的安全边界

**图6　安全边界提取示意**

我们进一步对常用的数据驱动人工智能模型的表现进行对比，如表1所示。

表 1  常用的数据驱动人工智能模型在约束学习方面的表现

|  | 可解释 | 可内嵌 | 数据需求 | 内嵌表现 |
|---|---|---|---|---|
| 线性模型 | ++ | ++ | ++ | -- |
| 决策树 | + | + | + | + |
| 集成决策树 | - | - | - | + |
| 神经网络 | -- | -- | -- | ++ |

注：++非常好；+好；-差；--很差。

## （四）电力系统安全稳定规则解析提取及内嵌优化运行决策框架

根据上述要求，我们提出了一个四阶段数据驱动框架，以实现电力系统安全稳定规则解析提取及内嵌优化运行决策，如图 7 所示。

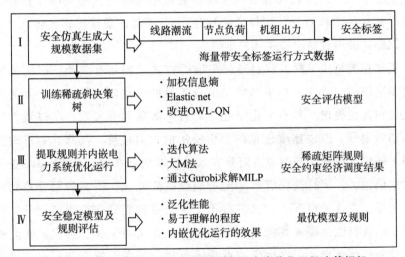

图 7  电力系统安全稳定规则解析提取及内嵌优化运行决策框架

1. 阶段一：安全仿真生成大规模数据集

电力系统实际数据的不平衡性使安全的运行方式数量远远多于不安全的运行方式数量，不利于提取可靠的安全稳定规则。此外，部分运行方式实际中并不存在，例如，超高比例可再生能源电力系统阻碍了安全稳定规则的泛化性能。因此，有必要通过电力系统安全仿真生成足够的数据集。不失一般性，本部分专于高比例可再生能源电力系统 N-k 安全性分析，以验证本文的算法框架。首先，根据历史数据对风电、光伏出力概率分布、时空相关性、季特性和日特性进行建模,并通过随机差分方程模拟风电光伏的时序出力(Hou et al.,2020)。其次,以风电、光伏出力和负荷信息为边界条件进行电力系统经济调度,以决定电力系统的运行方式,利用相应的电力系统安全仿真软件决定运行方式的安全状态,例如,对于 N-k 安全性,我们可以通过线路开断转移分布因子来确定当前状态的安全标签(Guo et al.,2009)。重复执行以上过程直至获得足够的带标签安全稳定数据集。

2. 阶段二:训练稀疏斜决策树

基于电力系统安全稳定仿真数据,我们提出了稀疏权重斜决策树技术用于训练线性稀疏的安全稳定规则。在稀疏斜决策树的每个节点,我们都通过线性超平面划分代替传统单变量划分,以提高决策树的学习容量,通过引入 Elastic net 正则化项保证线性划分的稀疏性,同时保持关键特征之间的相关性。节点线性划分参数的获取需要最小化相应的不纯净度指标,我们通过样本的"软划分"代替"硬划分",从而将离散优化问题转化为连续优化问题,并通过象限拟牛顿法求解。

类比单变量决策树,我们通过递推的方式求解划分参数,以训练稀疏权重斜决策树。首先,如果当前的节点不是叶节点则继续递归。因为单变量决策树算法提供了具有一定泛化性能且稀疏的划分参数,所以我们将其作为初始划分,以加速改进象限拟牛顿法的收敛速度。其次,通过改进象限拟牛顿法求解优化当前节点划分方式,计算划分参数。如果 Lasso 正则化参数取值过大,则算法仍有一定的可能收敛到驻点,得到的划分系数向量为零向量。在这种情况下,我们将单变量决策树划分作为当前划分,以提升算法的鲁棒性,保证算法的性能不差于单变量决策树。再次,我们通过划分参数进行硬划分,将当前节点训练集划分到左子节点和右子节点。最后,通过递归调用当前算法继续划分子节点,达到叶节点后停止划分。在测试和推断阶段,我们仍然通过硬划分确定当前运行方式所属的安全状态。我们提出的斜决策树训练算法可参考有关文献(Hou et al.,2021),针对连续稳定指标,我们相应提出了斜回归树模型提取安全稳定规则(Jia et al.,2023)。

3. 阶段三:提取规则并内嵌电力系统优化运行

基于训练的稀疏斜决策树模型,我们提出了一种迭代算法从中提取规则并表达为稀疏矩阵不等式的形式(见图 8)。由于不同的规则之间是并联且互斥的关系，我们接着利用大 M 法将其转化为包含整型变量的稀疏矩阵线性不等式约束。我们将该约束嵌入电力系统经济调度等优化运行模型，转化为混合整数线性规划模型。由于其稀疏结构和线性关系，安全约束下优化运行模型可以通过 Gurobi 或 Cplex 等商业求解器快速求解，最终得到兼顾经济性和安全性的调度结果。

根据决策树的结构，任何一种运行方式都有且只能属于其中一个叶节点，因此，稀疏斜决策树提取的安全稳定规则具有以下特点：①每个安全的叶节点均代表一条安全规则，所有安全叶节点规则的并集组成了完整的规则；②任意两个叶节点代表的安全稳定规则互斥。

提取完整的电力系统安全稳定规则，首先需要找到所有安全的叶节点并刻画出每个叶节点所代表的规则。我们通过递归算法寻找安全的叶节点并将每条规则都表达为关于电力系统运行方式的稀疏矩阵不等式的形式。首先，判断当前节点是否为安全的叶节点，如果是则返回当前的稀疏矩阵，否则，我们将划分系数向量加入安全稳定规则矩阵中作为新的一行。接着，继续对左节点（安全稳定规则矩阵最后一行乘负一）和右节点递归调用当前函数，直至达到叶节点。

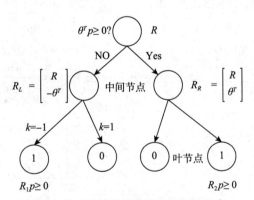

**图 8　斜决策树安全稳定规则提取示意**

4. 阶段四：安全稳定模型及规则评估

人为选取的算法超参数对最终的安全稳定模型及规则有较大影响，例如正则化系数会显著影响模型及规则的精度、稀疏性及泛化性能，因此有必要提出相应的评估指标并选出最优或最合适的模型及规则用于电力系统安全性评估及预防控制。传统的模型评估往往从精度入手，但电力系统安全稳定规则需要同时满足测试精度高、易于理解、嵌入优化问题得到的调度结果安全性高等多个条件。因此，我们利用精确性、稀疏性、安全性等多个指标对模型和规则进行综合性评估，最终选择可以部署的最优模型及规则。

### （五）电力系统安全稳定规则内嵌效果与结果讨论

我们通过高比例可再生能源电力系统 NREL-118 验证了所提算法及框架的有效性（见图9）。仿真实验结果表明，稀疏权重斜决策树技术泛化性能超过现有的斜决策树技术，同时保证了安全稳定规则简单、稀疏。将该安全稳定规则嵌入电力系统优化运行可以有效地提升安全运行状态的比例，同时易于快速求解。

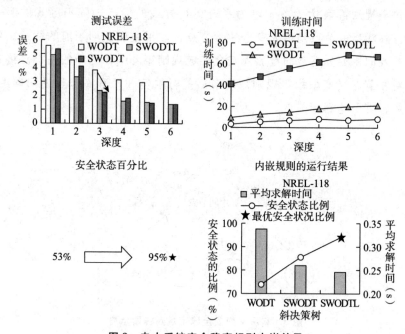

**图9　电力系统安全稳定规则内嵌效果**

注：WODT 为权重斜决策树，SWODT 为稀疏权重斜决策树，SWODTL 为仅用 Lasso 正则化的稀疏权重斜决策树。

高比例可再生能源接入是当前我国电力系统发展的重要趋势，也是实现能源结构清洁化、低碳化发展的重要手段。然而，高比例可再生能源电力系统多样化的运行方式与复杂的安全稳定机理给电力系统安全优化运行与决策带来了巨大困难。为攻克这一难题，我们首先提出了高比例可再生能源电力系统安全稳定规则提取及优化运行决策理论与方法，明晰了电力系统安全稳定规则的要求，运用稀疏斜决策树建立了统一且通用的安全稳定规则提取方法。提取的安全稳定规则具有泛化能力强、易于理解和易于嵌入电力系统优化运行的特点，为电力系统在高比例可再生能源环境下考虑安全稳定约束的优化决策提供了有力工具（Zhang et al.，2022）。

### （六）数据驱动人工智能模型在约束学习中的发展展望

尽管数据驱动人工智能模型在约束学习中的应用展现出强大的潜力，但其发展仍面临诸多挑战。首先，预测模型本质上是为预测而设计的，并非直接用于嵌入优化模型中。因此，若学习到的约束无法准确逼近真实的物理或安全约束，可能导致所求得的最优解在现实中不可行，带来约束违背的风险。其次，人工智能模型（特别是基于神经网络的深度学习模型）的可解释性较差，这会降低模型驱动的优化模型本身的透明度，难以验证解的物理意义和可接受程度。最后，数据的可获得性对约束学习的效果产生显著影响。某些人工智能预测模型对训练数据的质量和数量有较高要求，但是在现实应用中，尤其是当可行与不可行运行状态样本的数量不平衡时，难以获取高质量的训练数据。

计算复杂度同样是制约人工智能模型在约束学习领域发展的关键因素。要将人工智能模型嵌入优化模型，往往需引入额外的辅助变量或非线性约束，从而增加模型的求解难度。与此同时，当前主流的机器学习模型多为相关性模型而非因果模型（De Mast et al.，2023），这意味着它们只能呈现特征与结果之间的统计关系，无法保证运行状态样本特征的变化会带来运行状态安全稳定指标的因果性改变。因此，在具备因果信息的场景中，应优先考虑使用因果建模方法进行约束学习，以增强模型的鲁棒性与可靠性。

在应对上述挑战的同时，也涌现出诸多值得进一步研究的方向。首先，在数据收集与预处理阶段，有必要系统地评估不同的数据生成与筛选策略［如试验设计（Garud et al.，2017）、Kriging 建模（Forrester et al.，2008）］对约束学习质量及最终优化结果的影响；应明确不同模型对数据类型与数据量的需求，以便更高效地开展模型训练。其次，模型选择与训练策略有待深入挖掘。目前大多数研究聚焦回归、神经网络与决策树等主流方法，但仍有必要探索其他非主流模型在约束嵌入过程中的表现，包括模型预测结果的不确定性如何通过鲁棒优化或随机规划机制有效传递至优化模型中。特别地，有研究者（Wang et al., 2023）针对电压稳定指标对运行状态表现出的二次相关性，提出通过二次核函数的支持向量机 SVM 提取电力系统电压稳定规则；还有研究者（Jia et al., 2024）针对电力系统机组组合的混合整数线性规划模型，提出多重凸包模型减少安全稳定规则嵌入优化模型引入的零—变量数量，提升内嵌优化结果的效果。

在优化求解方面，如何高效地将复杂模型（如深度神经网络或大规模树结构）嵌入求解器是当前研究的重点。例如，通过隐藏复杂网络的非线性结构（Schweidtmann and Mitsos, 2019）、预计算梯度信息等手段，减少对求解器的干扰，从而提升求解效率。此外，面向商用求解器的嵌入接口设计、提出求解器友好的人工智能模型等也将成为重要研究方向。在模型效果验证与改进方面，现有工作多以对比试验为主，缺乏系统的形式化验证框架。未来可以借鉴已有神经网络验证机制（Venzke and Chatzivasileiadis, 2020），构建面向约束学习的模型验证流程，分析其在最优解敏感性、数据噪声鲁棒性等方面的表现。进一步地，引入主动学习或自适应采样等策略提升约束学习质量，也将为优化结果的鲁棒性与可靠性提供新的保障。

## 三　结论与展望

在本文中，我们对人工智能驱动的优化决策问题进行了探讨，并分为组合优化和连续优化两个方面介绍了基于人工智能技术的优化决策方法。

第二部分介绍的 TAM 为大规模车辆路径优化问题的实时求解提供了一种创新且有效的方法。通过将大规模 VRP 划分为多个小规模 TSP 子问题，并结合数据驱动方法和传统启发式方法的优势进行并行求解，TAM 在保证解决方案质量的同时显著提高了求解效率。实验结果充分验证了 TAM 在合成数据集和真实世界数据集上的优越性能，展示了其在实际物流应用场景中的巨大潜力。

第三部分介绍了基于稀疏斜决策树的电力系统安全稳定规则提取与嵌入技术，凝练了电力系统安全稳定规则提取面对的关键问题与难点，根据电力系统对安全稳定规则泛化能力强、易于理解、易于嵌入优化运行的三大要求，提出了利用稀疏斜决策树技术提取电力系统安全稳定规则的方法及优化运行决策框架，包括安全仿真生成大规模数据集、训练稀疏斜决策树、提取规则并内嵌电力系统优化运行、安全稳定模型及规则评估四个阶段。最后，本部分总结了数据驱动人工智能模型在约束学习中面临的诸多挑战。

虽然现有研究从不同角度探索了人工智能技术在优化决策领域的应用方法，在一定程度上实现了大规模问题的快速求解，但仍面临一些挑战。第一，现有方法难以应对超大规模下的动态环境和数据变化，实时性难以保证；第二，现有方法难以实现多种决策任务的融合，不能提供更加全面的决策支持；第三，有关大规模问题的一些研究方法难以被应用于实际作业场景。

针对这些挑战，我们可以在今后的工作中开展进一步的探索。

第一，开发更高效的 AI 算法，以处理大规模组合优化问题。例如，结合强化学习和分解技术，设计能够实时求解超大规模场景下优化决策问题的算法。

第二，开发能够处理动态、异构数据的人工智能模型，提高对数据质量和噪声的鲁棒性。同时，设计更有效的数据预处理和特征提取方法，以提高模型的效率和准确性。

第三，挖掘详细的应用场景，以缩短学术研究与工业应用之间的距离，如实际大规模复杂电力系统中存在的组合优化决策问题。

第四，推进跨学科合作，促进计算机科学、运筹学、控制科学等多学科的合作，以解决现实场景中日益复杂的大规模组合优化问题。

希望本文能为结合人工智能解决大规模优化决策问题提供思路参考。

**参考文献**

毕聪博、唐聿劼、罗永红、陆超，2024，《电力系统优化控制中强化学习方法应用及挑战》，《中国电机工程学报》第 1 期。

陈国平、李明节、许涛、刘明松，2017，《关于新能源发展的技术瓶颈研究》，《中国电机工程学报》第 1 期。

毛安家、马静、蒯圣宇、周勤勇、赵珊珊、陈聪、杨晓明，2020，《高比例新能源替代常规电源后系统暂态稳定与电压稳定的演化机理》，《中国电机工程学报》第 9 期。

万凯遥、姜彤、冯卓诚、陈昌，2020，《静态电压稳定分岔点的直接识别算法》，《中国电机工程学报》第 20 期。

赵冬斌、刘德荣、易建强，2009，《基于自适应动态规划的城市交通信号优化控制方法综述》，《自动化学报》第 6 期。

Accorsi, Luca, and Daniele Vigo. 2021. "A Fast and Scalable Heuristic for the Solution of Large-Scale Capacitated Vehicle Routing Problems." *Transportation Science* 55 (4): 832-856.

Beldiceanu, N., and H. Simonis. 2016. "Modelseeker: Extracting Global Constraint Models from Positive Examples." *Data Mining and Constraint Programming: Foundations of a Cross-Disciplinary Approach*, pp. 77-95. Cham, Switzerland: Springer.

Bonfietti, A., M. Lombardi, and M. Milano. 2015. "Embedding Decision Trees and Random Forests in Constraint Programming." In Integration of AI and OR Techniques in Constraint Programming: 12th International Conference, CPAIOR 2015, Barcelona, Spain, May 18-22, 2015, Proceedings 12, pp. 74-90. Springer International Publishing.

Bullo, Francesco, Emilio Frazzoli, Marco Pavone, Ketan Savla, and Stephen L. Smith. 2011. "Dynamic Vehicle Routing for Robotic Systems." *Proceedings of the IEEE* 99 (9): 1482-1504.

Chabrier, Alain. 2006. "Vehicle Routing Problem with Elementary Shortest Path Based Column Generation." *Computers & Operations Research* 33 (10): 2972-2990.

Chen, G., Z. Fan, and T. Yang. 2024. "Exploration of Machine Learning Techniques in AI-Driven Automation Process Optimization." In 2024 IEEE 6th International Conference on Civil Aviation Safety and Information Technology (ICCASIT), pp. 1312-1316. Hangzhou, China.

Chen, Y., Y. Shi, and B. Zhang. 2020. "Input Convex Neural Networks for Optimal Voltage Regulation." arXiv preprint arXiv: 2002.08684.

Christiaens, Jan, and Greet Vanden Berghe. 2020. "Slack Induction by String Removals for Vehicle Routing Problems." *Transportation Science* 54 (2): 417-433.

Deineko, E., and C. Kehrt. 2024. "Learn to Solve Vehicle Routing Problems ASAP: A Neural Optimization Approach for Time-Constrained Vehicle Routing Problems with Finite Vehicle Fleet." ArXiv, abs/2411.04777.

De Mast, J., S. H. Steiner, W. P. M. Nuijten, et al. 2023. "Analytical Problem Solving Based on Causal, Correlational and Deductive Models." *The American Statistician* 77 (1): 51-61.

Donti, P., B. Amos, and J. Z. Kolter. 2017. "Task-based End-to-End Model Learning in Stochastic Optimization." Advances in Neural Information Processing Systems 30.

Emmerich, Michael, and Andre Deutz. 2024. "Multicriteria Optimization and Decision Making: Principles, Algorithms and Case Studies." arXiv preprint arXiv: 2407. 00359.

Fajemisin, A. O. , D. Maragno, and D. den Hertog. 2024. "Optimization with Constraint Learning: A Framework and Survey." *European Journal of Operational Research* 314 (1): 1–14.

Fan, Zhonghua, et al. 2024. "PathNet: A Novel Multi-Pathway Convolutional Neural Network for Few-Shot Image Classification from Scratch." *Multimedia Systems* 30 (3): 1–13.

Forrester, A. , A. Sobester, and A. Keane. 2008. *Engineering Design Via Surrogate Modelling: A Practical Guide.* John Wiley & Sons.

Garud, S. S. , I. A. Karimi, and M. Kraft. 2017. "Design of Computer Experiments: A Review." *Computers & Chemical Engineering* 106: 71–95.

Golden, Bruce L. , Subramanian Raghavan, and Edward A. Wasil. 2008. *The Vehicle Routing Problem: Latest Advances and New Challenges*, Volume 43. Springer Science & Business Media.

Guo, Jiachun, Yong Fu, Zuyi Li, et al. 2009. "Direct Calculation of Line Outage Distribution Factors." *IEEE Transactions on Power Systems* 24 (3): 16331634.

Helsgaun, K. 2017. "An Extension of the Lin-Kernighan-Helsgaun TSP Solver for Constrained Traveling Salesman and Vehicle Routing Problems: Technical Report. " Roskilde: Roskilde Universitet, p. 60.

Hou, B. , Zhang, K. , Gong, Z. , Li, Q. , Zhou, J. , Zhang, J. , de La Fortelle, A. 2023. "SoC-VRP: A Deep-Reinforcement-Learning-Based Vehicle Route Planning Mechanism for Service-Oriented Cooperative ITS." *Electronics* 12: 4191.

Hou, Q. , E. Du, N. Zhang, et al. 2020. "Impact of High Renewable Penetration on the Power System Operation Mode: A Datadriven Approach." *IEEE Transactions on Power Systems* 35 (1): 731741.

Hou, Q. , N. Zhang, D. S. Kirschen, et al. 2021. "Sparse Oblique Decision Tree for Power System Security Rules Extraction and Embedding." *IEEE Transactions on Power Systems* 36 (2): 16051615.

Jalali, M. , V. Kekatos, N. Gatsis, et al. 2019. "Designing Reactive Power Control Rules for Smart Inverters Using Support Vector Machines." *IEEE Transactions on Smart Grid* 11 (2): 1759–1770.

Jang, B. , M. Kim, G. Harerimana, and J. W. Kim. 2019. "Q-Learning Algorithms: A Comprehensive Classification and Applications." *IEEE Access* 7: 133653–133667.

Javidan, A. , and S. Za. 2024. "AI and Decision-Making Process: A Meta-synthesis of the Literature. " In *Navigating Digital Transformation*, edited by R. Agrifoglio, A. Lazazzara, and S. Za (eds.), Lecture Notes in Information Systems and Organisation, vol 73. Springer, Cham.

Jia, H., Q. Hou, P. Yong, et al. 2023. "Voltage Stability Constrained Operation Optimization: An Ensemble Sparse Oblique Regression Tree Method. " *IEEE Transactions on Power Systems* 39 (1): 160-171.

Jia, H., Q. Hou, P. Yong, et al. 2024. "Learning Multiple Convex Voltage Stability Constraints for Unit Commitment. " *IEEE Transactions on Power Systems* 40 (1): L125-137.

Kitaev, N., Kaiser L., & Levskaya A. 2019. "Reformer: The Efficient Transformer". https://arxiv. org/pdf/1910. 06764.

Kool, W., van Hoof H., & Welling M. 2019. "Attention, Learn to Solve Routing Problems". https://openreview. net/forum? id=ByzBFaEq.

Kundur, P. 2007. "Power System Stability. " In *Power System Stability and Control*, p. 71. New York, USA: McGraw-Hill.

Li, K., T. Zhang, R. Wang, Y. Wang, Y. Han, and L. Wang. 2022. "Deep Reinforcement Learning for Combinatorial Optimization: Covering Salesman Problems. " *IEEE Transactions on Cybernetics* 52 (12): 13142-13155.

Li, Pei-yuan, Zeng Wei-min, Zhao Shuai, et al. 2024. "Research on the Development Status and Trends of Key Technologies in Artificial Intelligence. " *New Generation of Information Technology* 7 (1): 36-40.

Li, Y., S. Chai, Z. Ma, and G. Wang. 2021. "A Hybrid Deep Learning Framework for Long-Term Traffic Flow Prediction. " *IEEE Access* 9: 11264-11271.

Luo, F., X. Lin, F. Liu, Q. Zhang, and Z. Wang. 2023. "Neural Combinatorial Optimization with Heavy Decoder: Toward Large Scale Generalization. " In *Proceedings of the 37th International Conference on Neural Information Processing Systems* (NIPS '23), Article 387, 8845-8864. Curran Associates Inc. , Red Hook, NY, USA.

Lysgaard, J., A. N. Letchford, and R. W. Eglese. 2004. "A New Branch-and-Cut Algorithm for the Capacitated Vehicle Routing Problem. " *Mathematical Programming*, Series A 100: 423-445.

Naddef, Denis, and Giovanni Rinaldi. 2002. "Branch-and-Cut Algorithms for the Capacitated Vrp. " In *The Vehicle Routing Problem*, pp. 53-84. SIAM.

Paulus, A., M. Rolínek, V. Musil, et al. 2021. "Comboptnet: Fit the Right Np-Hard Problem by Learning Integer Programming Constraints. " In *International Conference on Machine Learning*, pp. 8443-8453. PMLR.

Pawlak, T. P., and K. Krawiec. 2017. "Automatic Synthesis of Constraints from Examples Using Mixed Integer Linear Programming." *European Journal of Operational Research* 261 (3): 1141-1157.

Pawlak, T. P., and K. Krawiec. 2018. "Synthesis of Constraints for Mathematical Programming with One-Class Genetic Programming." *IEEE Transactions on Evolutionary Computation* 23 (1): 117-129.

Say, B., G. Wu, Y. Q. Zhou, et al. 2017. "Nonlinear Hybrid Planning with Deep Net Ltearned Transition Models and Mixed-Integer Linear Programming." In *International Joint Conference on Artificial Intelligence* 2017, pp. 750-756. Association for the Advancement of Artificial Intelligence (AAAI).

Schede, E. A., S. Kolb, and S. Teso. 2019. "Learning Linear Programs from Data." In 2019 IEEE 31st International Conference on Tools with Artificial Intelligence (ICTAI), pp. 1019-1026. IEEE.

Schweidtmann, A. M., and A. Mitsos. 2019. "Deterministic Global Optimization with Artificial Neural Networks Embedded." *Journal of Optimization Theory and Applications* 180 (3): 925-948.

Shahzadi, G., F. Jia, L. Chen, and A. John. 2024. "AI Adoption in Supply Chain Management: A Systematic Literature Review." *Journal of Manufacturing Technology Management* 35 (6): 1125-1150.

Souza, G. K. B., S. O. S. Santos, A. L. C. Ottoni, M. S. Oliveira, D. C. R. Oliveira, and E. G. Nepomuceno. 2024. "Transfer Reinforcement Learning for Combinatorial Optimization Problems." *Algorithms* 17: 87.

Thams, F., S. Chatzivasileiadis, P. Pinson, et al. 2017. "Data-Driven Security-Constrained OPF." In 10*th Bulk Power Systems Dynamics and Control Symposium*.

Toth, Paolo, and Daniele Vigo. 2002. "Branch-and-Bound Algorithms for the Capacitated Vrp." In *The Vehicle Routing Problem*, pp. 29-51. SIAM.

Venzke, A., and S. Chatzivasileiadis. 2020. "Verification of Neural Network Behaviour: Formal Guarantees for Power System Applications." *IEEE Transactions on Smart Grid* 12 (1): 383-397.

Verwer, S., Y. Zhang, and Q. C. Ye. 2017. "Auction Optimization Using Regression Trees and Linear Models as Integer Programs." *Artificial Intelligence* 244: 368-395.

Vidal, Thibaut. 2022. "Hybrid Genetic Search for the Cvrp: Open-source Implementation and Swap* Neighborhood." *Computers & Operations Research* 140: 105643.

Vidal, Thibaut, Teodor Gabriel Crainic, Michel Gendreau, Nadia Lahrichi, and Walter

Rei. 2012. "A hybrid Genetic Algorithm for Multidepot and Periodic Vehicle Routing Problems." *Operations Research* 60 (3): 611-624.

Wang, J., Q. Hou, Z. Zhuo, et al. 2023. "Voltage Stability Constrained Economic Dispatch for Multi-Infeed HVDC Power Systems." *IEEE Transactions on Power Systems* 39 (2): 2598-2610.

Wang, R., Y. Li, J. Yan, and X. Yang. 2024. "Learning to Solve Combinatorial Optimization under Positive Linear Constraints via Non-Autoregressive Neural Networks." *Scientia Sinica Informationis*. https://doi.org/10.1360/SSI-2023-0269.

Yang, S., and B. W. Bequette. 2021. "Optimization-based Control Using Input Convex Neural Networks." *Computers & Chemical Engineering* 144: 107143.

Zhang, N., H. Jia, Q. Hou, et al. 2022. "Data-driven Security and Stability Rule in High Renewable Penetrated Power System Operation." *Proceedings of the IEEE* 111 (7): 788-805.

# 数字治理实践与风控规制异同

## ——基于欧洲 28 国的分析[*]

谢子龙　乔天宇　张蕴洁　邱泽奇[**]

**摘　要**　数字技术变革推动了以风险治理为核心的制度的变迁，欧盟则是数字规制创新的开拓者。本文基于国际数字生态指数等数据，刻画了欧洲28国在数字风险治理领域的法律规制异同，并对影响规制异同的因素与作用机制进行分析。研究发现，安全与发展是各国数字风险治理的"一体两面"，即便有欧盟上位法作为约束，各国的数字风控规制也呈现"同中有异"的复杂格局。同时，以技术应用为核心的治理实践驱动数字风控规制的形成，而规范性因素的影响并不显著。数字技术的加速发展造成制度形成与治理实践之间的"异步困境"，并导致工业时代治理典范的祛魅和规范性力量的衰落，各国的数字规制发展更多表现为一种务实的试错性实践。

**关键词**　数字技术　数字治理　数字风控规制　欧盟

数字技术给人类社会带来了福祉，也冲击了工业时代的治理规范，推动着全球治理转型。中美欧作为数字化转型的领军者，基于不同取向的数

\*　原文刊发于《社会学评论》2024 年第 4 期，收入本书时有修改；基金项目：中国科学院学部工作局重点项目"中美欧数字治理格局研判关键问题研究"（2021-ZW07-B-014）；感谢课题组宋洁、王娟、赵越、李铮、李昊林等老师和同学的指导与帮助，感谢匿名评审人的宝贵建议。文责自负。

\*\*　谢子龙，北京大学社会学系博士研究生，主要研究方向为技术社会学、组织社会学；乔天宇，北京大学社会学系助理教授、研究员，主要研究方向为数字社会发展与治理、计算社会学；张蕴洁，北京大学社会学系博士研究生，主要研究方向为技术社会学；邱泽奇（通讯作者），北京大学中国社会与发展研究中心主任、数字治理研究中心主任，北京大学博雅讲席教授、社会学系教授，主要研究方向为技术应用与社会变迁、组织社会学、社会学研究方法。

字治理逻辑开展数字治理实践。中美在数字领域的竞争加剧，欧盟作为关键第三方则试图强化数字治理的制度话语权，数字规制由此成为理解欧盟数字治理逻辑的重要切入点。风险治理正在成为核心关注，形塑着中美欧的数字治理格局。本文聚焦欧盟数字风险治理，拟通过考察欧洲 28 国[①]的数字风控规制异同及其影响机制，探索数字技术加速环境变迁下欧盟数字规制可能的生成逻辑，讨论技术进步对制度变迁的影响，同时为中美欧数字治理呈现提供参考。

从 1995 年的《数据保护指令》（Data Protection Directive）到 2016 年的《一般数据保护条例》（General Data Protection Regulation，GDPR），再到随后的《数字服务法》（Digital Services Act，DSA）等，欧盟在数字风险治理领域进行了长期制度探索。这为我们认识数字风险治理提供了研究对象。此外，欧盟的合作治理模式与中美不同，对其治理模式的讨论，可为我们提供单一制政体下央地关系辨析以外的新启发。这也是对东盟、《区域全面经济伙伴关系协定》（RCEP）、非盟等区域合作热潮的一种学术回应。

中美欧间的差异治理模式，奠定了数字规制形成的基本制度架构。中国通过《中华人民共和国个人信息保护法》等，建立起全国统一的数字规制体系；美国仅在加州等少数州进行相关立法。相较于中美，欧盟既在共同体层面统一立法，也保留了各成员国弹性的立法空间。遗憾的是，既有研究多将重心落在欧盟层面的数字规制，忽视了成员国间的规制差异。同时，现有研究多来自法学领域，着眼于法律文本本身，对规制形成的影响机制缺少讨论（刘云，2017；金晶，2018；李世刚、包丁裕睿，2021）。面对欧盟上位法的约束，各成员国仍然可能存在规制差异，原因在于：第一，合作治理模式为各成员国的制度分异留出了政治空间；第二，数字技术的发展速度明显快于正式法规的出台，欧盟既有法规或许无法快速回应新的治理议题，这为成员国的内部立法提供了可能；第三，欧盟法律的制定需经过成员国之间的博弈，其更新速度可能滞后于各成员国国内法。在此基础上，不同国家对数字风险的价值偏好与实际治理需求的差异会为规制分

① 本文中，欧洲 28 国是指 27 个现欧盟成员国和英国。

异提供动力。任何阶段性共识都可能遭遇数字发展的检验，而非"理性神话"（Meyer & Rowan，1977）。数字社会的动态发展，提示我们需回应规制何以变迁。

本文尝试分析哪些因素与机制将可能影响国家间数字风控规制的异同，进而探讨国家在数字风险治理领域的规制如何形成。具体包括两个问题：第一，在欧盟上位法的约束下，成员国在数字风险治理领域的规制异同状况究竟如何？是高度相似，还是存在一定的异质性？第二，影响国家间规制相似或相异的原因与机制是什么？除来自欧盟上位法的约束，一国数字风控规制还会受到哪些国内规范性因素或者国家间互动因素的影响？是否会受到以数字技术应用为核心的治理实践的驱动？

为回答上述问题，本文运用多个来源的数据，分析欧洲28国的数字风控规制及影响其形成与发展的可能因素。所用数据集包括北京大学大数据分析与应用技术国家工程实验室研发的国际数字生态指数①（乔天宇等，2022）、吉尔特·霍夫斯坦德（Geert Hofstede）的国家文化数据，以及法国国际经济研究所（Centre d'Études Prospectives et d'Informations Internationales）的引力模型数据。其中，国际数字生态指数用于衡量一国数字风控规制与数字应用状况，霍夫斯坦德的国家文化数据用于衡量一国在文化观念维度上的得分，引力模型数据用于衡量国家之间的邻近互动关系。研究的基本分析单位为国家关系对（country dyad），28 个国家共组成 378 个国家关系对。分析中，我们先采用调整余弦相似度（cosine similarity）测量国家间在数字风险治理领域的规制相似度，然后运用二次指派程序（Quadratic Assignment Procedure，QAP）回归模型②（刘军，2007）识别

---

① 国际数字生态指数关注数字基础、数字能力、数字应用和数字规制四个维度。根据这一框架，2022 年实验室评估测算了全球 41 个国家的数字化发展状况。详细数据及测算结果参见 http://www.digiteco.com.cn。

② 本文将两两国家组成的国家关系对作为分析单位。由于关系对之间和关系对内部的节点之间存在相互依赖性，违反常规最小二乘估计的独立性假设，将导致对参数的统计检验不可靠（会低估标准误），本文选择使用 QAP 回归模型处理该问题。简单来说，QAP 回归模型的主要原理是将不同变量对应的国家关系对数据处理为两个或更多的矩阵，通过比较各矩阵对应的格值，计算出两个矩阵之间的相关系数，同时以重新抽样为基础，对参数进行非参数检验（刘军，2007）。

影响欧洲国家间数字风控规制异同的因素，进而归纳规制形成的可能机制。

# 一 数字治理合作与风控规制异同

## （一）欧盟合作治理的内在张力

自威斯特伐利亚体系形成以来，主权国家成为现代社会最重要的治理主体。以中国为代表的单一制和以美国为代表的联邦制成为主权国家治理的代表模式，而欧盟则代表了一种合作治理模式。"二战"后，欧洲统一思潮复兴，以煤钢共同体的成立为起点，欧洲国家之间的合作关系不断增强。20世纪90年代《马斯特里赫特条约》生效，欧盟正式成立，标志着合作治理模式诞生。在合作治理模式下，成员国与共同体构成了独特的政治张力，成员国向欧盟让渡部分主权，让渡程度超出了传统国际组织的政府间合作，但其整合程度又远未达到单一主权国家的水平。尽管欧盟治理主体的层次和类型多样（Marks，1992；吴志成、李客循，2003），但主权国家政府与欧盟领导机构一直扮演着重要角色。本文将集中关注成员国与欧盟之间的合作治理关系。

法律作为最重要的制度形式，是理解欧盟治理模式的关键抓手，欧盟与成员国间的政治张力也集中体现在法律领域。总的来说，欧盟法效力更强，对各国国内法起到约束作用，但约束的核心在于"不冲突"。各国在不违背欧盟法原则的前提下，依然拥有弹性立法空间。因此，成员国间呈现"同中有异"的整体制度格局，这也呼应了新制度主义社会学对制度异同现象的思考。那么，面对数字技术的快速发展和数字风险的不断积聚，欧盟依托其合作治理模式，又会如何因应？

## （二）欧盟数字风控规制"同中有异"

欧盟的数字规制创新走在世界前列，多数研究聚焦欧盟上位法。本文主要关注各成员国内部的规制特点，认为各国数字风控规制的形成受到欧盟上位法、规范性因素和数字治理实践三类因素的影响。

欧盟上位法的存在会提升成员国之间数字风控规制的相似度。以《一般数据保护条例》为例，其作为条例（regulation）之于成员国有优先效力。换言之，各国内部针对数据保护的立法不得与《一般数据保护条例》相冲突。但"不冲突"不等同于"完全一致"，《一般数据保护条例》为成员国的国内立法提供了更多回旋余地（Wagner & Benecke，2016）。各国如何实际利用自由裁量空间，还受到两类因素的影响。一方面，数字风控规制的形成受到规范性因素的影响，例如，一国对于风险规避的文化无疑会影响其政策倾向；另一方面，数字风控规制的形成还受到数字治理实践的驱动，尤其是数字技术的社会应用所带来的治理需求。数字技术变迁的非线性、加速度特征（郑作彧，2014），使制度脱嵌成为常态，导致技术进步与社会规制间的"异步困境"（邱泽奇，2018）。欧盟虽然可进行立法，但规制内容往往滞后于变化中的实际需求。因此，各成员国有动机、有条件出台时效性和针对性更强的数字规制。

综上所述，欧洲28国数字风控规制的异同关系，受到不同因素的复合影响，若一味强调对欧盟整体的研究，则会忽视其内部制度格局。对此，本文提出第一个问题：欧洲28国在数字风险治理领域的规制相似程度如何？

本文认为，欧洲国家间的制度不存在原则性不同，其差异更多体现在具体规制条款上，且数字时代的治理还处在探索试错阶段，规制模式尚未形成。故本文不采用既有制度比较研究中惯用的类型学划分，而是尝试从定量角度刻画和比较各国在数字风险治理领域的规制异同。

从数据源看，本文使用了国际数字生态指数中的一级指标"数字规制"。该指标测量了一个国家（或地区）在数字化发展领域所实施的法规政策，指标体系主要参考世界银行提出的"数据治理法律框架体系"①，但同时也对其做了一定调整，调整依据是补充各国已发布的数字化领域法律政策，并由课题组专家给出相应的分值权重评判标准。"数字规制"包含数字风控、数字流通和数字商务三个二级指标，其中，"数字风控"从个人数据

---

① "World Development Report 2021：Mapping Data Governance Legal Frameworks Around the World"，https://openknowledge.worldbank.org/server/api/core/bitstreams/0a248046 - b7c9 - 59eb - a2e5 - 2d39e3a0b6be/content，最后访问日期：2024 年 1 月 10 日。

收集和处理、敏感个人数据、数据自动处理等 16 个维度评估了各国已出台的旨在应对数字化潜在风险的法律规制的完备程度。

从计算方法看，测量制度相似度的常见方法包括欧氏距离法和绝对差值法[①]（Gaur & Lu，2007；Chao & Kumar，2010；杜江、宋跃刚，2014；Liou et al.，2016），但这两种方法都忽视了不同维度的规制条款的内涵差异。例如，假设英国在"数据使用目的"和"数据存储"两个维度上的规制得分构成向量（1，1），德国为（2，4），法国为（4，2），英国和德、法两国的欧氏距离是相等的（≈0.95），那么便无法区分出德、法两国在"数据使用目的"和"数据存储"上的方向差异。

为了反映数字风控规制在不同维度上的方向差异，还有一种常见方法是用余弦相似度来测量两国数字风控规制之间的相似程度[②]。但该方法对规制向量的数值大小不敏感。举例来说，假设英国在"数据使用目的"和"数据存储"两个维度上的规制得分构成向量（1，1），德国为（2，2），法国为（3，3），英国和德、法两国的余弦相似度是相等的（都等于1），那么便无法区分出德、法两国在规制完备度上的差距。

综上可知，欧氏距离法、绝对差值法、余弦相似度法均无法全面刻画国家间的规制相似度。为此，本文使用调整余弦相似度（adjusted cosine similarity）的方法，先对欧洲 28 国的数字风控规制向量进行对中处理，得到 28 个对中后的规制向量，再计算两两之间的余弦相似度。该算法的优势在于能够同时反映两国规制向量在数值大小（反映规制的完备度）与维度分布（反映不同规制条款之间的内涵差异）上的相似程度。根据调整余弦相似度的定义，两国规制相似度的取值区间为 [-1，1]。越接近 1，说明规制越相似；越接近-1，说明规制越相异。

除数字风控外，国际数字生态指数还在另外两个维度上刻画了各国的数字规制状况，分别是"数字商务"与"数字流通"。其中，"数字商务"

---

① 如果采用欧氏距离法，那么需要先根据各国在数字风控规制子指标上的得分，生成对应的规制向量，计算两国规制向量之间的欧氏距离，以此衡量两国数字风控规制的相异程度；如果采用绝对差值法，那么需要先计算两国在数字风控规制子指标上的绝对差值，然后计算平均数，以此衡量两国数字风控规制的相异程度。

② 采用余弦相似度法，同样需要先根据各国在数字风控规制子指标上的得分，生成对应的规制向量，然后计算两国规制向量之间的余弦相似度。

关注各国在电子商务立法上的完备度；"数字流通"从法规政策的角度衡量各国公共数据、私人数据的境内流通与跨境流通的潜在能力。为了对欧洲28国的数字规制异同做出更全面的判断，我们同时计算了另外两个维度的规制相似度。结果表明，欧洲28国在数字风控维度上的规制异质性明显强于数字商务与数字流通维度[①]，数字风控的均值为0.214、标准差为0.528，数字商务的均值和标准差分别为0.968和0.034，数字流通的均值和标准差分别为0.923和0.194。为检验调整余弦相似度的结果，我们还计算了信息熵[②]。结果显示，数字商务规制的信息熵为0.692、数字流通规制的信息熵为1.57，而数字风控规制的信息熵最大（3.965），这同样反映出欧洲28国在数字风控维度上较强的规制异质性。那么，欧洲28国的规制相似度为何在不同内容维度上存在差异？

本文认为，数字流通与数字商务规制在治理目标上偏重赋能数字经济发展，有着明显的正面经济溢出效应，符合欧盟建设数字单一市场的整体性立场，提升了欧洲28国在两类规制上的一致性。相对地，欧洲28国在数字风控规制上表现出更强的异质性，原因在于：伴随数字技术发展，数据的经济社会内涵已发生改变，数据的生产要素化强化了数字安全与数字发展之间的治理张力，这一改变增加了数字风险治理的复杂性，为规制分异提供了更多可能。

个人数据保护是数字风控领域的一项重要议题。针对个人数据的法律规制历经从消极防御（Warren & Brandeis，1890）到自决利用（刘泽刚，2018）再到多维权衡的转变。在欧盟数据规制的发展历程中，数字发展与数字安全、保护个人生活与服务公共生活之间的张力持续凸显。对此，不同国家的倾向也具有差异性。对强调个人数据保护的国家而言，上位法规制标准可能不够严格；而对于推进数据要素流通的国家而言，上位法似乎又限制了对数据资源的充分利用。随着数据的要素化变革，各国的数据风

---

① 本文也尝试采用欧氏距离法、绝对值法、余弦相似度法进行计算，三种方法得出的结论基本是一致的，即欧洲28国在数字风控维度上的规制异质性明显强于数字商务与数字流通维度。即便如此，本文也认为调整余弦相似度的测量方式更为全面准确，因此后文统一使用该方法进行规制相似度的计算。

② 信息熵通过计算不确定性对信息量进行度量。信息熵越大，信息不确定性越大，信息量也越大。

险规制目标更具弹性，致使其数字风控规制出现更多分异。

但一个新的问题继之被提出：假如我们仅关注数字风控领域本身，会发现一些国家之间的规制比另一些国家之间更加相似，这又是为何？一个显见的原因在于，数据科技的进步并不会直接推动任何规制的形成。由技术的社会建构论可知，任何技术的社会化过程，都必然依托相关利益群体的合作与博弈，同时也离不开制度环境的影响（Bijker et al.，2012）。因此，即使面对相同的数据科技浪潮，各国的制度环境与数字化发展状况也都可能影响到对风险的建构及风控规制的形成。鉴于此，我们需要探求数字风控规制形成的影响因素与可能机制。

依据既往研究，有两种可能的规制生成逻辑：一是规范形塑逻辑，强调数字风控规制受各成员国制度文化力量的形塑；二是数字治理实践驱动逻辑，将数字风控规制视作各国规范和引导数字化转型的理性工具，其形成主要受各国数字治理实践驱动。下文将基于这两种解释提出假设，并进行实证检验。

## 二 风控规制异同是规范形塑的吗？

### （一）规范的力量：世界社会理论及其局限性

在前现代社会，一国法律是其本土社会规范的表达。进入现代社会以后，国家间的沟通互动让法律移植扩散成为一种常见现象。世界社会理论认为，随着以理性和科学为特征的西方文化在全球扩张，联合国、世界银行、国际货币基金组织等超国家组织对各主权国家的发展战略及治理实践产生了深远影响（Meyer et al.，1997；Wimmer，2021），导致"二战"后的法律同构在全球范围内成为普遍现象（Halliday & Osinsky，2006），波及大众教育、市场经济、环境保护、社会保障、宪政国家等诸多领域（Frank et al.，2000；Meyer et al.，1997；Boli & Thomas，1999；Boyle，2002；Schofer et al.，2012）。究其原因，国际组织与相关大国倡导的制度共识成为战后国际社会很强的规范力量，导致各国"无视"本国的实际治理需求与客观条件，转而引入国际社会中更具合法性的制度安排，进而增强了国家间的规制相似性。

世界社会理论提供了一种基于规范视角的有效解释,但忽视了主权国家的规则自主性。事实上,国际社会中的法律趋同这一判断本身就值得推敲。首先,不同领域的规制相似程度可能大不相同;其次,即便在相似度较高的某些领域,各国在借鉴外来制度经验的同时,也会做出相应调整。最后,更重要的是,在数字化转型加速、国际政治经济格局剧烈变革的今天,各国对工业强国和国际组织曾经确立的治理规范正逐渐祛魅,新共识的暂时缺位导致国家间的规制错位。

"二战"结束后,欧洲各国开始寻求自身在国际秩序中的新定位,将价值观视作其内政与外交政策的重要支柱,并在区域内形成制度共识,继而在全球谋取话语优势,以施展其所谓规范性力量(Manners,2002;金玲,2020)。如今,面对数字浪潮的席卷,欧盟内部并未形成某种足以完全规范各主权国家的治理共识。欧盟上位法约束并未导致各国数字风控规制的高度一致,而是呈现"同中有异"的格局。这提示我们,除世界社会理论之外,还应当从其他角度寻求数字风控规制形成的影响因素与作用机制。本文将超越自上而下的规范视角,重新考虑国家内部以及国家之间在实践中呈现的规范性力量。

### (二)规范形塑逻辑局限性的实证证据

#### 1. 文化相似与风控规制趋同

除了区域层面的制度规范,一国出台数字风控规制的目的是满足国内社会规范的合法性要求。事实上,相较于政治经济领域的一体化,欧盟各国在语言、文化等方面至今仍呈现较大差异,这会影响国家间的规制异质性。以中东欧国家加入欧盟的过程为例,在申请之初,各国纷纷推行立法司法改革,以满足入盟标准,但由于历史文化传统与法治经验不同,新、老成员国在其后的法律实践中仍表现出较大差异(Mineshima,2002;Uitz,2009)。这提示我们,除上位法约束之外,还要考虑到各国的社会习俗与文化传统对数字规制的影响。

与技术变革相比,社会制度与观念变革通常相对滞后,即奥格本所说的文化堕距(cultural lag)。社会需要通过制度调整来适应新技术,在重新适应的过程中,一国对待技术变革的社会文化观念无疑会影响数字风控规制的形成。我们借鉴霍夫斯坦德的国家文化模型①，选择与数字风险治理相关的两个维度——规避不确定性和个人主义/集体主义，以刻画各国对待技术变革的社会文化观念。

首先，规避不确定性文化指的是在任何一个社会中，人们面对含糊不确定的情境，都会感受到威胁，并试图通过订立正规条令、获取专业知识等方式来降低这种不确定性。进入数字时代，数据安全问题引发了各国的风险意识与安全焦虑，在此情形下，一国有关社会风险与不确定性的文化会影响其数字风控规制的形成。据此，本文提出假设：两个国家在规避不确定性文化上得分越接近，数字风控规制越相似。

其次，个人主义/集体主义文化是指一个社会更关注个人利益还是集体利益。在个人主义倾向的社会中，人与人之间的关系是松散的，人们更倾向于关心自己与家庭。而在集体主义倾向的社会中，人们重视更大范围内的社会价值。已有研究利用个人主义/集体主义文化来解释不同国家在隐私观念上的差异，并证实了二者间的关联（Yang & Kang，2015；Trepte et al.，2017）。由此推之，个人主义/集体主义文化可能通过影响人们的隐私观念来影响数字风控规制。据此，本文提出假设：两个国家在个体主义/集体主义文化上得分越相近，数字风控规制越相似。

本文以两国数字风控规制相似度为因变量，使用各维度文化得分的欧氏距离的倒数来测量两国间的文化相似度，形成国家之间"规避不确定性文化的相似度"和"个人主义/集体主义文化的相似度"两个自变量，构建QAP回归模型。由于一国文化是在过去历史中逐渐形成的，变化缓慢、较为稳定，我们认为上述两个自变量相对于模型中的因变量而言是外生的。模型估计结果显示，两种文化相似度的效应均不显著（见图1中的模型1，$p$ 值分别为0.23和0.97）。

为何反映风险观和隐私观的文化观念未能表现出规范效应？这在一定程度上缘于数据的经济社会价值与日俱增，导致数字风险治理在保障数据安全的同时，必须追求价值实现。因此，即便两个国家在对待隐私保护或

---

① 霍夫斯坦德的国家文化模型包含六个文化维度，即权力距离（power distance）、个人主义/集体主义（individualism versus collectivism）、男性气质/女性气质（masculinity versus femininity）、规避不确定性（uncertainty avoidance）、长期取向/短期取向（long-term versus short-term）、自我放纵/约束（indulgence versus restraint）。

技术风险的社会观念上相近，但由于各国的数字化发展阶段以及数字红利的社会分配结构可能不同，各国在权衡数据安全与数据价值实现关系时也可能出现分歧。一言以蔽之，数字时代风险治理的双重面向抑制了文化的规范效应①。

2. 邻近互动与风控规制趋同

除了超国家因素与国家内部因素，国家间互动也可能对内部规制的形成产生影响。有学者归纳出政策"水平扩散"的四种主要机制：学习、经济竞争、强制与模仿（Shipan & Volden，2008）。学习指的是一个国家是否采取某种制度，在一定程度上取决于其他采取类似制度的国家是否获得了成功②。但由于数字风控规制的实施时间尚短，其成效依然有待观察，该机制不适用于本研究。经济竞争是指一个国家是否采取某种制度，取决于其他采取类似制度的国家是否产生了经济溢出效应③。例如，地方政府之间由于福利政策的负面溢出效应，开展逐底竞争（Bailey & Rom，2004）。就本文而言，若严格的数字风控规制会产生负面溢出效应，则欧洲各国的数字风控规制更可能在低监管水平上相似，但这并不符合欧洲 28 国的规制现状。强制指的是一方通过制裁等手段迫使另一方采取类似制度。这显然也不符合成员国之间的规制互动模式。模仿则强调和其他行动者保持一致，不关注行动的结果，类似于迪马尼奥和鲍威尔提出的模仿趋同（DiMaggio & Powell，1983）。当下，数字风控规制的影响尚难充分观测，一国规制的形成可能并非基于学习、竞争等理性逻辑，而更多是模仿的产物。

基于上述理论逻辑可推测，一个国家在制定数字风控规制时，可能选择模仿邻近国家，以此提升自身制度的合法性，即存在邻近互动效应。该效应包含地理空间与语言空间两个维度。首先，如果两国在地理上更加邻

---

① 《一般数据保护条例》使用"个人数据保护权"概念取代了《数据保护指令》中的"隐私权"概念。核心概念的替换同样反映出欧盟传统数据安全规制逻辑的改变。

② 如果某些制度的成效需要时间才能体现出来或难以观测，也可以考虑利用"学习机会"作为替代观测指标，即一个国家是否采取某种制度，可能在一定程度上取决于已经采取这种制度且未撤销的国家的数量。这是因为后者的数量越多，意味着后来者进行观察学习的机会也越多，因此更可能采取类似的制度。

③ 经济溢出效应有正负之分。负面溢出效应指的是一国如果因采取他国未采取的政策而受损，那么其采取该政策的可能性就会减小。正面溢出效应指的是一国如果因采取他国已采取的政策而受益，那么其采取该政策的可能性就会增加，如基础设施互联互通。

近，则意味着更低的交通成本、更频繁的人员交往。这有助于两国民众了解对方针对数字风险治理的看法、参考对方数字风控规制的发展情况，促使两国变得相似。其次，如果两国使用的口语相似，则意味着民众间进行沟通的可能性会增加、效率会提高。这同样有助于两国民众了解彼此的风险治理实践。接下来，我们以两国的口语相似度、两国最大城市间的地理距离为自变量①，进行 QAP 回归分析。结果显示，两国在地理上邻近和在口语上相似都未能显著增加数字风控规制的相似性（见图 1 中的模型 2，$p$ 值分别为 0.62 和 0.81）。欧洲 28 国的数字风控规制受国家间邻近互动的影响也不明显。

　　模型 1 的分析结果提示我们，前数字时代的社会规范可能已不足以引导和形塑数字时代的风险治理，面对数字经济的飞速发展，数字风险治理需要考虑更多重的利益面向（张新宝，2015）。模型 2 则反映出数字技术改变了人们的互动沟通方式，减少了传统社会中地理距离和语言距离对于互动产生的阻碍。

## 三　风控规制异同是数字治理实践驱动的吗？

### （一）作为治理工具的风控规制

　　数字风控规制不仅受到规范因素的形塑，还可能受到数字治理实践的直接驱动。如韦伯所言，法律在现代社会中变得日益"工具理性化"②，立法目标更加明晰，法律的工具属性凸显，成为"处在不断变化之中、能够指引社会的政府工具"（科特威尔，2015：48）。数字技术迅速革新，使治理需求和目标不断发生变化，自然要求治理工具的相应调整，法律转型成

---

① 关于地理距离和口语相似度的变量操作化说明。首先是口语相似度的操作化，梅里兹和图巴尔基于 2006 年的欧洲晴雨表调查，选用其中两个问题的调查数据（"你的母语是什么""除了母语，你还掌握什么口语"）进行了一系列计算，得到了本文所涉欧洲 28 国的口语相似度（具体计算方式和数据源可参见 Melitz & Toubal，2014）。其次是地理距离的操作化，两国的地理距离指的是两国人口最多城市之间的地理距离，单位为千公里。

② 此处需要强调，工具主义（instrumentalism）在法学研究中是一个专有名词，工具主义与形式主义共同构成法学界长期争论的两大观点，本文无意涉及此争论。本文主要是从韦伯的角度对法律的工具属性加以强调，意在强调立法背后的功能性目的。

为应有之义。法律的回应型特征（诺内特、塞尔兹尼克，2004：82）在技术变革中进一步凸显。内燃机、摩托车、航空运输等技术的应用推动了过去法律的形成与更新，后者正是为了应对技术进步带来的新风险（科特威尔，2015）。

继续下文讨论前，我们先对"数字治理实践"这一概念进行解释。首先，数字风控规制是数字治理实践的重要构成，但本文已把数字风控规制作为解释对象，因此数字治理实践仅指涉排除了数字风控规制的其他治理实践活动。其次，尽管数字治理实践还包含了基础设施投资、人才培育等重要方面，但数字技术应用是治理实践的最终价值体现。数字化发展的所有投入都必须通过现实场景应用，才可能对经济社会关系产生影响，进而影响数字风控规制的形成。因此，本文中的数字治理实践意指数字技术的应用落地。

现代社会风险往往是社会发展的伴生物。随着工业化与城市化的快速推进，各类新的风险因素逐渐酝酿，直至为人们所"看见"。当其积聚到一定程度时，才会受到人们的重视并得到制度性解决，制度的变迁往往滞后于技术的变迁（奥格本，1989）。

回溯法律史，19 世纪伴随着排版印刷和摄像技术的发展，报纸成为大众消费品，名人隐私成为报业招徕读者的手段，这一现象引发了社会的关注与反思，促成了对隐私权概念的法律界定（Warren & Brandeis，1890）。1907 年德国推出《艺术与摄影作品著作权法》，正是为了应对摄影技术给个人肖像隐私造成的侵扰。20 世纪伴随着电子技术的发展，个人信息面临更大的暴露风险，西方社会以"网络隐私权""信息自决权"等法律概念（尼森鲍姆，2022）为切入点，围绕个人信息安全重新设计了规制框架，如美国于 1974 年出台的《隐私权法》，欧盟于 1981 年出台的《关于个人数据自动化处理的个人保护公约》和 1995 年出台的《数据保护指令》。

进入数字时代，个人数据不仅关乎生活安宁与人格尊严，还影响数字化转型，这就使数字风控规制必然承载兑现数字红利的经济考量。事实上，欧盟近年出台的数字风控规制，正带有制约域外互联网巨头的经济目标（叶开儒，2020）。数字技术应用普及的过程，也是数据风险形成与累积的过程。在数字技术社会应用早期，只有特定人群会受到影响，还不足以凝聚起制度变迁所要求的社会共识。随着应用场景和使用人群的不断扩大，对数字风控的讨论也从局部领域进入更宽广的公共语境，大数据杀熟、算法偏见、算法权力等热词的流行即为表现。最终，支持规制变革的社会力量可能逐渐超过反对者，为协调数字安全与数字发展，数字风控规制应运而生。

### （二）数字治理实践驱动的阶梯效应

由上文讨论可知，数字技术应用带来的风险积聚，成为驱动数字风控规制形成的潜在因素。一国的数字应用发展水平越高[1]，意味着数字技术的渗透力越强、对场景的覆盖范围越广，有更广泛的社会实体能联结到网络世界。在这种情况下，更多数据安全风险可能被催生出来，进而影响数字风控规制的形成。鉴于此，本文提出"数字治理实践驱动"假设：两国的数字应用发展水平越接近，数字风控规制的相似度越高。

本文采用国际数字生态指数中的"数字应用"指标，对一国数字技术应用的发展水平予以测量，其主要反映数字技术在一国经济、政治、社会等各领域的渗透程度和应用状况。数字应用的指标体系设计在参考国内外指数的同时[2]，也呼应了"十四五"规划的相关论述（如"打造数字经济新优势""加快数字社会建设步伐""提高数字政府建设水平"），最终形成数字经济、数字政府、数字社会三个二级指标。其中，数字政府包括在线服务、电子参与、政府数据开放和地方在线服务等内容；数字经济以数字产业化和产业数字化为核心内容，同时对数字贸易予以考察；数字社会聚焦数字接入性、数字健康和数字教育三个方面。数据来源于联合国、经济合作与发展组织、世界银行、国际电信联盟、欧盟委员会等国际组织公布的统计数据。

首先，在自变量的计算上，根据各国"数字应用"下的10个三级指标

---

[1] 需要注意的是，国家间的数字应用发展比较，既可体现为水平高低，也可表现为模式差异。本文主要关注数字应用发展整体水平对风控规制的驱动作用。我们通过聚类分析发现，欧洲28国在数字应用发展上呈现整体性水平差距，未表现出明显的模式差异。读者如对聚类分析的结果感兴趣，可联系作者。

[2] 国外指数包括经济合作与发展组织发布的走向数据化工具箱（Going Digital Toolkit）指数、欧盟委员会发布的数字经济与社会指数（DESI）、世界经济论坛发布的网络准备指数、联合国西亚经济社会委员会发布的阿拉伯数字发展报告、国际电信联盟（ITU）发布的ICT发展指数；国内指数包括国家信息中心发布的全球信息社会发展指数、上海市社会科学院发布的全球数字竞争力指数、阿里研究院发布的全球数字经济发展指数、腾讯研究院发布的国家数字竞争力指数、中国网络空间研究院发布的世界互联网发展指数。

的得分, 生成 28 个十维向量, 然后计算两两之间的调整余弦相似度, 以此衡量两国数字应用发展的趋同度。其次, 在控制变量的选择上, 主要考虑了两国地理距离和两国经济发展水平差距的可能影响。其中, 地理距离可能影响两国在数字应用发展互动和规则制定方面的交流; 经济发展水平可能影响数字应用的发展, 也可能影响数字风控规制的出台。例如, 经济发展水平更高的国家, 其公共机构运作和法律政策制定可能更高效。最终得到四个控制变量, 即 "地理距离中" "地理距离远" "两国人均 GDP 绝对差值" "两国总 GDP 绝对差值"[①]。

综上, 我们把两国数字应用趋同度 (基于调整余弦相似度法) 作为自变量, 把两国数字风控规制相似度作为因变量, 把 "地理距离中" "地理距离远" "两国人均 GDP 绝对差值" "两国总 GDP 绝对差值" 作为控制变量, 然后进行 QAP 回归分析。结果见图 1 中的模型 3, 统计上显著 ($p = 0.07$)。这说明两国的数字应用发展水平越接近, 数字风控规制的相似度越高。

但是, 数字应用的发展可能并非遵循简单的线性规律, 而是呈现阶段性特征。我们进一步假设: 当两国的数字技术应用处于同一发展阶段时, 其数字风控规制会更加相似。那么, 如何对欧洲 28 国的数字应用发展阶段进行界定?

围绕数字技术应用的阶段划分, 已有不少研究, 但这些研究主要局限在管理学对企业和政府数字化转型的探讨上 (许峰, 2020; 韦影、宗小云, 2021), 缺少对宏观社会尺度的数字应用发展阶段的讨论。同时, 主要国际组织发布的数字报告也未对发展阶段问题进行深入研究。我们尝试基于数据对各国的数字技术应用发展阶段进行划分。首先, 把欧洲 28 国按照数字应用得分进行降序排列, 可以发现以意大利 (第 13 名) 与比利时 (第 14 名) 为分界, 在前 13 名国家和后 15 名国家之间存在一个明显的分数落差, 呈现数字应用发展的两个梯队。前一梯队包括英国、荷兰、法国、瑞典、

---

① 控制变量的操作化方法具体如下。在地理因素方面, 生成两个虚拟变量 ( "地理距离中" 和 "地理距离远" ): 若两国地理距离大于 1000 千米且小于等于 2000 千米, 则将 "地理距离中" 赋值为 1, 否则赋值为 0; 若两国地理距离大于 2000 千米, 则将 "地理距离远" 赋值为 1, 否则赋值为 0。在经济因素方面, 基于欧盟官方数据库, 分别计算 "两国人均 GDP 绝对差值" (单位为欧元) 和 "两国总 GDP 绝对差值" (单位为万亿欧元), 以此衡量两国的经济发展水平差距。

德国、芬兰、丹麦、西班牙、爱尔兰、爱沙尼亚、奥地利、波兰、意大利，后一梯队包括比利时、捷克、葡萄牙、斯洛文尼亚、保加利亚、立陶宛、卢森堡、斯洛伐克、马耳他、匈牙利、克罗地亚、希腊、罗马尼亚、塞浦路斯、拉脱维亚。为了检验这一两分组的合理性，我们分别进行了 $K$ 均值聚类（$k=2$）和层次聚类，都得到了与之一致的分组结果。接下来的方差分析发现，前一梯队的数字应用得分显著高于后一梯队（第一自由度 = 1，第二自由度 = 26，$F=136.26$）。故我们将前者称为数字应用发展高水平梯队，将后者称为数字应用发展低水平梯队。如果两国同处于高水平梯队或低水平梯队，则认为其数字技术应用处于同一发展阶段，赋值为 1，否则赋值为 0，我们称之为"两国数字应用趋同"变量，它是接下来进行分析的核心自变量。我们仍以两国数字风控规制相似度为因变量，把"地理距离中""地理距离远""两国人均 GDP 绝对差值""两国总 GDP 绝对差值"作为控制变量，然后进行 QAP 回归分析，结果见图 1 中的模型 4。数字治理实践驱动效应在统计上显著（$p=0.02$），说明当两国数字应用处于相同发展阶段时，数字风控规制会更加相似。

由上文可知，制度变迁往往滞后于技术变迁，因此我们想进一步了解：在数字技术应用的不同发展阶段，数字治理实践驱动效应是否会呈现不同？生成一列新变量，如果两国都处于高水平梯队，则将该变量赋值为 1，否则赋值为 0，用其表示两国在高水平上趋同。类似地，生成另一列新变量，如果两国都处于低水平梯队，则将该变量赋值为 1，否则赋值为 0，用其表示两国在低水平上趋同。把数字应用高水平趋同和数字应用低水平趋同作为自变量，因变量和控制变量保持不变，通过 QAP 回归分析，得到图 1 中的模型 5。结果发现，两国在低水平上的趋同并不会显著增加数字风控规制的相似性（$p=0.41$），但两国在高水平上的趋同对数字风控规制相似度的正向效应十分显著（$p=0.01$）。该如何理解这一结果？

首先，规制形成具有明显的时间滞后性。这表现为前文提及的"文化堕距"现象，即制度变迁滞后于技术应用。当数字技术应用发展水平不高时，数字风险并不大，相应的风控规制也尚未形成。另外，受各国传统观念的制约，以及规则制定方面可能的路径依赖效应，数字治理实践的驱动效应会进一步被削弱。与之相反，当两国的数字技术应用处于较高发展水平时，其对数字风控问题的认识会更深入，而不仅仅停留在初期围绕价值偏好的讨论上，因为对不断增长的风险的客观应对也会更迫切，这些都可能令数字治理实践的驱动效应更为明显。

其次，规制形成具有明显的空间滞后性。这是由技术扩散现象带来的。低水平梯队国家往往处于数字技术应用发展的前中期阶段，在此阶段，数字技术通常先在部分场景中得到应用。在数字治理走向场景化（邱泽奇，2018）的今天，应用场景的差异也会造成风控规制的分异。对数字技术应用发展相对成熟的高水平梯队国家而言，其有着更高的技术渗透率、更广的覆盖范围、更多的社会实体参与。由此，两个同处高水平梯队的国家在治理对象与问题上更有可能形成广泛交集，从而使数字风控规制变得相似。

最后，数字技术的特性也将引发数字治理趋同。具体而言，数字化转型使得原本高度异质的人、事、物等治理要素被化约为同质的比特，成为可供计算的数据。由此带来的结果是，随着一国数字技术应用水平的提升，数据和算法日益成为其开展数字风险治理的主要对象与主要手段，致使原先相对分化的规制路径获得了统一的比较与改进标准（李由君等，2022）。这使得数字技术应用发展水平较高的国家在治理领域向"数字技术中性"的方向靠拢，彼此间形成更为相似的风控规制。

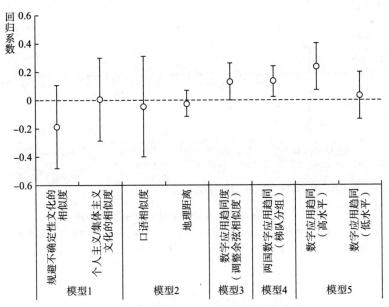

图1 数字风险治理：规范形塑与实践驱动

### （三）规范性力量的潜流

本文第二部分的分析显示，两种规范效应假设未得到验证，但这还不足以完全排除规范性因素对数字风控规制造成的影响。为使分析更加完备，接下来我们对规范形塑逻辑与数字治理实践驱动逻辑是否存在交互影响做进一步检验（见图2）。结果显示，口语相似度与数字应用趋同的交互效应显著为正（$p = 0.02$）。这意味着当两国处在同一数字技术应用发展阶段时，口语相似度将明显促进风控规制相似，即当两国面对共同的治理问题与需求时，更顺畅的口语交流有助于国家间进行充分沟通，对数字风险形成更多共识，由此推动两国的数字风控规制更为相似；反之，当两国的数字技术应用处在不同发展阶段时，彼此面临的数字风险存在差异，即便两国民众的口语交流顺畅，两国在数字风险治理议题上也缺少真正的共同语言。这提示我们，在数字时代，规范性因素的影响受数字技术应用实际发展水平的调节和约束，难以独自发挥作用。

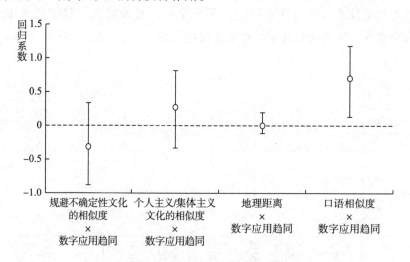

**图2 规范形塑与数字治理实践驱动的交互效应**

注：图2包括规范类变量（文化、地理、口语）和数字应用趋同变量（基于梯队分组），以及二者的交互变量。控制变量为两国经济发展水平差距。

# 四　结论与讨论

数字技术发展推动了全球治理转型，加之数字技术的连通效应，主权国家的内部治理与国家间的合作治理已成为数字治理的"一体两面"。一国数字规制的形成不仅会影响其自身发展，而且会影响国家间的合作。尤其是在数据安全担忧日益升级的背景下，数字风险治理正成为影响国际数字生态格局演化的重要因素。同时，主权国家在数字领域的博弈已成为影响全球数字化转型和数字治理的宏观约束。基于这一点，关注数字社会的社会科学研究同样需要由微观旨趣转向宏观观照（陈云松，2022）。本文即围绕数字发展与治理，尝试开展的一项宏观量化研究。

研究发现，欧洲 28 国在数字风险治理领域表现出较强的规制差异。原因在于，随着数据科技的飞速进步，数字风险治理不再局限于消极的隐私保护，转而在安全与发展、个人与公共之间不断寻求新的平衡点。规制目标的弹性与模糊为国家间数字风控规制分异提供了可能。整体来看，欧盟各国的风控规制呈现"同中有异"的关系格局。就"同"而言，欧盟上位法的存在使各国必须在核心原则上保持一致；就"异"而言，发展与安全的双重治理目标使得风控规制分异更为明显。

为进一步探析欧盟国家间数字风控规制相似与分异的影响因素和机制，本文考察了两类解释逻辑。首先，从规范形塑的角度提出文化相似效应与邻近互动效应两种假设，但分析结果并未支持它们。其次，从数字治理实践驱动角度提出假设，发现当两国数字技术应用处于同一发展阶段时，会显著提升数字风控规制的相似性，并且两国高水平趋同对数字风控规制相似性的正向效应更明显；反之，两国低水平趋同对数字风控规制相似性的影响并不显著。对此，我们试图从制度形成的时空滞后性及数字治理趋同等方面予以解释。无论实际的影响机制如何，至少可以明确一点，即在数字技术进步造成治理失范的情境下，规范性因素对各国规制形成的作用可能减弱，以技术应用为核心的数字治理实践却可能发挥更强的驱动作用。

西方国家在引领工业化发展的同时也成为治理的典范，其影响在思想上表现为现代化等理论话语在 20 世纪的广泛传播，在实践上表现为以世界银行为代表的国际组织向发展中国家的制度输出。究其原因，西方国家自进入后工业发展阶段，在工业生产、生态保护、社会保障等领域积累起令人瞩目的治理成果与经验，其制度模板作为一种规范性力量，对后发国家具有天然吸引力（金玲，2020）。然而，随着数字化浪潮的加速到来与新兴经济体的崛起，全球数字治理探索处于一条相对接近的起跑线。数字技术的加快发展使得数字治理实践与规制形成之间形成"异步困境"，国际共识一时难以达成。在此背景下，各国数字治理实践可能在未来一段时期继续驱动欧盟地区乃至全球的数字风控规制创新。当然也不应排除另一种可能，即随着某些国家的数字治理经验在未来得到认可，治理共识逐渐达成，规范性力量的影响可能重新凸显。

从理论上看，20世纪中叶以来新制度主义思潮在社会科学领域产生广泛影响，其理论渊源可追溯至以涂尔干为代表的社会整体观，这在一定程度上是对行为主义、理性选择等个体还原论视角的修正。基于此，社会学新制度主义更强调制度环境对组织的规范性约束，并以此解释组织趋同现象。但该学派后续开展的反思性研究发现，组织趋同和趋异可能同时存在，如在某些特征上趋同，而在另一些特征上保持差异。研究者对此提出了不同解释，如组织对制度规则存在理解分歧，组织在吸纳制度时进行了创新调整，多种制度逻辑彼此存在冲突（斯科特，2020；田凯、赵娟，2017）。简言之，面对制度环境的异质与模糊，组织会进行策略性应对，从而导致组织间的实践差异。但需要注意的是，该学派自20世纪90年代以来的理论反思依然是在制度约束下讨论组织能动性，分析重心放在组织如何应对制度环境上，因此未能把组织的自我反思学习纳入考量范畴。本文的理论贡献恰在于指出并证实，一个国家的规制形成除了源于其对外部制度环境的策略性应对或对其他国家的模仿学习，还可能出自对自身发展状况的反思调整。数字技术进步推动国际社会制度环境变迁，激发了主权国家的规则自主性，并且这种自主性不仅表现为对外部环境的应对与模仿，还可能表现为自我反思与调整。

最后是本研究的一些不足及未来展望。首先，在本文第三部分，对数字治理实践驱动效应的检验并非严格的因果推论，仍属于相关性分析。因为从双向因果的角度看，数字技术应用与数字风控规制之间可能存在相互影响，由于横截面数据的限制，我们无法排除数字风控规制对数字技术应用的反向作用。其次，由于欧盟治理模式的特殊性，研究结论在多大程度上可以推广至其他国家和地区，仍需进行探讨。在国际秩序剧烈变革与数字技术快速发展的今天，主权国家在数字领域的博弈已成为社会科学研究难以摆脱的宏观背景。为此，在学术研究领域，社会学传统向来注重对国家内部社会的研究，而如今这一研究取向日益需要和针对国际社会的关注研究相结合来开展。这既是时代发展赋予的使命，也可能成为社会学创新发展的经验源泉。

## 参考文献

奥格本，威廉·费尔丁，1989，《社会变迁——关于文化和先天的本质》，王晓毅、陈育国译，浙江人民出版社。

陈云松，2022，《当代社会学定量研究的宏观转向》，《中国社会科学》第 3 期。

杜江、宋跃刚，2014，《制度距离、要素禀赋与我国 OFDI 区位选择偏好——基于动态面板数据模型的实证研究》，《世界经济研究》第 12 期。

金晶，2018，《欧盟〈一般数据保护条例〉：演进、要点与疑义》，《欧洲研究》第 4 期。

金玲，2020，《欧盟作为"规范性力量"面临的挑战及前景》，《当代世界》第 9 期。

科特威尔，罗杰，2015，《法律社会学导论》，彭小龙译，中国政法大学出版社。

李世刚、包丁裕睿，2021，《大型数字平台规制的新方向：特别化、前置化、动态化——欧盟〈数字市场法（草案）〉解析》，《法学杂志》第 9 期。

李由君、韩卓希、乔天宇、翟崑、邱泽奇，2022，《数字化转型中的国家治理变化》，《西安交通大学学报》（社会科学版）第 3 期。

刘军，2007，《QAP：测量"关系"之间关系的一种方法》，《社会》第 4 期。

刘云，2017，《欧洲个人信息保护法的发展历程及其改革创新》，《暨南学报》（哲学社会科学版）第 2 期。

刘泽刚，2018，《欧盟个人数据保护的"后隐私权"变革》，《华东政法大学学报》第 4 期。

尼森鲍姆，海伦，2022，《场景中的隐私——技术、政治和社会生活中的和谐》，王苑等译，法律出版社。

诺内特、塞尔兹尼克，2004，《转变中的法律与社会：迈向回应型法》，张志铭译，中国政法大学出版社。

乔天宇、张蕴洁、李铮、赵越、邱泽奇，2022，《国际数字生态指数的测算与分析》，《电子政务》第 3 期。

邱泽奇，2018，《技术化社会治理的异步困境》，《社会发展研究》第 4 期。

斯科特，W. 理查德，2020，《制度与组织：思想观念、利益偏好与身份认同》（第 4

版），姚伟等译，中国人民大学出版社。

田凯、赵娟，2017，《组织趋同与多样性：组织分析新制度主义的发展脉络》，《经济社会体制比较》第 3 期。

王学玉，2001，《欧洲一体化：一个进程，多种理论》，《欧洲》第 2 期。

韦影、宗小云，2021，《企业适应数字化转型研究框架：一个文献综述》，《科技进步与对策》第 11 期。

吴志成、李客循，2003，《欧洲联盟的多层级治理：理论及其模式分析》，《欧洲研究》第 6 期。

谢罡，2007，《浅析欧盟法与成员国国内法的关系》，《北京城市学院学报》第 1 期。

许峰，2020，《地方政府数字化转型机理阐释——基于政务改革"浙江经验"的分析》，《电子政务》第 10 期。

叶开儒，2020，《数据跨境流动规制中的"长臂管辖"——对欧盟 GDPR 的原旨主义考察》，《法学评论》第 1 期。

张新宝，2015，《从隐私到个人信息：利益再衡量的理论与制度安排》，《中国法学》第 3 期。

郑作彧，2014，《社会速度研究：当代主要理论轴线》，《国外社会科学》第 3 期。

朱立群，2008，《欧洲一体化理论：研究问题、路径与特点》，《国际政治研究》第 4 期。

Bailey, Michael A. , & Mark C. Rom. 2004. "A Wider Race? Interstate Competition across Health and Welfare Programs." *Journal of Politics* 66 (2): 326–347.

Bijker, Wiebe E. , Thomas Parke Hughes, & Trevor Pinch. 2012. *The Socialconstruction of Technological Systems: New Directions in the Sociology and History of Technology.* Cambridge, Mass.: MIT Press.

Boli, John, & George M. Thomas. 1999. *Constructing World Culture: International Nongovernmental Organizations Since 1875.* Stanford: Stanford University Press.

Boyle, Elizabeth H. 2002. *Female Genital Cutting: Cultural Conflict in the Global Community.* Baltimore: Johns Hopkins University Press.

Chao, Mike Chen Ho, & Vikas Kumar. 2010. "The Impact of Institutional Distance on the International Diversity-performance Relationship." *Journal of World Business* 45 (1): 93–103.

DiMaggio, Paul J. , & Walter W. Powell. 1983. "The Iron Cage Revisited: Institutional Isomorphism and Collective Rationality in Organizational Fields." *American Sociological Review* 48 (2): 147–160.

Frank, David J. , Ann Hironaka, & Evan Schofer. 2000. "The Nation-State and the Natural Environment over the Twentieth Century." *American Sociological Review* 65 (1): 96–116.

Gaur, Ajai S. , & Jane W. Lu. 2007. "Ownership Strategies and Survival of Foreign Subsidiar-

ies: Impacts of Institutional Distance and Experience. " *Journal of Management* 33 (1):
84-110.

Halliday, Terence C. , & Pavel Osinsky. 2006. "Globalization of Law. " *Annual Review of Sociology* 32 (1): 447-470.

Liou, Ru Shiun, Mike Chen Ho Chao, & Monica Yang. 2016. "Emerging Economies and Institutional Quality: Assessing the Differential Effects of Institutional Distances on Ownership Strategy. " *Journal of World Business* 51 (4): 600-611.

Manners, Ian. 2002. "Normative Power Europe: A Contradiction in Terms. " *Journal of Common Market Studies* 40 (2): 235-258.

Marks, Gary. 1992. "Structural Policy in the European Community. " In Sbragia A. M. (ed. ), *Euro-Politics: Institutions and Policymaking in the "New" European Community.* Washington. DC: The Brookings Institution.

Melitz, Jacques, & Farid Toubal. 2014. "Native language, Spoken Language, Translation and Trade. " *Journal of International Economics* 93 (2): 351-363.

Meyer, John W. , & Brian Rowan. 1977. "Institutionalized Organizations: Formal Structure as Myth and Ceremony. " *American Journal of Sociology* 83 (2): 340-363.

Meyer, John W. , David J. Frank, Ann Hironaka, Evan Schofer, & Nancy B. Tuma. 1997. "The Structuring of a World Environmental Regime, 1870-1990. " *International Organization* 51 (4): 623-651.

Meyer, John W. , John Boli, George M. Thomas, & Francisco O. Ramirez. 1997. "World Society and the Nation-State. " *American Journal of Sociology* 103 (1): 144-181.

Mineshima, Dale. 2002. "The Rule of Law and EU Expansion. " *Liverpool Law Review* 24 (1-2): 73-87.

Schofer, Evan, Ann Hironaka, David J. Frank, & Wesley Longhofer. 2012. "Sociological Institutionalism and World Society. " In Edwin Amenta, Kate Nash & Alan Scott (eds. ), *The Wiley-Blackwell Companion to Political Sociology.* Hoboken: Blackwell Publishing Ltd.

Shipan, Charles R. , & Craig Volden. 2008. "The Mechanisms of Policy Diffusion. " *American Journal of Political Science* 52 (4): 840-857.

Trepte, Sabine, Leonard Reinecke, Nicole B. Ellison, Oliver Quiring, Mike Z. Yao, & Marc Ziegele. 2017. "A Cross-Cultural Perspective on the Privacy Calculus. " *Social Media & Society* 3 (1): 1-13.

Uitz, Renata. 2009. "The Rule of Law in Post-Communist Constitutional Jurisprudence: Concerned Notes on a Fancy Decoration. " In Gianluigi Palombella & Neil Walker (eds. ), *Relocating the Rule of Law.* London: Hart Publishing.

Wagner, Julian, & Alexander Benecke. 2016. "National Legislation Within the Framework of the GDPR." *European Data Protection Law Review* (*Internet*) 2 (3): 353-361.

Warren, S. D. , & Louis D. Brandeis. 1890. "The Right to Privacy." *Harvard Law Review* 4 (5): 193-220.

Wimmer, Andreas. 2021. "Domains of Diffusion: How Culture and Institutions Travel Around the World and with What Consequences." *American Journal of Sociology* 126 (6): 1389-1438.

Yang, Kenneth C. C. , & Yowei Kang. 2015. "Exploring Big Data and Privacy in Strategic Communication Campaigns: A Cross-Cultural Study of Mobile Social Media Users' Daily Experiences." *International Journal of Strategic Communication* 9 (2): 87-101.

# 数字技能与工作普惠机制探索[*]

李　铮　蒋　谦　邱泽奇[**]

**摘　要**　数字技术的应用深刻地改变了人类社会。学界对于数字技术应用影响劳动者的讨论，可分为数字技术应用导致劳动者"去技能化"和劳动者"再技能化"两类观点。从学界的讨论出发，本文将劳动者数字技能转变视作数字技术影响的表现，通过引入"工作普惠"概念，使用中国家庭追踪调查2014～2020年数据，分析劳动者数字技能水平与其工作获得、工作收入和工作自主性之间的关系。研究发现，数字技能的普及缩小了数字鸿沟。掌握数字技能有助于劳动者获得工作和更高的工作收入，并提高其工作自主性，实现工作普惠。同时，数字技能也使工作更具包容性，有利于弱势劳动者群体融入主流工作体系。此外，本文还揭示了不同类型数字技能对实现工作普惠的不同作用。娱乐和购物情景数字技能在数字时代发挥了更大作用，为揭示数字时代劳动的特征和劳动者提升自身竞争力提供了参考。

**关键词**　数字技能　工作普惠　数字技术变革　工作平等

## 一　问题的提出

### （一）新技术应用与劳动者发展

数字技术的应用促进了新职业类型的产生。《中华人民共和国职业分

---

　*　原文刊发于《西安交通大学学报》（社会科学版）2024 年第 3 期，收入本书时有改动。

　**　李铮，北京大学社会学系博士研究生，主要研究方向为技术社会学；蒋谦，北京大学中国社会与发展研究中心博士研究生，主要研究方向为社会心理学；邱泽奇，北京大学中国社会与发展研究中心主任、数字治理研究中心主任，北京大学博雅讲席教授、社会学系教授，主要研究方向为技术应用与社会变迁、组织社会学、社会学研究方法。

类大典（2022 年版）》中被标注为数字职业的职业类型有 97 种，其中既有计算机程序设计员等知识和技术密集型职业，也有电子商务师等依托数字应用平台衍生出的新型职业，还有农业数字化技术员等数字技术与传统产业融合形成的新职业类型。新的职业形态以其包容性和灵活性拓宽了劳动者获得收入的渠道。在新职业类型不断出现的同时，传统行业也在谋求数字化转型，数字技术的应用逐渐改变了传统行业工作的运作逻辑和从业者的思维方式，传统产业与数字技术的结合日渐紧密（肖土盛等，2022）。

技术变革和新技术应用使得劳动者的劳动技能发生转变，劳动者需适应新技术对其职业产生的新要求，故劳动者的技能变化可以被视作技术变革和应用影响的结果（弗雷，2021：5~19）。学界从劳动者技能的角度出发，就技术应用对劳动者产生的影响开展广泛研究。劳动者技能议题中关于技术应用影响的讨论主要有两类观点。布雷弗曼（1978）认为，技术应用导致劳动者"去技能化"且劳动者最终会为技术应用的成果所替代。Hirschhorn（1984：57-58）则认为，技术应用将会推动劳动者整体技能水平提高，对劳动者进行"再技能化"。学界关于技术应用在劳动和职业领域所产生影响的讨论一直持续到数字时代，至今仍未停歇。

当在数字时代重新审视技术应用与职业间关系时，讨论数字技术应用对劳动者技能的影响既是对技术应用与劳动者关系这一经典问题的延续，也是对数字时代独特议题的讨论。

持技术应用将会导致劳动者"去技能化"观点的学者认为，新技术应用使得劳动者具备的技能无益于其工作，与工作实际相关的技能已为管理人员、专业技术人员所垄断（许怡、叶欣，2020）。与工业时代的机器仍由人主导不同，数字技术的应用使得自动化机器无限接近代替劳动者，不断削弱低技能劳动力群体所掌握技能的重要性，进一步压缩劳动者的职业发展空间（许辉，2019；许怡、叶欣，2020；胡晟明等，2021）。卡尔（2015：263~285）发现数字技术对劳动者的替代趋势正逐渐加速，机器的替代效应和劳动者"去技能化"的现象已不再局限于工业生产领域，律师、医生等在传统意义上被认为是高度依赖劳动者知识的职业，也受到数字技术的冲击。在劳动过程方面，工业时代，机械的运用使得劳动者逐步丧失对劳动过程的控制权，也使得流水线式的生产方式得以广泛流行（Edwards，1979：

13）。弗雷（2021：5~19）认为，数字时代延续了工业时代的这一特征，数字技术衍生出的自动化工具加剧了对劳动过程的监督。自动化办公工具的应用也导致部分劳动者群体的工作内容变得枯燥无味，工作过程沦为无意义的重复劳动，劳动者难以通过工作实现个人价值和提升个人能力（格雷伯，2022：191~205）。在更为宏观的社会发展和社会差异维度上，有研究证实了数字技术应用通过影响劳动者技能导致劳动者就业极化和技能溢价（Autor & Dorn，2013；董直庆等，2014）。

持技术应用有助于提升劳动者技能观点的学者则认为，技术应用的"去技能化"更多发生在特定的劳动者群体和特定的行业之中，新技术的应用会创造出新的技能岗位，实现对劳动者的"再技能化"（许怡、叶欣，2020）。当前，已有研究关注到数字技术应用的影响在不同群体之中存在差异。虽然不同劳动者群体通过数字技术受益的方式不同，但数字技术提升劳动者技能从而直接影响其职业获得和工作回报的作用不可被忽视（邱泽奇、乔天宇，2021；DiMaggio & Bonikowski，2008）。也有学者不回避数字技术对劳动者的替代作用，但更强调数字技术通过提升劳动者技能为实现劳动者与新技术的结合创造条件（邱子童等，2019）。还有研究试图综合"去技能化"和"再技能化"两种观点，尝试通过对劳动者技能的区分，发现不同类型技能对劳动者作用效应的差异（Acemoglu & Restrepo，2018）。有学者从数字技术的特点出发，强调数字技术可能会增强劳动者的工作自主性。得益于数字技术灵活性、自我创新性和对环境适应性强等特点，数字时代的劳动者在工作协作时并不必然处于同一时空环境中（邱泽奇，2020）。数字时代出现的新的职业类型和劳动方式，也推动传统雇佣关系在多个领域被打破，劳动者参与就业的方式更加灵活（刘伟杰、周绍东，2021）。

综上，当前学界对数字技术在劳动领域应用的讨论可概括为两个方面：一方面是数字技术应用对劳动者工作的正负效应辨析，具体体现在劳动者的工作获得、劳动回报以及劳动者对劳动过程的控制能力等方面；另一方面则分别讨论数字技术在劳动者整体和特定劳动者群体中的影响。

### （二）数字技能与工作普惠

学界既往有关数字技术应用对劳动者影响的讨论蕴含两个深层次问题。

第一个问题是，当学界将劳动者的数字技能作为切入点研究数字技术应用的影响时，即当选择劳动者的数字技能作为核心变量进行讨论时，如何评估劳动者所掌握的数字技能水平。不同类型的数字技能在应用范围、学习难度和掌握人群的比例方面存在差异，比如编程技能的学习门槛较高，是诸多数字行业发展的基础，掌握相关技能的人群比例较低；而电子商务相关活动的数字技能学习门槛较低，更可能被大多数人习得。如果将与数字技术相关的全部类型的数字技能进行排列，可以得到数字技能光谱，在光谱左侧的为学习难度较小、与日常生活关联性强且更可能被社会大众广泛掌握的基本数字技能，在光谱右侧的为学习门槛较高、专业性强且掌握人数较少的高端数字技能。对于如何刻画劳动者数字技能，可遵循的方法有两种。一是从全部类型的数字技能出发，分析不同劳动者掌握各类数字技能的情况。但数字技能种类繁多且难以获得劳动者掌握各类数字技能的实际数据，因此该研究路径暂不可行。二是分析最基础的、在社会大众之中普及的数字技能与劳动者工作之间的关系，即数字技能光谱左侧的基本数字技能。这一分析思路的逻辑在于：如果基本数字技能也可对劳动者的工作产生正向影响，且这一影响在不同人群中存在，那么或可回答数字技术应用对劳动者工作的正负效应这一关键问题。

第二个问题是，对数字技术在劳动领域研究议题的统一。学界有关"机器代替人"的讨论实际上是对劳动者获得工作的关注，对数字技术如何影响劳动过程的讨论则属于劳动者工作自主性议题，而数字技术对不同劳动者群体影响的分析则属于数字技术与社会平等间关系的范畴。不同研究展现了数字技术与劳动者间关系的不同维度。此外，不同社会群体使用数字技能并从中获益在时间上并不同步。陈梦根、周元任（2022）按照数字技术在社会应用的时间脉络，对数字技术在不同时期导致的社会差异特征进行了区分，提出当前社会面临的主要问题是不同社会群体掌握技能的不平等以及在技能应用领域的差异。学界对特定区域或特定群体的研究无法综合展现数字技术对特点各异的劳动者群体所产生的影响，难以说明数字技能给劳动者整体所带来的变化和发展趋势。所以，在讨论数字技术对劳动者的影响时，既要重视数字技术对作为整体的劳动者进入工作领域和进行劳动的作用，也不可忽视数字技术应用对不同劳动者群体所产生影响的差异。

为此，本文提出"工作普惠"概念，并将其置于数字时代背景中，聚焦数字技能对劳动者工作实践的影响。与其他领域运用"普惠"概念的语义相区别，工作普惠在本文中是指掌握数字技能可以使劳动者在工作领域获得红利，且数字技能带来的红利在不同劳动者群体特别是弱势劳动者群体中同样存在。在此，工作普惠可被理解为工作的"普"与"惠"两个方面。工作的"惠"是指劳动者通过掌握数字技能提升工作回报和工作自主性，使其更好地投入劳动生产；工作的"普"意味着不同社会群体，如不同性别群体、城乡群体及不同受教育程度群体，在数字时代体验到掌握数字技能对其劳动工作的正向影响。因此，"工作普惠"概念是对学界讨论的核心因变量和社会对数字技术在劳动领域核心关切的有效综合；同时，对工作普惠的关注也是对数字技术应用与社会平等进程命题的回应：期望检验不同劳动者群体掌握数字技能是否能帮助其克服自身的劣势，进而显著缓解其在职业发展领域的差异问题。

## （三）研究问题

本文关注的核心问题为劳动者掌握数字技能是否能推动实现工作普惠。本文期望通过研究数字技能与劳动者工作实践之间的关系，在一定程度上回应数字技术对劳动者工作产生的是正向影响还是负向影响的争议；在探究数字时代工作变化趋势的同时，呈现数字时代工作有别于工业时代工作的新特征。本文采用中国家庭追踪调查（China Family Panel Studies，CFPS）2014 年、2016 年、2018 年和 2020 年的数据，从三个方面回答劳动者数字技能与工作普惠间的关系。首先，比较中国掌握不同类型数字技能人群比例的变化，了解数字技能在社会大众中的普及情况，判断从基本数字技能角度对工作普惠的效应和机制进行研究是否可行；其次，关注数字技能对工作的"惠"，即分析劳动者掌握数字技能是否会对劳动者的工作获得、工作收入和工作自主性等方面产生正向影响；最后，分析数字技能是否促进了工作的"普"，即将劳动者的性别、受教育程度及所在的城乡状况等因素作为调节效应纳入分析之中，从而验证数字技能带来的工作的"惠"在不同群体之中是否仍然存在，分析数字技能对不同群体工作领域的影响有何异同。此外，本文还从不同类型的数字技能出发，对劳动者实现工作普惠的机制进行讨论，通过分析影响劳动者获得工作红利的主要数字技能类型，比较城乡劳动者群体在实现工作普惠过程中的数字技能差异，以及各项数字技能对城乡劳动者群体产生影响的时间变化趋势，试图从类型和时间两个维度解释数字技能实现工作普惠的机制，并展现数字时代有别于过去社会发展阶段在职业和劳动领域的特点。

## 二　数字技能的社会普及

在回答数字技能与劳动者工作普惠间关系的问题之前，首先要明晰的是不同数字技能在社会群体之间的普及情况。个体的数字技能水平与其从事相关数字活动的频率及其对相关活动重要性的主观判断有关。个体从事一项数字活动越频繁，越能熟练运用相关数字技能；个体认为一项数字活动越重要，学习相关领域的数字技能的动力越强。所以，本文对个体从事数字活动的频率和主观重要性进行赋分并相乘[①]，得到个体从事不同类型数字活动所对应的技能水平[②]，并采用个体通过手机和电脑进行数字接入的结果作为初步筛选依据，剔除未实现数字接入但具备一定数字技能的样本。

### （一）数字技能日益普及

2014～2020年掌握不同类型数字技能的人群比例如图1所示。从整体趋势来看，数字技能在人群中的普及程度不断提高。其中，掌握人群增长较快的数字技能为"社交情景数字技能"和"娱乐情景数字技能"。掌握"购物情景数字技能"的人群比例稳健增长，而掌握"学习情景数字技能"人群的比例则增幅较小，甚至在2020年较往年有所下降。通过比较掌握不同类型数字技能人群比例的变化可以发现：生活类数字技能越发普及，与日常生活直接相关的社交、娱乐和购物情景的数字技能日益被更多人习得，越来越多的人群享受到数字化成果带来的生活便利。然而，大多数人尚未掌握与个人能力提升相关的数字技能，有能力通过数字化工具进行学习的

---

① 根据调查中相关问题的选项范围，本文将个体从事数字活动的频率和主观重要性分别赋1～7分和1～5分。

② 例如，个体使用网络进行购物的频率为每天，并且认为网上购物的重要性非常高，则其购物情景数字技能的得分为35分（5×7）。

人群比例增长缓慢甚至出现下降。

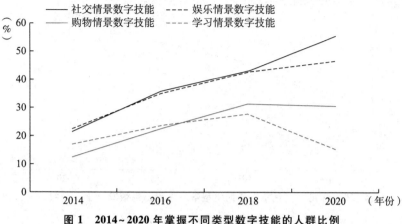

**图 1　2014~2020 年掌握不同类型数字技能的人群比例**

进一步对城乡居民掌握的数字技能类型进行比较，结果如图 2 所示。从人群比例来看，乡村和城镇居民的数字技能水平均有所提升，但在数字技能的普及水平上存在差异。到 2020 年，城镇居民掌握不同类型数字技能的人群比例高于乡村居民。城镇居民掌握社交和娱乐情景数字技能的人群比例已超过 50%，而乡村居民掌握各项数字技能的比例均未过半。在掌握数字技能人群比例的差距方面（见图 3），城乡居民各项数字技能的差距呈现整体缩小趋势，特别是在学习和娱乐情景数字技能方面。

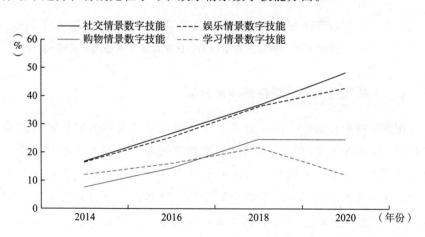

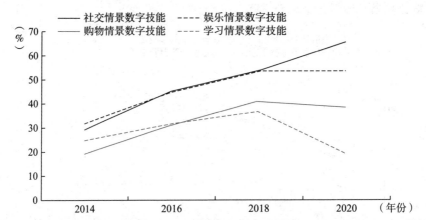

**图2 2014~2020年城乡居民掌握不同类型数字技能比例情况（上：乡村；下：城镇）**

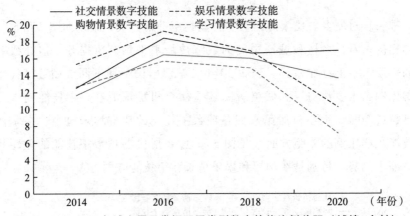

**图3 2014~2020年城乡居民掌握不同类型数字技能比例差距（城镇-乡村）**

### （二）数字技能与一般技能逐渐分离

在数字技能日益普及的趋势下，本文尝试对劳动者数字技能与其受教育程度之间的关系进行讨论，以期厘清数字技能对劳动者工作的影响。在数字技术应用初期，使用数字设备开展社会活动的相关知识和技能通常更易为高学历群体所习得，高受教育程度的劳动者群体更容易接触到数字设备，从而获得较强的数字能力和积累更多的数字技能使用经验。例如，早期的电子商务从业者需要自己拥有计算机、网上银行账户，并能熟练使用线上社交和交易软件等。对于大多数个体来说，无论是数字设备的使用还是掌握相关领域所需的数字技能都存在较高门槛。如今，数字技能的普及意味着不同受教育程度的群体可掌握一定程度的数字技能，故而需要对个体数字技能水平与其受教育程度之间的关系进行重新评估。此外，劳动者的受教育程度还可作为劳动者一般技能水平的体现，即通过人力资本间接测量劳动者掌握的技能对其社会生活的影响（张国胜等，2021；Ang et al.，2011）。在此视角下，劳动者技能的分层转变为其学历的分层，劳动者受教育程度的高低被作为判断其劳动技能水平高低的标准。若劳动者的数字技能水平和其受教育程度之间高度相关，则数字技能便是劳动者一般技能的延伸，难以区分劳动者职业劳动的各方面特征是受数字技能水平影响还是数字技能仅是劳动者一般技能发挥作用的中介变量。本文通过 Spearman 相关系数对个体的一般技能水平（受教育程度）和其数字技能水平之间的相关关系进行衡量，此分析结果可以被视作判断能否将劳动者的数字技能水平作为外生变量的依据。为方便计算，本文将体现劳动者一般技能水平的受教育程度变量处理为初中及以下、高中、大专及以上的三分类变量，计算结果如表 1 所示。

不同类型数字技能与一般技能之间的关联程度虽仍是相互促进的正向关系，但自 2016 年以来整体呈下降趋势，逐步趋近于较低的关联水平。这表明，在与日常生活高度相关的社交、娱乐和购物以及通过学习实现个人提升的领域，个体对数字技能的掌握逐渐不再依赖其受教育程度，不同知识背景的群体也可逐步习得相关数字技能，不同受教育程度群体间在掌握相关数字技能方面的差距逐渐消弭。数字技能与一般技能之间关联性的减弱也为不同类型数字技能在更广泛群体中的普及扫清了障碍。

表 1　不同类型数字技能与一般技能的关系

| 类型 | 2014 年 | 2016 年 | 2018 年 | 2020 年 |
|------|---------|---------|---------|---------|
| 社交情景数字技能 | 0.3586 | 0.4156 | 0.4159 | 0.3796 |
| 娱乐情景数字技能 | 0.3740 | 0.4195 | 0.3823 | 0.2701 |
| 购物情景数字技能 | 0.3910 | 0.4571 | 0.4698 | 0.3624 |
| 学习情景数字技能 | 0.4053 | 0.4770 | 0.4447 | 0.3075 |

综上所述，数字技能在社会整体的普及程度不断加深，城乡居民之间

的数字鸿沟日益缩小，数字技能与一般技能逐渐脱钩，这再次佐证了数字技能并非被特定群体掌握，而是在更广泛群体中逐步实现普及的结论，符合本文从相对普及的基本数字技能角度进行分析的预期，同时也启发笔者提出数字技能的普及能否促进社会平等的问题。这也意味着在进行更深入的研究时，可将数字技能视为区别于个体受教育程度的外在变量，使得解释数字技能的效用成为可能。

## 三 数字技能与工作的"惠"

在讨论数字技能对劳动者工作所产生的影响时，出于数据可得性和分析方便的考虑，部分研究将个体能否接入数字领域作为其数字技能的体现，讨论了个体的数字接入性与社会生活之间的关系（戚聿东等，2022；刘生龙等，2021），但这就可能存在对数字技能与数字接入的混淆。当数字接入鸿沟逐渐弥合时，仅分析数字接入性的影响显得过于片面。此外，不同类型数字技能之间的边界并非泾渭分明。例如，个体使用数字工具进行娱乐和社交活动，也是一个通过数字媒介进行知识学习的过程。单独分析数字接入性或某项具体数字技能对工作的影响，会得到片面的研究结论。另外，不同类型数字技能在学习门槛、应用场景的可扩展性及掌握技能的人数比例等方面存在差异，如果在进行分析时对各类数字技能等量齐观，就可能忽略不同数字技能间蕴含的逻辑和层次关系。为解决这一问题，本文根据不同类型数字技能的特点，尝试采用熵值法①确定不同类型数字技能的权重，并进行加权求和得到数字技能水平这一变量，将此作为衡量劳动者数字技能掌握情况的总体指标。

在探究数字技能对劳动者工作的影响时，本文采用的是 2014～2020 年的追踪数据，因此可运用面板数据的相关分析方法对研究核心关切的劳动者数字技能水平与其工作之间的关系进行讨论。本文分别使用劳动者数字技能水平以及具体类型数字技能作为自变量，将劳动者的工作获得、工作收入及工作自主性作为因变量，并将劳动者的性别、受教育程度、婚姻状

---

① 熵值法是一种根据变量提供的信息得到相应权重的方法，其方法细节并非本文讨论的重点，在此不予赘述。

况及其所处城乡环境作为控制变量纳入模型之中。

## （一）数字技能与劳动者工作获得和工作收入

本文首先讨论劳动者数字技能水平与其工作获得和工作收入之间的关系，并将工作获得、兼职工作获得、工作收入①作为因变量纳入模型之中。工作获得体现劳动者是否拥有全职工作，兼职工作获得体现劳动者在全职工作之外是否还从事其他工作，工作收入则统计了劳动者一年全部的工作回报。根据所选因变量的类型，本文使用固定效应模型对数字技能水平与各因变量之间的关系进行探讨，研究结果如表2所示。核心自变量数字技能水平与工作获得、兼职工作获得两个因变量呈显著正相关，但与工作收入无关。这说明数字技能水平较高的劳动者在劳动力市场的竞争中具有相对优势，具体表现为高数字技能水平的劳动者更易获得工作，且在全职工作之余还可能从事兼职工作，但劳动者数字技能水平的高低并不会影响其工作收入。

表2 数字技能水平与工作获得和工作收入的估计结果

| | 因变量：工作获得和工作收入 | | |
| --- | --- | --- | --- |
| | 工作获得 | 兼职工作获得 | 工作收入 |
| 数字技能水平 | 0.00232 *** | 0.00224 *** | 0.000133 |
| | （0.000314） | （0.000269） | （0.0000929） |
| N（平均样本量） | 2810 | 4490 | 6580 |

注：表内为回归系数，括号内为标准误；*** $p<0.001$。

由此可见，一方面，掌握较高水平的数字技能的确有助于劳动者获得全职工作并在工作之余从事兼职工作，但不会影响劳动者的工作收入。对此结果可能的解释为，劳动力市场更青睐具有较高数字技能水平的劳动者，相信具有较高数字技能水平的劳动者更能适应数字时代的工作需求，但数字技能仅是劳动者求职的"敲门砖"，对劳动者得到收入回报的影响有限。另一方面，本文所讨论的数字技能大多与日常生活关系紧密而非与工作直接相关，研究结果却表明，即使是已逐渐被社会大众广泛习得的数字技能，

---

① 模型中工作收入取对数。

也可能会对劳动者的职业获得产生正向影响。这或许意味着，数字时代不同的职业类型对劳动者数字技能的要求并非完全相同，数字时代的到来并不意味着每位劳动者都需要熟练掌握计算机编程、软件开发、人工智能模型设计与测试等高门槛、高难度的数字技能，劳动者仅运用较基础的数字技能便可应对实际工作中的诸多事务。

## （二）数字技能与劳动者工作自主性

本文进一步对劳动者的数字技能水平与其工作自主性进行了讨论，分别从时间、空间和社会属性维度呈现劳动者工作的自主性，并选取了工作时长、工作环境和雇佣情况三个因变量作为工作自主性各维度的体现。工作环境分为居家工作与非居家工作两种类型，雇佣情况分为雇佣劳动与自主经营两种类型。劳动者用于工作的时间短、居家工作以及自主经营是在不同维度工作自主性较强的表现。本文通过固定效应模型探究劳动者的数字技能水平对其工作自主性的影响，并在一定程度上一窥数字时代工作相较于工业时代的变化。估计结果如表3所示，劳动者的数字技能水平与其工作自主性之间的关系比较复杂。劳动者的数字技能水平并未对其工作时长和工作环境产生影响，但数字技能水平较高的劳动者更倾向于自主经营，而非受雇于组织从事固定岗位的工作。

表 3　数字技能水平与工作自主性的估计结果

| | 因变量：工作自主性 | | |
| --- | --- | --- | --- |
| | 工作时长 | 工作环境<br>（以"居家工作"<br>为参照） | 雇佣情况<br>（以"自主经营"<br>为参照） |
| 数字技能水平 | 0.00311<br>(0.00174) | -0.000117<br>(0.000645) | -0.000806*<br>(0.000374) |
| N（平均样本量） | 13669 | 549 | 1522 |

注：表内为回归系数，括号内为标准误；* $p < 0.05$。

数字技能水平部分影响了劳动者工作自主性的提升，即数字技能提高了劳动者社会维度的工作自主性，但对其时间维度和空间维度的工作自主性没有影响。这或许说明劳动者的工作时长主要与其工作内容相关，数字技能提高其劳动效率的作用尚未完全体现。对于劳动者数字技能水平与工作环境之间的关系可以有两种解释：一是数字技能确实与劳动者的工作环境无关，劳动者当前工作环境的差异受其工作内容影响，而非劳动者的数字技能水平；二是数字技能对各行各业的渗透使得劳动者在任何工作环境中都要掌握一定的数字技能，故劳动者在工作环境方面的差异无法通过数字技能水平体现。劳动者掌握数字技能后将不再倾向于选择被雇用的工作方式，数字技能增加了劳动者自主经营的可能性，雇佣劳动对劳动者的吸引力减弱，通过雇佣劳动追求职业稳定的传统就业观念受到冲击。

劳动者数字技能与雇佣关系间的变化或可体现数字时代工作的新特征。得益于数字技术应用和数字技能普及，与数字平台经济、数字零工经济等相伴而生的新型劳动模式也为劳动者"为自己工作"提供了更多可能。数字时代的劳动者尝试突破工业时代对劳动者工作环境的限制和对工作过程的高强度控制，相当数量的劳动者不愿再投身于以组织为载体的雇佣关系之中。这体现了当工业时代向数字时代转型时，虽然劳动者在日常工作中受到的限制依旧存在，但劳动者掌握的数字技能也在冲击工业时代的工作方式，使得其逐步脱离传统的雇佣模式。

## （三）"僵化"技能资本激活工作的"惠"

本文将不同类型数字技能与各因变量按年份分组回归，尝试发现随着时间的变迁哪些类型的数字技能会对劳动者职业产生正向影响，并通过对各年份间回归系数的检验探究不同数字技能影响程度的时间变化趋势①。

在劳动者工作获得和工作收入方面，社交情景数字技能在不同年份对劳动者工作获得、兼职工作获得以及工作收入均有正向影响，且影响较为稳定。劳动者掌握学习情景数字技能对其工作获得和兼职工作获得的积极影响随时间逐步减少，而对劳动者工作收入提高的正向效应则会逐年显现。值得关注的是，娱乐和购物情景数字技能在2018年前后对模型中的各因变量均呈显著正相关，这意味着两项技能对劳动者的工作获得和兼职工作获得以及工作收入提升的促进作用日益凸显并逐步巩固。

---

① 篇幅限制，具体结果留存备索。

在劳动者工作自主性方面，社交情景数字技能在不同年份中稳定增加劳动者的工作时长，学习情景数字技能对劳动者工作时长的影响逐渐消失，娱乐和购物情景数字技能对劳动者工作时长增加的效用逐步体现且逐渐增强。不同类型数字技能对劳动者工作环境和雇佣情况的影响机制较为复杂。社交情景数字技能水平较高的劳动者可能在非居家工作的环境中工作，学习情景数字技能不会对劳动者的工作环境产生影响，娱乐情景数字技能有时还会减少劳动者居家工作的可能性，但购物情景数字技能通常有助于劳动者居家工作。在劳动关系中，自主经营意味着劳动者对工作事务的安排更具灵活性，雇佣劳动则相反。近年来，当劳动者具备较高水平的社交情景数字技能时，其更有可能被他人雇用。学习情景数字技能不会对劳动者雇佣关系的选择产生影响。掌握一定的娱乐情景数字技能使劳动者被雇用的可能性增加，但购物情景数字技能对劳动者的影响相反，购物情景数字技能水平较高的劳动者更容易采取自主经营的工作方式。由此可见，不同类型数字技能对劳动者工作自主性的影响各异，社交和娱乐情景数字技能通常会降低劳动者在各维度上的工作自主性，学习情景数字技能对劳动者工作自主性的影响有限，但购物情景数字技能则在一定程度上拓展了劳动者的空间、提升了劳动者在社会维度上的工作自主性。

总而言之，社交情景数字技能对劳动者的工作获得、工作收入以及工作自主性具有一定影响，这体现了数字技能可帮助劳动者在更广泛的时空范围中与其他劳动者及工作事务相联结，劳动者所在的工作组织也可通过数字社交平台向劳动者分配工作事项。数字社交平台已成为协调工作关系的重要工具，劳动者在工作过程中几乎无法离开对数字社交平台的使用。学习情景数字技能不再是影响劳动者工作的关键技能，这或许暗示了大多数职业工作并不需要劳动者通过数字工具进行额外的学习并提升个人技能，更多依靠在工作实践中获得技能的提升。在传统的社会意识中，娱乐和购物情景数字技能往往被视作与工作关联有限甚至无关的技能，有时人们还会认为进行娱乐和购物活动是一种与职业劳动无关的"不务正业"。但本文的研究结果或许揭示了数字时代技能对工作影响的新机制：娱乐和购物情景数字技能已成为助力劳动者获得工作并影响劳动者工作实践诸多方面的重要因素，这说明在工业时代对劳动者职业工作领域作用有限的"僵化"技能资本在数字时代被重新激活（邱泽奇等，2016），从而为更多劳动者，特别是过去缺乏从事职业劳动相关技能的个体，提供更多工作机会和参与工作事务的途径。但两类技能对劳动者工作自主性的影响路径也存在差异。劳动者在熟悉并掌握娱乐情景数字技能时，更有可能进入相对固定的工作场所和被组织雇用，而购物情景数字技能水平较高的劳动者的工作则更为灵活，其可在不依赖组织雇用的情况下从事劳动。

数字时代娱乐和购物情景数字技能在工作领域发挥积极作用的原因有三个。

一是社会环境的变化。与21世纪初相比，个体获得数字设备的成本不断下降。手机已逐渐成为人们接入数字社会最主要的渠道，移动数字设备的普及推动了个体接入数字领域的进程。"十二五"期间，中国手机网民数量首次超过电脑网民，手机逐步成为中国人最主要的数字接入方式。[①] 截至2023年底，中国移动通信设备的普及率达到每百人122.5部[②]，我国网民规模达10.92亿人，其中10.91亿人会通过手机实现数字接入。[③] 更便捷的数字连接方式推动了中国社会整体对数字领域的广泛接入，这是发挥不同类型数字技能作用、激活"僵化"技能资本的基础。

二是数字技术应用对社会主体联结的影响。数字技术的广泛应用，为社会带来了相较于工业社会和农业社会更为广泛的连通性，劳动者越发可以超越时间和空间的限制与其他劳动者、劳动组织相联结。这意味着劳动者可在更广泛的社会网络中寻求工作机会，而非局限于其生活的物理空间。此外，社会连通性的增强意味着各项差异化需求的涌现，差异化需求可以通过更大范围的社会联结得到满足。这或许说明劳动者仅掌握传统意义上的主流技能只可应对相对标准化的工作，难以满足工作领域不断变化的多样化情景，这为购物和娱乐情景数字技能在数字时代发挥作用提供了机遇，比如电子商务从业者可能面对来自世界各地的潜在消费者，满足不同消费者的多样化需求。

---

① 《中国互联网络信息中心梳理出"十二五"中国互联网发展十个成就》，https:// www.gov.cn/xin-wen/2015-10/29/content__2955510.htm，最后访问日期：2025年6月5日。

② 《2023年通信业统计公报》，https://www.gov.cn/lianbo/bumen/202401/content_6928019.htm，最后访问日期：2025年8月1日。

③ 第53次《中国互联网络发展状况统计报告》，https://www.sgpjbg.com/baogao/157693.html，最后访问日期：2025年8月1日。

三是数字时代新组织形态的影响。在社会更广泛连通性的基础上，出现了一批以数字技术应用为依托并覆盖社会生活诸多方面的数字平台组织或企业，由此衍生出电子商务从业者、外卖员、网络内容制造者等新的职业类型。这些新职业类型既包含传统职业与数字技术融合后产生的新职业特征和工作形态，也包括为应对数字时代新的工作场景和事务所产生的全新的职业类型。数字时代出现的这些新职业类型吸引了众多劳动者在日常全职工作之余参与其中，甚至将其作为自己的全职工作，掌握一定数字技能的劳动者也更容易通过接入互联网发现从事相关工作的机会。同时，部分新职业类型并不要求劳动者具备复杂、高水平的数字技能，例如，外卖员从事送餐工作时无须掌握编程技能；但劳动者在工作实践中又需要具备一定的社交、娱乐和购物等情景的数字技能，比如电子商务从业者必须熟练掌握与网络销售相关的各项技能，网络主播也需要具备通过网络吸引大量观众并与之沟通的能力。数字平台组织在其中发挥的作用不可被忽视。如今社会生活中的购物、餐饮、出行等在极高程度上依赖数字平台，数字平台是满足数字时代各类社会需求的重要载体，并对平台上的劳动者与工作的具体事务进行匹配，但其与劳动者之间相对灵活的劳动关系有别于传统的组织和劳动者之间的雇佣关系。此外，数字平台组织还降低了劳动者工作实践的门槛，使其掌握的社交、娱乐及购物情景数字技能得以更好地发挥作用。例如，文字内容创作者无须具备建立网站的能力便可借助数字社交平台或者信息分发平台实现内容的广泛传播。

## 四 数字技能与工作的"普"

研究证明，数字技术变革为传统弱势群体分享数字红利提供了可能（陈胤默等，2022；牟天琦等，2021；张勋等，2019）。根据中国互联网络信息中心发布的第 50 次《中国互联网络发展状况统计报告》，在接入性方面，中国现有行政村已全面实现"村村通宽带"，移动互联网飞速发展，手机网民占比高达 99.6%，数字技能缺乏正取代接入可及性，成为数字鸿沟的主要因素。在数字用户的群体结构方面，截至 2022 年 6 月，中国女性网民占比从 1997 年底的 12.3% 提升至 48.3%，50 岁及以上网民从 2008 年底的

5.7%提升至 25.8%，农村网民占比也提升至 27.9%。[①] 互联网为不同性别群体、老年群体、残障群体以及农村群体平等参与社会生活搭建了平台。在就业方面，数字技术的发展为传统弱势群体参与劳动力市场创造了机会。互联网帮助农村人才"走回来"，推动农产品"走出去"。

数字赋能进路力图赋予每个个体平等的"数字身份"，即通过数字技术应用和数字技能的学习，帮助个体广泛参与数字领域的各项活动。与此同时，也不能忽视数字技术和数字技能在不同群体中可能存在的差异进路，即部分群体通过掌握先进数字技术以及使用复杂应用与服务系统受益，另一些人只能使用基本数字技能开展娱乐性活动。数字技术应用与个体的性别、年龄、受教育程度、家庭以及文化背景关系紧密，如农村留守妇女或老人可以借助电子商务增加家庭收入，返乡创业者可以发展数字农业，进城务工者可以从事平台零工，高学历人群则可以从事高新技术行业。

本文从差异视角出发，在明确数字技能为劳动者群体的职业劳动带来益处的基础上，考察数字技能的变革是否惠及不同劳动者群体。本研究不仅关注不同劳动者群体的工作状态和工作收入的变化，还将研究内容延伸到劳动者工作时长、工作环境等方面；不仅关注劳动者在上述方面的增量变化，而且重点分析了数字技能在城乡劳动者群体间产生影响的差异，以及探究差异背后存在的数字技能影响机制。

### （一）数字技能实现工作的"普"

数字技能与工作普惠的另一重要议题是探讨数字技能的普及是否有助于推动劳动领域的平等化进程。本文通过分析数字技能水平与不同劳动者群体之间的关系，判断掌握数字技能对劳动者工作的正向影响在不同社会群体中是否依然存在。为此，本文在前文分析劳动者数字技能与其工作获得、工作收入以及工作自主性间关系的固定效应模型基础上，加入了个体特征（如性别、年龄、城乡、受教育程度）与数字技能水平之间的交互项，进而对数字技能在不同群体间的效应进行比较[②]。本文在模型中控制了年份

---

[①] 数据来源于中国互联网络信息中心发布的第50次《中国互联网络发展状况统计报告》。

[②] 为方便比较群体，此部分将年龄重新编码为5种分类的变量，将受教育程度以大专为界，编码为两分类的变量（高中及以下、大专及以上）。

和地区的固定效应，以避免自然年和地区因素对分析结果的影响①。为突出劳动者工作的关键领域，本部分选取工作获得、工作收入、工作时长以及雇佣情况作为核心因变量。

在工作获得和工作收入方面，控制各项因素以及数字技能水平与不同劳动者群体之间的交互效应后，数字技能仍然对劳动者的工作获得和工作收入产生正向影响。在推动工作普惠方面，数字技能有利于缩小不同劳动者群体之间的差距，改变弱势劳动者在劳动力市场中的不利地位。具体而言，在劳动者性别层面，男性劳动者具有较高的数字技能水平对其获得工作的正向影响要高于女性劳动者，而数字技能对女性劳动者工作收入提升的作用更为明显。在劳动者的年龄层面，相较于具有相对优势的年轻劳动者群体（18~29岁），掌握数字技能仅会帮助45~59岁年龄段劳动者群体找到稳定的工作，对于其他年龄段群体反而会起到反作用；掌握数字技能对不同年龄段劳动者的工作收入有促进作用。学习并掌握数字技能更有利于城市劳动者群体获得工作，但对城乡劳动者之间的工作收入差异没有显著影响。数字技能对不同受教育程度的群体获得工作的影响不存在显著差异，但对高中及以下的低受教育程度劳动者工作收入的促进作用则显著大于高受教育程度劳动者。

在工作自主性方面，控制数字技能水平与不同劳动者群体之间的交互效应后，掌握数字技能使劳动者的工作时长及劳动者采取相对灵活的自主经营雇佣模式的可能性增加了。在不同的劳动者群体中，数字技能对女性工作时长的增加作用更为明显，且使得女性更可能采取被雇用的形式从事职业劳动。但数字技能对不同年龄段劳动者工作自主性的影响没有差异。同时，数字技能增加乡村劳动者工作时长的作用显著大于城镇劳动者；而相较于高受教育程度劳动者，数字技能更可能增加低受教育程度劳动者的工作时长。

综上，学习并掌握数字技能确实有助于不同劳动者群体，特别是被视作相对弱势的乡村劳动者和低受教育程度劳动者等群体获得工作及更高的工作收入，进而推动职业领域的平等。但数字技能对不同劳动者群体工作自主性的影响较为复杂：对于女性、高龄、生活在乡村以及低受教育程度

---

① 篇幅所限，结果留存备索。

的劳动者而言，掌握数字技能并没有使其工作时长缩短或倾向于采取自主经营的劳动方式，这与数字技能提升劳动者工作自主性的观点相悖。对此结果的一种可能的解释为，虽然数字技术应用带来了新的职业类型和工作形式，但在固定时间和场所以被雇用的方式工作目前仍然可能是劳动者的首选；同时，掌握数字技能也使得劳动者承担更多的工作任务进而增加劳动时间。但本文更倾向于另一种解释，虽然掌握数字技能会使得弱势劳动者群体被他人雇用，并增加其工作时长，但数字技能帮助弱势劳动者群体从被排斥在工作体系之外或处于工作体系边缘到进入主流工作体系。因此，数字技能有助于传统意义上的弱势群体摆脱寻求工作和通过工作获得收入时面临的困境，提升其劳动回报，进而缓解数字时代的工作差异问题。掌握数字技能为弱势劳动者群体带来工作红利，说明数字技能的普及有助于实现工作的"普"。

### （二）城乡劳动者群体实现工作普惠的差异化机制

在验证了数字技能普及可推动不同劳动者群体在工作获得、工作收入以及工作自主性方面获得增益之后，本文进一步探讨数字技能对城乡劳动者群体的具体作用机制，通过比较影响城乡劳动者群体工作普惠的关键数字技能、技能发挥作用的时间节点以及技能影响的时间趋势，尝试更进一步讨论数字技能普及对不同劳动者群体的影响①。

在工作获得和工作收入方面，社交情景数字技能对城乡劳动者群体获得工作具有正向影响，并可提升城乡劳动者的工作收入。掌握学习情景数字技能对城乡劳动者而言有助于其找到工作，且该技能可有效提高城镇劳动者的工作收入；而学习情景数字技能仅在 2020 年才对乡村劳动者的工作收入产生显著正向影响。娱乐情景数字技能整体上有助于城乡劳动者获得工作，但在工作收入方面，乡村劳动者掌握娱乐情景数字技能可使其收入增加，而相关数字技能在多数时间对城镇劳动者的收入增长并无益处。购物情景数字技能既有利于城乡劳动者找到工作，也有利于其工作收入的增加。在工作自主性方面，社交情景数字技能在各年份几乎都会增加城乡劳动者的工作时长，同时在雇佣方式上使得乡村劳动者从雇佣劳动转向自主

---

① 篇幅所限，结果留存备索。

经营，但在多数时间对城镇劳动者的雇佣方式选择几乎没有影响。学习情景数字技能对乡村劳动者的工作时长和雇佣方式几乎没有影响，但在不同年份可能会缩短城镇劳动者的工作时长并增加其被雇用的可能性，这或许说明城镇地区劳动者若能通过数字手段提升自己，更可能在就业市场上抢占先机，被用人单位青睐，同时也能通过缩短工作时长提升工作自主性。娱乐情景数字技能在不同年份会使得城乡劳动者的工作时长增加，但几乎不会影响乡村劳动者对雇佣方式的选择，更可能使得城镇劳动者选择被他人雇用而非自主经营。购物情景数字技能时常会增加乡村劳动者群体的工作时长，这一效应近年来在城镇劳动者群体中也逐步显现。同时，购物情景数字技能还会增加城乡劳动者选择自主经营的可能性。

上述结果展现了数字技能对实现城乡劳动者工作普惠的三个特征。

一是城乡劳动者群体实现工作普惠的数字技能机制存在差异。总体而言，各类数字技能均在实现城乡劳动者群体工作普惠的过程中发挥作用，特别是娱乐和购物情景数字技能，这意味着"僵化"技能资本在数字时代对劳动者发挥作用的现象在城乡劳动者群体中存在。但从具体的数字技能类型来看，影响城乡劳动者群体的工作获得、工作收入以及工作自主性的数字技能类型及其作用方式则有所区别。例如，社交情景数字技能对乡村劳动者雇佣方式的影响更为突出，学习情景数字技能对城镇劳动者实现工作普惠的作用则更加明显。此外，娱乐和购物情景数字技能均在城乡劳动者群体中发挥了激活工作红利的作用。娱乐情景数字技能可提升乡村劳动者的收入水平，却会使得城镇劳动者选择工作自主性更弱的被雇用的劳动方式；购物情景数字技能可降低乡村劳动者在时间维度上的工作自主性，却在雇佣情况方面增加了城镇劳动者掌控自身劳动过程、采取自主经营劳动方式的可能性。对此可能的解释为，城乡劳动者群体实现工作普惠的机制差异可能与其所处的职业环境有关。相较于城镇劳动者，乡村劳动者所处环境的产业类型丰富程度较低，使得其职业选择范围有限，缺乏特定数字技能（如娱乐情景数字技能）充分发挥作用的机会，而城市相对发达的服务产业，使得掌握娱乐情景数字技能的劳动者群体获得更多展示自我的渠道。同时，城市更加激烈的竞争环境以及对年轻劳动者的吸引作用，也使得掌握学习情景数字技能成为城镇劳动者在职业领域中脱颖而出的重要方式。

二是各类数字技能对城乡劳动者群体工作普惠的作用在时间上几乎同步。数字技能对城乡劳动者群体的影响作用虽在部分年份有所不同，但对二者工作普惠的效应并未出现明显的时间错位。得益于数字接入成本的下降和更广泛群体的数字连接，劳动者掌握数字技能可使其工作过程摆脱物理环境和时空限制，乡村劳动者在实现数字接入后能够快速掌握数字技能，以便投身于更广时空范围的职业领域之中。这与工业时代的技术红利由城市向农村扩散的社会发展特征相区别，数字技术应用与数字技能普及使得乡村劳动者也可与城镇劳动者一样在同一时期享受到个人数字技能水平提高带来的职业红利。

三是数字技能对城乡劳动者群体工作普惠影响的时间趋势变化。通过对各类数字技能在不同年份作用效应的比较检验，本文发现，部分数字技能对城乡劳动者群体的作用效应并非一成不变，例如，社交情景数字技能对乡村劳动者获得工作的正向影响呈上升趋势，但对城镇劳动者获得工作的正向影响则在下降。近年来，学习情景数字技能和购物情景数字技能对城镇劳动者工作自主性的提升作用越发减弱。由此可见，相较于乡村劳动者，城镇劳动者因掌握数字技能而具备的职业优势呈现下降趋势，城镇劳动者正逐步经过技能红利的"拐点"。这说明数字技能对于城乡劳动者工作普惠的正向作用虽然依然存在，但是在基本的数字技能被个体普遍熟悉并掌握后，起初具备这些数字技能的劳动者在职业竞争中的比较优势也逐渐消失。这从侧面反映了当社会整体数字技能水平提高时，劳动者若要追求优质工作、高劳动回报或更高的工作自主性，继续维持其在劳动力市场竞争中的优势地位，需要持续学习更深层次的数字技能，不断提升自身数字技能水平。

## 五 结论与讨论

数字技术的应用深刻改变了人类社会，也对劳动者群体产生了重要影响。数字技术的应用催生了一批与数字技术相关的新工作，也使得传统工作不得不面临数字化转型的挑战。当数字技术通过作用于工作类型、工作内容和工作形式等方面对劳动者产生影响时，不同学者对技术应用产生的社会结果的判断往往相左。强调数字技术应用"去技能化"的学者认为，数字技术的应用最终会降低劳动者在劳动过程中的重要性，使劳动者成为机器的附庸；而对数字技术应用持相对乐观态度的学者则认为，数字技术的应用是对劳动者再次赋能的过程，会帮助劳动者在就业市场和劳动过程中获益。

学界对于数字技术在劳动领域的讨论是本文写作的出发点。本文将劳动者所具备的数字技能视作数字技术在劳动领域的具象体现。通过对劳动者数字技能与其工作相关内容的分析，本文不仅探讨了劳动者掌握数字技能对其工作的影响，还将对数字技术应用与数字技能的讨论置于理解数字时代特征和社会发展的层次之中。本文提出"工作普惠"概念，并将工作普惠分为"普"与"惠"两个维度进行理解。工作的"惠"意指劳动者能够通过掌握数字技能在工作实践中得到回报；工作的"普"则意指数字技能带来的积极影响在不同劳动者群体特别是弱势劳动者群体中同样存在。通过对数字技能与工作普惠之间的关系以及从数字技能类型角度对工作普惠实现机制的分析，本文得出以下结论。

第一，伴随数字化的发展，数字技术广泛的社会应用降低了社会大众对数字技能的学习门槛，与人们日常生活相关的数字技能日益普及，并成为数字时代社会大众的基本技能之一。社会整体以及城乡群体掌握基本数字技能的人群比例稳步上升，且群体间在技能学习上的差距不断缩小；社会大众对基本数字技能的学习不再依赖其教育背景，这为更多人掌握数字技能提供了可能；同时，社会大众对基本数字技能的广泛掌握，在一定程度上弥合了不同群体之间的数字鸿沟。

第二，劳动者学习并掌握数字技能有助于实现工作普惠。一方面，劳动者掌握数字技能可以帮助其获得工作和更高的工作收入，同时也可在一定程度上提高劳动者的工作自主性，增强其对工作的控制能力，即通过掌握数字技能实现工作的"惠"。另一方面，数字技能对劳动者工作的正向效应不仅在性别、城乡、不同受教育程度劳动者群体中有所体现，还缩小了不同劳动者群体在工作获得、工作收入等方面的差异。城乡劳动者群体几乎在同一时期享受到数字技能所带来的工作红利。这意味着数字技能确实有助于缓解不同群体在职业领域的差异问题，实现工作的"普"。

第三，在数字时代出现一批新工作类型的同时，数字技术也影响了传统行业的工作方式。与工业时代相比，数字时代的工作虽然仍对劳动者的工作时长和工作环境进行控制，但其控制效应不断减弱；同时，越来越多的工作类型不再以直接雇用劳动者的方式运作，具有一定数字技能的劳动者也更倾向于多元的劳动方式，而非受雇于他人。此外，数字时代的工作较工业时代更具包容性，即使是在就业领域中处于相对弱势的劳动者群体，如受教育程度较低的劳动者群体、高龄劳动者群体等，在掌握一定的数字技能之后，也有可能获得工作岗位，从而进入主流工作体系之中。

第四，通过分析不同类型数字技能对实现工作普惠的作用，本文揭示了工作普惠的实现机制。社交情景数字技能有助于实现劳动者工作普惠，学习情景数字技能逐步与劳动者实现工作普惠无关。值得注意的是，数字技术的应用使得在工业时代对劳动者职业发展影响有限甚至没有影响的技能，如娱乐和购物情景数字技能，在当今时代得以发挥作用。这展现了"僵化"技能资本在数字时代对劳动者工作产生正向影响。这一现象在不同劳动者群体特别是城乡劳动者群体实现工作普惠的过程中均有所体现，但不同类型的数字技能在城镇劳动者和乡村劳动者实现工作普惠的作用方式上存在差异。

第五，从数字技能的角度对工作普惠机制进行分析还发现，数字技能普及给劳动者带来的工作红利正在减少，数字技能对劳动者职业的正向影响在逐年减弱，这一现象在城镇劳动者群体中表现明显。研究结果传递了数字时代发展阶段的信号：数字技能在不同劳动者群体中日益普及的背景下，基本数字技能带来的工作红利减弱或可说明数字技术对劳动者的影响正接近从"再技能化"转向"去技能化"的拐点，但这一拐点何时到来，且对社会发展产生怎样的影响，尚不可知，这也为劳动者数字技能的后续研究提供了新的研究方向。

本文仍有诸多局限。对于数字技能，特别是基本数字技能的分类，目前主要依赖研究者的主观判断，对不同类型数字技能的内容、应用场景以及发展特点还有待补充。受限于样本和数据的可及性，本文未能从具体的职业类型和劳动者实际工作内容角度对数字技术应用在劳动领域产生的影响进行深入研究。本文目前更多是对数字技术与工作普惠间关系的探究，对实现工作普惠机制的分析也主要从不同的数字技能出发，未来还可从组织视角、劳动者拥有的社会资本状况以及多元的职业类型方面进一步讨论工作普惠的实现机制。

## 参考文献

陈梦根、周元任，2022，《数字不平等研究新进展》，《经济学动态》第 4 期。

陈胤默、王喆、张明、仇力，2022，《全球数字经济发展能降低收入不平等吗?》，《世界经济研究》第 12 期。

格雷伯，大卫，2022，《毫无意义的工作》，吕宇珺译，中信出版社。

董直庆、蔡啸、王林辉，2014，《技能溢价：基于技术进步方向的解释》，《中国社会科学》第 10 期。

布雷弗曼，哈里，1978，《劳动与垄断资本：二十世纪中劳动的退化》，方生、朱基俊、吴忆萱、陈卫和、张其骈译，商务印书馆。

胡晟明、王林辉、董直庆，2021，《工业机器人应用与劳动技能溢价——理论假说与行业证据》，《产业经济研究》第 4 期。

弗雷，卡尔·贝内迪克特，2021，《技术陷阱：自动化时代的资本、劳动力和权力》，贺笑译，民主与建设出版社。

刘生龙、张晓明、杨竺松，2021，《互联网使用对农村居民收入的影响》，《数量经济技术经济研究》第 4 期。

刘伟杰、周绍东，2021，《非雇佣数字劳动与"数字化个体"——数字经济下资本主义生产关系的嬗变及启示》，《西部论坛》第 5 期。

牟天琦、刁璐、霍鹏，2021，《数字经济与城乡包容性增长：基于数字技能视角》，《金融评论》第 4 期。

卡尔，尼古拉斯，2015，《玻璃笼子》，杨柳译，中信出版社。

戚聿东、丁述磊、刘翠花，2022，《数字经济时代互联网使用对灵活就业者工资收入的影响研究》，《社会科学辑刊》第 1 期。

邱泽奇，2020，《零工经济：智能时代的工作革命》，《探索与争鸣》第 7 期。

邱泽奇、乔天宇，2021，《电商技术变革与农户共同发展》，《中国社会科学》第 10 期。

邱泽奇、张樹沁、刘世定、许英康，2016，《从数字鸿沟到红利差异——互联网资本的视角》，《中国社会科学》第 10 期。

邱子童、吴清军、杨伟国，2019，《人工智能背景下劳动者技能需求的转型：从去技能化到再技能化》，《电子政务》第 6 期。

肖土盛、孙瑞琦、袁淳、孙健，2022，《企业数字化转型、人力资本结构调整与劳动收入份额》，《管理世界》第 12 期。

许辉，2019，《"世界工厂"模式的终结?——对"机器换人"的劳工社会学考察》，《社会发展研究》第 1 期。

许怡、叶欣，2020，《技术升级劳动降级？——基于三家"机器换人"工厂的社会学考察》，《社会学研究》第 3 期。

张国胜、杜鹏飞、陈明明，2021，《数字赋能与企业技术创新——来自中国制造业的经验证据》，《当代经济科学》第 6 期。

张勋、万广华、张佳佳、何宗樾，2019，《数字经济、普惠金融与包容性增长》，《经济研究》第 8 期。

Acemoglu, D. 2003. "Patterns of Skill Premia." *The Review of Economic Studies* 70 (2): 199-230.

Acemoglu, D., & Restrepo, P. 2018. "Artificial Intelligence, Automation and Work." Working Paper 24196, National Bureau of Economic Research, Cambridge, MA.

Ang, J., Islam, R., & Madsen, J. 2011. "The Effects of Human Capital Composition on Technological Convergence." *Journal of Macroeconomics* 33 (3): 465-476.

Autor, D., & Dorn, D. 2013. "The Growth of Low-Skill Service Jobs and the Polarization of the US Labor Market." *The American Economic Review* 103 (5): 1553-1597.

DiMaggio, P., & Bonikowski, B. 2008. "Make Money Surfing the Web? The Impact of Internet Use on the Earnings of U.S. Workers." *American Sociological Review* 73 (2): 227-250.

Edwards, R. 1979. *Contested Terrain: The Transformation of the Workplace in the Twentieth Century.* New York: Basic Books.

Hirschhorn, L. 1984. *Beyond Mechanization.* Cambridge, Mass: MIT Press.

# 工业互联网平台数据要素应用场景及行业实践

王舟舟　王童晓　张洪江　杨宝峰　刘宗勇　朴永旭*

**摘　要**　工业互联网平台是新一代信息通信技术与工业制造深度融合的产物，也是加快产业数字化转型和发展新质生产力的重要基础设施。数据作为新兴生产要素，在工业互联网平台创新发展中发挥着核心驱动力作用。本文从制造流程优化、供应链协同管理、产品研发与创新设计、绿色低碳管理、产业数字金融五大角度，对工业互联网平台数据要素应用场景进行了梳理；同时从数据采集与治理、数据确权与流通、数据安全、数据资产化四个方面，对工业互联网平台数据要素研究理论框架进行了阐述。针对现有对工业互联网平台数据要素的研究多以理论模型为主的情况，本文以海尔集团卡奥斯平台为案例，系统探讨了工业互联网平台在数据要素应用、企业评价与产业数字金融领域的数据要素实践应用，提出了具体的实现路径与方法，为数据要素在工业互联网领域的落地提供了实证参考和理论启示。

**关键词**　工业互联网平台　数据要素　企业评价模型　产业数字金融

# 引　言

工业互联网平台是新一代信息通信技术与工业制造深度融合的产物，也是加快产业数字化转型和发展新质生产力的重要基础设施（吕文晶等，2019；张学文等，2024；王节祥等，2024）。工业互联网平台作为跨行业、

---

\*　王舟舟，北京大学大数据分析与应用技术国家工程实验室助理研究员，主要研究方向为数据挖掘、机器学习算法、金融科技；王童晓，北京大数据研究院项目经理，主要研究方向为金融科技；张洪江，北京大数据研究院高级算法工程师，主要研究方向为大数据分析、金融风险管理；杨宝峰，日照银行股份有限公司董事长；刘宗勇，卡奥斯创智物联科技有限公司董事、副总经理；朴永旭，卡奥斯创智物联科技有限公司技术总监。

跨领域的工业操作系统，通过整合设备、数据、人员和应用，实现对人、机、物的全面互联，以及对全产业链和全价值链的数字化改造。工业互联网平台利用物联网、云计算、大数据、人工智能等技术，持续集成各类工业设备并采集分析其数据，以实现设备状态监测、生产过程优化、产品质量提升和故障预测等功能，从而提升生产效率并催生新的业务模式。

随着全球数字经济的蓬勃发展，数据正日益成为除土地、劳动力、资本和技术之外的新型核心要素及工业互联网平台创新发展的核心驱动力，在提升生产效率、优化生产过程、促进生产模式转型升级等方面发挥着重要作用（秦峥等，2024；孙大明等，2025）。工业互联网平台依托工业大数据架构，通过人、机、物的全面互联，赋能工业数据要素实现泛在连接、弹性供给和动态高效配置，推动数据化商业生态系统的构建（孙新波等，2022；张明超等，2025；钞小静等，2024）。工业和信息化部于2020年发布的《关于工业大数据发展的指导意见》提出，要加快工业数据的采集汇聚、共享流通、深度应用和治理安全，打造"资源富集、应用繁荣、治理有序"的工业大数据生态体系。因此，只有系统化推进工业互联网基础设施和数据资源体系建设，才能发挥数据的基础资源作用和创新引擎作用，推动制造业的数字化、网络化、智能化升级。

产业转型需求也是推动数据要素研究的重要动因。制造企业的数字化转型需要依托工业互联网平台将分散在设备、产线、供应链各环节的数据汇聚起来，打破信息孤岛，实现业务流程的优化与创新。通过采集和深入挖掘生产运营数据，企业不仅能够提升决策支持和运营效率，还能在新工业革命和互联网技术的推动下，借助数据驱动的新业态，如个性化定制、预测性维护和协同制造等，实现进一步的优化和创新。工业互联网平台通过发挥数据要素的作用，成为这些新业态新模式的关键引擎，将潜在的数据资源转化为生产力（Kumar et al.，2022；乌力吉图等，2024）。因此，无论是从政策导向还是产业实践来看，在工业互联网平台中加强对数据要素的研究，都具有十分重要的现实意义。

从行业实践来看，各国领先企业纷纷建设工业互联网平台以抢占新一轮工业革命制高点，充分挖掘数据要素的价值。孙新波等（2022）、张明超等（2025）以海尔集团卡奥斯平台为案例研究对象，构建了一个整合性的理论模型，探讨了工业互联网平台如何赋能并促进数据化商业生态系统的构建。乌力吉图等（2024）以航天云网为案例研究对象，探究了其以通用平台操作系统为核心构建生态系统，为中小制造业企业提供数字化转型服务的实践模式。王节祥等（2024）以树根互联为案例，研究了工业互联网平台面向平台企业和生态用户构建耦合模式以达到优化生产力目标的模式。张学文等（2024）以河钢集团为例，系统探讨了工业互联网平台赋能新质生产力的理论逻辑和实现路径。然而，对我国头部工业互联网平台的案例研究，主要集中在探讨业务模式和构建理论模型，尚缺乏对于平台数据要素赋能应用场景的探索研究。

从工业互联网平台的数据要素研究来说，魏津瑜和马骏（2020）从数据治理的角度，构建了工业互联网平台的数据治理标准体系，并提出了数据治理视角下工业互联网的发展对策，为工业互联网的数据治理标准体系研究提供了理论支持。秦峥等（2024）从数据要素与工业互联网平台的基本概念出发，系统论述了数据要素驱动工业互联网平台的作用机理以及在平台应用过程中面临的现实问题，并提出了政策建议。孙大明等（2025）从数据要素的角度，构建了工业互联网平台发展新质生产力的测度模型。

现有工业互联网平台数据要素研究多以理论模型为主，缺乏在实际平台和真实数据场景中的应用落地。因此，本文以海尔集团卡奥斯平台的数据要素应用为例，具体阐述了工业互联网平台数据要素的应用场景以及在企业评价和产业数字金融中的落地实践。本文在第二部分和第三部分将分别从行业应用和数据要素两个角度对工业互联网平台的数据应用进行梳理，并在第四部分基于产业数字金融的实践案例提出实现工业互联网平台数据应用的方法路径。第五部分是对工业互联网平台数据要素应用研究的总结与展望。

## 一 工业互联网平台数据要素应用场景

工业互联网平台通过对人、机、料、法、环等生产要素的全面数据化连接，为制造企业的数字价值链运行提供关键支撑（张明超等，2025）。平台汇聚的大量工业数据在企业内部运营及产业协同中创造出新价值，主要体现在以下五种场景：制造流程优化、供应链协同管理、产品研发与创新设计、绿色低碳管理及产业数字金融。

### （一）制造流程优化

数据要素在制造流程优化中扮演关键角色。工业互联网平台采集并分析设备运行、生产流程和质量检测等数据，帮助企业实现精益生产和智能决策。例如，通过在生产线上部署传感器实现"一物一码"追踪，海尔集团卡奥斯平台使工厂每件产品从原料到成品的状态全程透明可视，杜绝了数据造假和流程失控的可能。这种数据驱动的管理模式有助于提高生产节奏控制能力和设备综合效率，降低次品率和减少停机损失，实现内部运营提质增效。各项实时生产数据的监控与反馈，使管理者能够及时发现问题并优化资源配置，从而保障工厂内部管理的质量和效率。

基于平台的数据分析，一些企业还建立了智能预警机制，例如生产异常波动提醒和设备预测性维护计划，进一步减少人工介入带来的延误和风险。平台通过物联网传感器实时采集设备运行状态数据，并结合大数据分析和机器学习模型，评估设备状态和进行故障预测。一旦数据模型预测出设备可能发生故障，平台就可提前发出预警并安排维护窗口，避免生产中断和经济损失。例如，树根互联等工业互联网平台连接了成千上万台工业机械设备，通过对传感器大数据的远程监控与分析，提前发现设备异常趋势并指导运维人员及时更换易损部件，极大地降低了设备非计划停机率。这种数据驱动的预测性运维模式有效延长了设备寿命、提高了设备可靠性，同时降低了维护成本、减少了停机损失（秦峥等，2024）。因此，预测性维护已成为工业互联网平台应用中提升设备管理水平和生产连续性的一个重要场景。

总体而言，数据要素在工厂内部管理的深度应用，为传统制造流程提供了数字化洞察，夯实了企业数字化转型的基础。

### （二）供应链协同管理

工业互联网平台打破了企业与供应商、客户之间的信息壁垒，提升了供应链管理水平和产业链上下游的协同效率。通过平台共享订单、库存、物流等数据，各参与方可以实时掌握供需动态并优化计划。制造业企业可依据平台数据及时调整采购和生产安排，避免原材料断供或成品积压；供应商则可以更准确地预测客户需求，合理安排生产并准时交付。数据要素的共享使供应链各环节都实现了可视化和可追溯，提高了整个链条的响应速度和弹性。当市场需求发生变化时，平台的数据分析功能可以支持快速重组供应网络，降低因信息滞后而产生的供需错配风险。此外，平台还可以集成物流追踪数据，帮助企业优化运输路线和仓储布局，从而降低供应链运营成本并缩短交付周期。例如，波司登羽绒服装企业利用"互联网+大数据+智能制造"打造业内领先的数字化供应链体系。借助工业互联网平台，波司登建立了从原材料采购到成品配送的全流程数据协调机制，引入了自动充绒、自动包装、自动模板等新技术装备，实现了跨行业对标、模块化生产和部分流程的无人化操作。在羽绒服销售旺季，波司登将补货频次提高到每日 8 次以上，快速反应周期缩短至 7~14 天。通过这些数据驱动的协同优化举措，企业供应链的整体运行效率和应变能力得到显著提升，从而增强了市场竞争力（秦峥等，2024）。

在海尔集团卡奥斯平台的赋能下，不少制造业企业构建了端到端的供应链协同体系，实现了从订单下达到产品交付的全流程数据闭环管理，供应链管理的精细化和智能化水平得到显著提升。作为例证，海尔胶州空调互联工厂依托工业互联网平台和先进算法对整个价值链进行优化，在从研发设计到交付服务的端到端环节取得了显著成效——产品设计周期缩短49%，订单交付周期缩短 19%，海外市场售后故障率降低 28%（World Economic Forum，2024）。这一实践充分展示了工业互联网平台数据要素在供应链管理乃至全价值链优化中的巨大潜力。

**（三）产品研发与创新设计**

在产品研发与创新设计场景中，工业互联网平台的数据要素作用体现为加速研发流程和提升创新设计能力。一方面，平台汇聚了用户反馈、市场需求和产品使用性能等方面的数据，为研发部门提供了决策依据。与传统以企业为中心的研发模式不同，工业互联网平台使用户参与产品全生命周期，形成"产消合一"的大规模定制模式，激发了以用户为导向的创新（张明超等，2025）。例如，通过海尔集团卡奥斯平台的用户社群交互模块，企业可以实时获取用户对产品功能和质量的反馈意见，从而有针对性地改进设计。另一方面，平台沉淀的历史设计方案和机理模型成为知识库，人工智能工具可以支持产品仿真、优化和新方案生成。卡奥斯平台研发的

"天智"工业大模型集成了大量行业机理和专家知识，能够在结构设计等环节提供智能辅助，缩短研发试错周期（杨光，2024）。数据驱动的协同研发还体现在开放设计与众创：平台联结供应链伙伴和第三方设计力量共同参与方案设计，通过共享技术数据和标准接口，实现模块化快速迭代。在实践中，基于工业互联网平台的数字研发体系显著缩短了新产品设计周期，提高了设计阶段的精度。根据世界经济论坛报告，借助工业互联网的大数据和算法支撑，某"灯塔工厂"将新产品设计周期缩短了近一半（World Economic Forum，2024）。可见，数据要素赋能下的产品研发与创新设计，有助于企业更敏捷地响应市场诉求并持续推出高质量的新产品。

### （四）绿色低碳管理

在绿色低碳管理场景中，工业互联网平台通过对能耗数据的采集和分析，帮助企业实现节能降耗和碳排放管理。制造业是能源消耗和碳排放大户，平台构建能源监测系统对工厂的电、水、气等能源消耗进行实时监控，并通过大数据分析发现异常耗能环节，指导企业优化工艺或设备运行策略。例如，某钢铁企业与卡奥斯平台合作部署全流程能碳管理工作，从能源咨询设计到数字化运营的各阶段全面介入，通过能耗数据的实时采集和分析来定位高耗能工序，并应用节能控制技术，将能源利用效率提升到行业领先水平。又如，海尔天津洗衣机互联工厂在卡奥斯平台的能源智慧管理赋能下，从全球"灯塔工厂"升级为首个"中国本土可持续灯塔工厂"，实现了生产全过程的绿色低碳优化。[①] 此外，平台还支持碳足迹核算和碳资产管理。通过对生产各环节碳排放数据的记录与模型测算，企业可以量化产品碳排放强度，进而实施减排行动并监测成效。这些数据不仅可用于企业内部决策，还可用于向监管机构或市场披露环境信息，甚至在未来参与碳交易等市场行动。总之，工业互联网平台的数据要素为能源与环保管理提供了数字化抓手，推动制造企业朝着绿色可持续方向发展。

### （五）产业数字金融

在产业数字金融场景中，工业互联网平台沉淀的交易和运营数据正逐

---

[①] 《首座中国本土"可持续灯塔工厂"！卡奥斯树立绿色低碳"中国样板"》，https://www.qlwb.com.cn/detail/20666592.html，最后访问日期：2025 年 6 月 30 日。

步转化为金融资产，用以破解中小企业融资难题。"数据即信用"成为新的模式：将企业在平台上的订单、交付、结算等经营数据加工作为信用依据，银行可据此评估中小企业的真实经营状况和风险水平。这种从"主体信用"向"交易信用"转变的思路，使得缺乏传统抵押物的小微企业也能凭借数据积累获得融资支持。例如，在卡奥斯平台上，供应商的历史订单履约率、结算回款周期、产品质量记录等数据可以量化企业信用画像，银行据此制定相应的授信额度和贷款利率。同时，工业互联网平台与金融机构合作开发在线风控接口，实现贷款申请、审批和监控的全流程数字化。供应商在平台上达成交易后，其数据可以自动触发贷款审批流程，快速获得供应链金融服务。这不仅提高了融资效率，还降低了银行的风控难度。已有银行开始探索将工业数据资产纳入授信评估体系，例如将企业数字化程度、知识产权和数据价值等作为增信因素，推出基于数据资产的信用贷产品（工业互联网产业联盟，2022）。对平台数据进行清洗挖掘并构建企业评价和预授信模型，可以将平台优质企业与商业银行的金融产品进行对接，并依据平台数据自动授信，实现批量化的数字普惠金融服务。

通过挖掘产业链数据要素的信用价值，工业互联网平台正在为中小企业构建一个高效、低成本的融资新生态。综上所述，工业互联网平台所汇聚的数据要素在企业内部管理、产业链协同、产品创新、能源低碳及金融服务等方面展现出巨大价值。这五类应用场景相互关联、协同发力，共同推动制造业数字化转型和价值链升级。其中，产业数字金融场景将工业数据直接转化为信用与资产，创新了金融服务模式。

## 二 工业互联网平台数据要素研究理论框架

在通过工业互联网平台实现数据要素应用价值的同时，也需要完善相应的理论和制度框架。我们从数据采集与治理、数据确权与流通、数据安全、数据资产化四个方面，探讨了工业互联网平台数据要素的基础理论和关键技术支撑。

### （一）数据采集与治理

高质量的数据是工业互联网平台发挥作用的基础。因此，完善的数据采集、集成和治理的技术方法，是平台充分释放数据要素价值的重要基础。首先，在数据采集、集成方面，工业现场部署大量传感器、智能设备等，使各种生产数据能够被实时、准确地采集上来。例如，通过安装物联网传感器监测机器温度、振动、电流等指标，并利用工业以太网、5G等通信技术，将海量数据稳定传输至平台进行汇聚分析。与此同时，大数据技术和云计算/边缘计算技术的发展为工业数据的存储、处理与集成提供了有力支撑。其次，在数据治理方面，企业需要建立健全的数据管理架构和标准，确保不同来源的数据能够得到清洗、标注和统一，从而保证数据分析决策的可靠性。

引入工业互联网平台后，制造业企业内部建立起完善的数据治理系统，将用户需求、产品设计、采购、生产、库存等各业务单元的数据打通并有序衔接，实现了全价值链的数字化贯通。完善的数据治理不仅提高了数据的质量和一致性，也为进一步的数据挖掘和价值创造奠定了基础。因此，数据采集技术的进步和数据治理机制的健全，是工业互联网平台充分实现数据要素价值的前提条件。

为了保障工业数据质量，各级标准化组织制定了相应规范和指南。例如 ISO 8000 系列标准关注数据质量管理，国内有 GB/T 42381《数据质量管理》系列国家标准，对数据质量的概念、度量和管理过程做出规定。在工业领域，还明确了工业数据在采集、存储、加工等环节的质量要求。工业企业应建立全生命周期的数据质量管理机制，在数据采集、传输、存储、处理、使用等各个环节均设置质量控制点。例如，在数据采集环节制定传感器布置规范和校验计划；在数据存储环节对数据库定期清洗去重；在数据处理环节对输入数据集进行质量评估筛选；在数据使用环节建立反馈机制，验证数据驱动决策的效果并反哺数据质量改进。工业企业应通过持续关注和提升数据质量，充分实现工业数据要素的价值。

## （二）数据确权与流通

如何确认和分配数据要素的权益，是数据要素市场化配置的核心问题之一。工业数据往往由不同企业和设备产生，涉及多方利益，如果缺乏清晰的数据确权机制，那么数据提供方可能会担心权益得不到保障，从而不愿意共享数据。这种情况下，数据要素的流通与交易将受到阻碍，数据价值也难以充分实现。

近年来，政策和研究都聚焦数据确权和开放流通机制的构建。中共中央、国务院发布的《关于构建数据基础制度更好发挥数据要素作用的意见》从宏观上提出了建立数据产权制度的要求，强调"保障权益、合规使用"，并提出数据产权"三权"分置的框架，即将数据产权细分为数据资源持有权、数据加工使用权、数据产品经营权。这一框架旨在平衡数据原始提供者、数据处理者和数据运营者之间的权责利关系，为数据交易和共享提供制度基础。从国际经验来说，欧盟在个人数据领域通过《通用数据保护条例》（GDPR）确立了以个人为中心的数据权利体系（如知情权、访问权、删除权等），但对于非个人数据（如工业数据）的权属则主要依靠合同和行业自律来解决。欧盟发布的《欧盟数据法案》旨在促进数据流通，并侧重于以数据使用权为中心的政策取向，对我国数据产权立法具有重要参考价值。

综合国内外经验，工业互联网平台应建立一套涵盖制度流程和技术保障的数据确权治理机制，以平衡数据创新利用与权益保护；需要积极探索数据资产确权、收益分配和价值评估定价等方面的制度安排，建立健全工业数据从产生到流转再到应用的全流程合规监管规则，完善数据要素市场的基础制度和配套政策。只有明确了数据的产权归属和各参与方的收益分享机制，才能有效调动企业参与数据共享和交易的积极性。

数据流通是发挥数据要素作用的关键环节，包括数据的共享、开放、交易和融合利用等。针对工业数据"散、孤、锁"等流通难题，场内场外相结合的数据要素流通体系，将极大地克服工业企业数据流通的制度障碍，促进数据要素市场的健康发展。一方面，通过各地成立的数据交易所和国家级的工业互联网大数据交易平台等场内数据交易场所，提供数据挂牌交易、交易撮合等服务，通过制定标准的合同、定价和交易流程，为数据买卖双方提供合规高效的流通渠道。另一方面，场外的数据流通，即非集中交易的分散式数据共享，可以发生在特定行业联盟或企业间的数据合作中，不通过公开市场而是在协议框架下共享数据。例如，供应链上下游企业之间直接共享产销数据，实现库存和计划协同优化；行业协会主导建立数据联盟，实现成员间数据互通；等等。可信数据空间等新型数据流通基础设施，通过一致的规则和技术手段，将多个主体联结起来，营造数据资源可管可控共享的环境。举例来说，某制造业联盟可采用联邦学习技术在多家企业之间训练预测模型，各企业的数据不出本地，只上传模型参数到联盟服务器汇总，这样就实现了"数据不动模型动"的协同分析模式，有效破解了数据孤岛难题，实现了数据要素的动态高效配置和价值增值。

综上，数据确权与流通机制的完善对于激发数据要素活力、构建良性工业数据生态至关重要。

### （三）数据安全

在工业互联网中，数据安全是不可或缺的基础支撑。工业数据往往涉及企业的商业秘密和敏感信息（如工艺配方、设备参数、客户订单等），在供应链协同中还可能涉及个人信息（如物流人员信息、设备操作员信息等）。随着数据更多地被共享和交易，加强安全保护既是合规要求，也是维护企业核心利益的需要。围绕工业数据的安全与隐私，主要包括防止数据泄露滥用、确保数据完整可溯源、保护个人及企业隐私等方面。

保证数据安全的主要技术包括数据加密、防火墙与网络安全、访问控制、身份认证以及隐私保护等。近年来，随着大数据、云计算、人工智能、区块链的发展，更多的创新技术，如差分隐私、联邦学习、区块链和分布式账本等，被应用于数据安全保护，从而构建了一个安全可信的数据环境。

中央网信办等部门发布了多份隐私计算技术白皮书，国家数据局在2024年启动可信数据空间发展行动计划，支持各行业营造安全高效的数据流通环境。可以预见，在政策、技术双重驱动下，工业互联网领域将逐步建立起完备的数据安全保障体系，使得数据在产生、传输、存储、使用、销毁各环节都得到有效保护和监控，实现发展和安全的动态平衡，从而使数据要素更好地服务于工业智能化和经济高质量发展。

### （四）数据资产化

数据资产化是指将数据资源转变为可度量、可交易的资产，从而在市场中实现其价值。这需要建立完善的评估、定价和交易体系。我国目前对数据资产化的研究和政策探索主要包括：构建数据要素市场机制，搭建工业数据资产登记平台，指导各地数据交易所和企业开展数据资产登记与交易试点工作，制定数据资产评估和交易的标准规范。通过这些举措，数据可以像传统要素一样进入市场，实现价值变现和优化配置。例如，一些地区正在推动工业企业将沉淀的数据上链登记为数字资产，并通过数据交易平台进行共享交换，在保障安全和权益的前提下获取收益。总的来看，保障数据安全是前提，推进数据资产化是目标。只有两者相结合，才能充分激发数据作为新型生产要素的基础资源作用和创新引擎作用。

数据要素作为工业互联网平台的关键驱动，在制造流程优化、供应链协同、设备维护、物流管理、客户定制等诸多场景中发挥了重要作用，各类典型平台案例印证了数据赋能的实践价值。同时，围绕数据的采集、治理、确权、流通、安全、资产化等方面，学界已经建立了初步的理论框架和方法论基础，包括复杂适应系统视角下的平台生态观、平台多层次赋能机制及数据生命周期管理模型等。这些研究为我们理解数据要素如何创造价值提供了思路。此外，政府政策的支持为数据要素市场化和规范化保驾护航。展望未来，随着工业互联网的不断发展，如何进一步完善数据要素的管理机制、深化数据价值挖掘，以及加强不同工业互联网平台之间的数据互联互通，将成为持续关注的研究方向。通过理论与实践的结合，充分挖掘数据要素在工业互联网平台中的潜能，将有助于传统产业实现数字化转型升级，构建新型工业生态系统，推动经济高质量发展。

近年来，政府陆续出台了推动数据要素市场化配置、加强数据安全与确权、促进平台建设和数据共享的政策文件，为数据要素赋能工业互联网提供了制度保障。例如，《关于构建更加完善的要素市场化配置体制机制的意见》强调培育数据要素市场，完善数据产权保护和流通交易机制；《中华人民共和国数据安全法》则从法律层面明确了数据安全与跨境流动规范。这些政策举措与理论研究相辅相成，共同推动以数据要素为核心的新型工业体系的构建。可以预见，随着理论模型的深化和政策环境的改善，工业互联网平台中数据要素的价值将得到充分释放，对产业生态的重塑和经济高质量发展将产生深远影响。

## 三 基于工业互联网平台数据的企业评价模型

基于工业互联网平台数据构建企业评价模型，对于供应链协同管理、绿色低碳管理、产业数字金融具有重要意义。在本部分，我们基于海尔集团卡奥斯平台，对其数据架构与行业生态进行剖析，并且基于其电子行业子平台，梳理"订单—生产—质检—交付—结算"全过程的数据域与表结构，并形成子平台的高颗粒度、全链路数据闭环；随后，以平台 38 家样本工厂实测数据为基础，构建覆盖增长、履约、质量、规模与多元化的指标评价体系，形成可解释的企业综合评分卡，并应用于平台中小微企业的金融信贷场景（见图 1）。数据-场景映射验证了工业互联网平台数据要素在制造流程优化、供应链协同管理、产品研发与创新设计、绿色低碳管理及产业数字金融五大领域的价值，实现了从数据治理到商业化产品的全链条闭环。

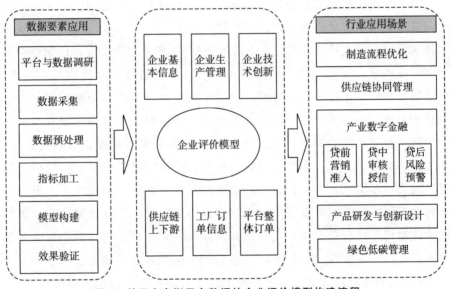

**图 1　基于卡奥斯平台数据的企业评价模型构建流程**

## （一）平台整体架构与行业生态概览

卡奥斯平台是一个面向多行业、多场景的生态型平台，涵盖超过 15 个垂直行业生态，包括机械装备、家电智能制造、电子行业、化工、纺织、能源、模具、数字孪生等。平台以 BaaS 引擎为技术底座，通过"与大企业共建、同小企业共享"的模式整合产业链各方资源，几乎覆盖了全行业的产业体系。在平台赋能下，已有智能家电、纺织服装、汽车等十余个产业成功落地，联结企业超过 90 万家、赋能企业 16 万家。其中，电子行业的智能控制器——印刷电路板组装件（Printed Circuit Board Assembly，PCBA）板块是卡奥斯平台重点打造的示范生态，被誉为数据闭环最完整、数据采集最全面、应用最深入的行业场景之一。本研究调查发现，PCBA板块依托高度数字化的生产过程，实现了从订单到交付的全流程数据贯通。2023年初，卡奥斯电子板块的合肥智能控制器互联工厂入选了全球"灯塔工厂"名单，成为国内智能控制器行业首座"灯塔工厂"，其涵盖的18个应用案例被认定为PCBA板块数字化转型的最佳实践。这表明卡奥斯平台在电子制造领域的深度应用已达到行业领先水平。

卡奥斯平台整体架构遵循工业互联网"四层架构"模型，包括资源层、平台层、应用层和生态层。底层资源层聚合全球软硬件资源、工业设备和业务要素，构建共享的资源池；平台层培育工业PaaS能力，支持工业应用的快速开发部署与集成，沉淀工业机理模型和OS平台微服务；应用层面向不同行业场景，云化封装形成互联工厂的智能制造应用以及协同供应链、智慧物流、质量管控等解决方案；上层生态层联结政府、金融组织、大型制造业企业、中小供应商、消费者等多元主体，通过用户全流程参与和多边协同，打造开放共赢的产业生态。平台以大规模定制模式为核心特征，将用户需求贯穿设计、生产、服务全流程，最终实现"人单合一"的定制制造模式，即用户、企业和资源的零距离互联。在这一架构下，卡奥斯平台针对不同行业定制开发了子平台和解决方案。例如，在机械、化工等离散或流程行业打造专业化的工业应用，在房车、医疗、建筑陶瓷等细分领域推广行业解决方案，使平台架构与行业Know-how深度融合，形成"平台+生态"的双轮驱动模式。电子行业PCBA板块作为平台的重要组成部分，以高度信息化的互联工厂为载体，将上述四层架构在实践中予以全面落地，构建了覆盖研发、生产、物流、服务的闭环数据体系。

## （二）电子行业板块数据体系

通过对卡奥斯平台电子行业PCBA板块的数据资源进行系统梳理和分类，我们将PCBA板块的数据划分为以下几大类别。

企业基础信息数据：包括平台上入驻供应商的注册认证信息、资质证书、经营规模、地理位置等静态数据。这部分数据构成了企业画像的基础，有助于识别企业属性与基本生产能力。

订单与交易数据：涵盖需求方在平台发布的订单及供应方响应过程中的数据，具体包括订单需求描述、报价与合同信息，以及形成正式订单后的订单信息等。这些数据通常存储于卡奥斯平台业务数据库，用于跟踪订单生命周期。

生产过程与质量数据：这是 PCBA 板块数据体系中最具规模和价值的部分，涵盖从工厂接单投产到产品下线交付全过程的车间数据，包括生产工单、制令单、派工与进度数据、关键工序工艺参数、设备运行日志及各种在线测试与质检记录等。这些生产与质检数据多数通过工厂部署的传感器和 MES 系统自动采集，并定期同步至卡奥斯平台的数据仓库。数据粒度细致到单板单工序级别，时序上覆盖产品在产的全流程，为后续过程优化与质量分析提供了完整的数据链条。

供应链与物流数据：包括包装出库扫描、物流发运跟踪及客户签收反馈等数据。每笔订单在完成生产后，其产品包装箱唯一码、出库时间、承运物流、运单号等信息会被记录在案，实现产品去向的可追溯。同时，平台记录交付周期（从下单到交付的总耗时）、交付及时率（如是否按期送达）、客户验收结果等履约相关数据，为供应链管理和服务改进提供了依据。

结算与对账数据：涉及供应商与平台之间以及与需求方之间的结算往来数据。平台按照约定的结算周期（通常为月度）生成订单结算清单，包含每笔订单的结算金额、税额、结算日期等，同时还有供应商应收应付账款明细、平台服务费用、对账记录等金融相关数据存储在业务数据库中。这些数据是后续金融应用（如信用评估、融资额度核定）的直接输入。

其他辅助数据：如设备台账与维护数据、员工操作记录（上岗资质、培训记录、生产班次考勤等）、环境监测数据（洁净度、温湿度）等。这些数据虽然不直接体现在订单或生产流程中，但通过与生产数据关联，可用于深入分析影响产能和质量的因素。

（三）数据采集与预处理

我们依托来自卡奥斯平台的实际业务数据开展数据要素研究。数据覆盖 2023 年 4 月至 2024 年 8 月平台电子板块的运营信息，涉及全国电子制造企业，均为从事电子线路板生产的中小工厂。这些企业在平台上发生的订单、生产、质检、结算、注册认证等数据为模型构建提供了基础素材。原始数据包括多个表源，例如订单信息表（订单数量、金额、状态、下单和交付时间等）、生产过程表（生产单元、工序完成情况、质检结果等）、结算表（结算金额、周期、费用明细等）以及企业基本信息表（注册时间、认证资质等）。

在预处理阶段，我们首先对这些数据进行了清洗和对齐：剔除极端异常值（如明显错误的时间戳和负值金额），填补合理缺失（对于少量缺失值以均值或中位数填充），并通过企业 ID 将不同表的数据整合到一起。考虑到需要以企业为粒度生成特征，我们将时间序列数据转换为截面特征。例如，对于订单数据，我们按照设定的时间窗口（近 1 个月、3 个月、6 个月、12 个月等）进行汇总计算，从而得到该窗口内的订单总金额、订单数量、增长率等指标。这种处理类似于传统风控中的"拉链表"方法，即基于固定观察点将时序行为数据拉平为特征向量。与此同时，我们对某些类别型信息进行了编码处理，如订单状态分布、产品类别分布等，转换为可进行数值分析的形式。为保证数据质量，我们与平台方核对了关键字段的含义和有效性，确认"订单完成"状态仅指按期交付且通过质检的订单、"质检不合格"字段指订单在首次质检未通过的数量等。这种业务含义的明确使得后续指标设计更加准确。在完成数据采集和初步清洗后，我们得到了一份以企业为行的分析基础表，其中包含每家企业在观察期内各方面表现的原始指标，为后续加工奠定了基础。

基于清洗后的平台数据，我们围绕企业的基础信息、生产管理能力、技术创新能力、供应链管理能力、企业及平台订单情况等维度设计了一系列评价指标。在微观企业层面，指标涵盖企业自身的订单履约、生产效率、结算情况等；在行业对比层面，指标与平台平均水平或其他企业进行比较，反映其相对表现。

指标设计遵循"两结合"的思路：一方面结合数据驱动，从原始数据中挖掘具有区分度的特征；另一方面结合业务经验，确保所选指标具有金融风险判别的意义。我们在指标长清单基础上进行了系统的筛选与优化。首先，应用常规的统计筛选方法剔除信息量低或冗余高的指标；其次，计算指标取值的离散程度，剔除方差极小（基本不变）的指标，以及众数占比过高（>50%，信息熵低）的指标；再次，针对数值型指标计算两两之间的相关系数并结合方差水平，剔除其中高度相关且信息重叠的指标；最后，引入业务可解释性原则对指标集进行调整反选。在这一步，金融风控和平台业务专家共同审视指标含义，删除那些虽然统计上显著但业务意义存疑的指标，并补充纳入由专家筛选的指标。通过这一系列筛选和优化，我们得到平台企业评价模型指标体系，综合考虑了企业基础信息（如工厂信息、注册资质等）、企业生产管理（如质量控制、设备效率等）、企业技术创新（如自动化水平、数字化应用等）、供应链管理（如供应商稳定性、物流信息等）以及工厂订单情况和电子板块整体订单情况等方面（见表1）。这些指标从不同角度刻画了企业的信用状况，为后续模型构建奠定了科学、客观的特征基础。

表1　平台企业评价模型指标体系

| 指标维度（一级） | 指标维度（二级） | 指标字段（示例） |
| --- | --- | --- |
| 企业基础信息 | 工厂信息 | 注册资本、人数等 |
| | | 供应商类型及数量（供应商、方案商、制造商、原材料商） |
| | | 产品种类等 |
| | | 违约失信记录 |
| | 注册资质 | ISO9001、ISO14001 认证 |
| | | 专精特新企业、高新技术企业 |
| | 地理位置 | 经营地址 |
| | | 产业园区 |
| 企业生产管理 | 质量控制 | 自动光学检测一次直通率 |
| | | 在线测试首测合格率 |
| | | 不良率 |
| | 设备效率 | 设备综合效率 |
| | | 设备停机率 |
| 企业技术创新 | 自动化水平 | 自动化设备占比 |
| | | 机器/人密度 |
| | 数字化应用 | 关键工序 MES 覆盖率 |
| | | 数据上传时效 |

续表

| 指标维度（一级） | 指标维度（二级） | 指标字段（示例） |
|---|---|---|
| 供应链管理 | 供应商稳定性 | 前三大供应商订单量占比 |
| | | 平均账期 |
| | 物流信息 | 发货数量 |
| | | 物流状态等 |
| | 成本控制 | 原料物料号 |
| | | MES 物料消耗 |
| | | 人工成本 |
| 工厂订单情况 | 订单承接/交付 | 承接订单含税总金额 |
| | | 完成订单含税总金额 |
| | | 未按期交付订单占完成订单数量比重 |
| | 订单结算 | 订单结算总金额 |
| | | 订单结算数量 |
| | 订单质检 | 近 3 个月生产订单直通率 |
| 电子板块整体订单情况 | 电子板块整体订单规模 | 近期平台新发布订单总金额 |
| | | 近期平台完成订单总金额 |
| | | 近期平台订单结算总金额 |
| | 电子板块整体订单增长 | 平台发布订单增长率 |
| | | 平台发布订单金额增长率 |

## （四）模型构建与验证

我们基于无监督算法进行卡奥斯平台小微企业信用评价模型的构建，即采用多指标加权求和形式生成每家企业的信用评分。具体步骤如下。首先，我们对每个指标都进行了区间化处理（标准化或离散化）。对于连续型指标，根据其在 38 家企业样本中的分布，将取值范围离散分箱，并赋予 0~100 分的评分（分值高低反映优劣程度，例如增长率高赋高分、逾期率高赋低分）。这一过程类似于传统信用评分中广泛应用的 Weight of Evidence（WoE）编码方法，该方法最早被 Hand 和 Henley（1997）系统总结，用于将变量分箱并转换成对风险预测最有效的形式。虽然我们未使用违约标签划分，而是结合分布情况和业务意义手动划定分箱阈值，但方法论本质延续了 WoE 的思想（Seitshiro & Govender，2024）。对于少数本身已有等级含义的指标（如按期交付率可直接以百分比计分），则按线性比例转换为相应得分。这样处理后，不同量纲的指标被转换到相同的分值尺度。接下来，我们借助专家打分，构建了指标两两比较的判断矩阵，并计算出各指标相对于评价目标（企业综合信用）的权重系数。此处采用的层次分析法（Analytic Hierarchy Process，AHP）由 Saaty（1980）首创，是多指标决策中经典的权重赋值方法，被广泛应用于信用风险和管理决策领域。专家一致认为履约类指标（如按期交付率）对信用风险的影响大于增长性指标，因此在成对比较中给予前者更高权重。经过一致性检验后，获得权重向量。近年来，关于 AHP 的改进和应用综述也表明 AHP 在处理专家判断权重时的适用性和稳健性（Ashour & Mahdiyar，2024）。为验证权重稳健性，我们使用了 K-means 聚类算法对企业指标得分矩阵进行了聚类分析，识别企业群体结构，并分析各集群在单指标上的均值差异。若某指标对高低信用集群区分作用突出，则权重被保持或提升，反之则降低。K-means 算法作为最早由 MacQueen（1967）提出的聚类方法，经过多年发展仍是数据聚类分析中的基石方法，适用于无监督识别企业信用分层结构（Ikotun et al.，2023）。两种方法结果总体一致，最终以专家赋权 AHP 为准。有了指标得分和对应权重，即可计算每家企业的综合信用评分，理论范围为 0~100 分。为了方便业务解读，评分换算成信用等级，按得分在样本中分布划分为 A、B、C 等级，得分越高，信用等级越高。

模型完成后，我们使用了多种方法进行验证。第一，专家检验。模型评分位于前列的企业同时也是平台运营人员眼中履约表现最佳、合作最稳健的企业，评分较低者多有订单延期、质量问题记录，表明评分与业务经验吻合。第二，外部参照。收集企业是否为高新技术企业、是否获得政府基金支持等信息，发现高评分企业在高新资质和政策支持上占比更高，这从侧面验证了模型的合理性。第三，极端案例分析，对最高与最低评分企业分别进行剖析，发现高评分企业指标表现优异无短板，低评分企业在多方面处于弱势地位，符合预期。

需要指出的是，评分卡模型的重点在于区分能力和稳定性，而非精确预测金融违约。随着数据的积累，未来可迭代校准指标权重与评分等级，提升模型准确度。

## （五）数据要素应用拓展

基于上述 PCBA 板块的数据体系，我们将其对应到工业互联网平台数据要素的五大应用场景（见表 2）。

### 1. 制造流程优化

生产现场的运行数据为企业内部管理决策提供了依据。例如，通过采集工单和制令的执行进度、员工出勤与操作、设备开机率、产品良品率、不良品类型等数据，管理者可以实时掌握车间生产状态，识别瓶颈工序并进行产能平衡调整。同时，将以上数据集成展示在工厂数字看板上，实现车间关键指标的可视化，有助于及时发现异常情况并组织协调。例如，某互联工厂将人员、设备、物流、环境等数据打通后，生产实现了自感知、自优化，大幅减少了一线人工巡检和手工记录的工作量。又如，通过统计不同班组的不良品率和设备停机率，企业可以有针对性地改进工艺或加强培训，从而持续改善产品质量和提升生产效率。可见，生产过程数据在内部管理场景中起到支撑决策和驱动改进的作用，使传统经验管理转向数据驱动的精细化管理。

### 2. 供应链协同管理

平台沉淀的订单状态、交付进度、物流跟踪和结算对账等数据，为供应链上下游协同构建了透明机制。例如，每笔订单从下达、生产到发货、送达的节点数据可用于构建订单履约周期指标，并据此进行交付延迟预测和及时预警。一旦某订单的生产或物流进度落后于计划，系统就可以根据历史数据预测是否可能逾期交付，提醒管理者采取措施加快进度或调整物流方案。包装出库扫描和物流实时数据则支持在途可视化和仓储优化：通过监控库存及发货量，企业可以优化库存周转，减少缺料或积压的情况。在结算环节，平台提供对账单据和结算记录的数据支持，金融部门可据此自动对账和清分应收应付款，减少人工对账差错。更重要的是，多家供应商和客户在平台上的交易数据连通后，可实现供应链多级协同。例如，某 PCBA 工厂整合了 100 多家客户和 500 多家供应商，实现了多工厂产能联动与资源调度，在接单后由仓库管理系统（Warehouse Management System）自动判断物料库存并下达生产计划。这表明，订单履约相关数据为供应链管

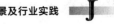

理场景提供了基础支撑，促进了交付准时率的提高和物流配送的优化。

3. 产品研发与创新设计

生产过程中的测试和质检数据对研发设计具有重要的反馈价值。卡奥斯平台汇聚的大量自动光学检测（Automated Optical Inspection，AOI）、在线测试（In-Circuit Test，ICT）、功能测试（Functional Circuit Test，FCT）结果以及不良品缺陷记录，可用于闭环反哺产品设计和工艺改进。例如，AOI数据发现某类电路板上特定位置经常出现焊接虚焊缺陷，研发人员据此排查设计图，发现该区域焊盘设计不合理或元件布局存在隐患，从而在下一版设计中进行修改。同样地，ICT频繁失败的电路模块，可能提示原理设计存在薄弱之处，需要在元器件选型或电路冗余上优化。卡奥斯平台在实践中已利用人工智能对海量缺陷数据进行学习，建立了"PCBA智能AOI算法模型"，可以识别常见故障模式并反溯产品设计与工艺环节，提前预测潜在的故障风险。根据访谈信息，该模型应用后，将AOI设备的误报率从3%降至0.3%，PCBA直通率提升了70%。这些成果证明，将测试缺陷数据与设计改进相结合，可以有效提升产品可靠性。同时，不良品的原因分析数据也可反馈给工艺工程师，以优化制程参数和工艺规范，形成研发—生产—再研发的持续改进闭环。

4. 绿色低碳管理

随着"双碳"目标的推进，工厂能源与碳排放数据成为新的管理要素。PCBA板块中，可采集的设备开机时长、工序能耗、电力使用峰谷、产线碳排放等数据，为企业实施节能降耗和碳管理提供了依据。一方面，通过统计各设备单位产品的能耗，企业可以发现高耗能的工艺环节并通过技术改造或产能调度来降低能耗强度；另一方面，实时的能源监测数据接入平台后，可以建立能源总控看板，帮助管理者优化用能策略（如避开用电高峰、提高设备负载率等）。卡奥斯平台基于自研的智慧"双碳"解决方案，已支持企业对碳数据的采集、碳排放盘查及减排策略优化，帮助企业摸清"碳家底"并制订科学的减碳计划。例如，在海尔中德智慧园区搭建的智慧能源总控平台，通过监测多能源介质的用量和排放，实现能效提升、清洁能源利用和净零排放路径的标准化。这些实践表明，能源与碳排放数据在平台的汇聚分析下，可转化为企业节能降碳的行动指引。同时，可靠的碳核查数据还可用于绿色金融、碳交易等扩展场景，进一步实现数据价值。

### 5. 产业数字金融

工业互联网平台沉淀的经营数据正日益被用于中小企业的信用评估与供应链金融服务。在卡奥斯 PCBA 板块，企业的订单总金额、按期交付率、产品退货率、质量合格率、历史结算记录等数据，构成了客观反映企业经营健康程度的指标体系。这些数据要素可以替代传统信贷审批中对抵押担保的依赖，成为数字时代的信用资产。例如，通过平台内某供应商近 12 个月的订单金额走势和按期履约率，可以评估其业务增长性和合同履约能力；结合不良品率和客户退货率，可以衡量其产品质量稳定性；参考其在平台整体业务中的占比和活跃度，可以评估其行业地位和依存度。基于上述多维度数据，平台为金融机构建立了企业数字画像和信用评分模型，实现了对中小制造业企业的自动化风控决策。基于卡奥斯供应商数据开发的企业评价与分层模型，可用于支持银行对供应商的授信额度审批和融资风险判断。数字化的风控模型能够实时读取平台交易和行为数据，动态监测企业经营状况，比传统依赖财务报表的方式更加及时、真实。这使金融机构可以针对平台上的优质供应商提供无抵押信用贷款或应收账款融资等服务，大幅降低中小企业的融资门槛。总体而言，卡奥斯平台的数据赋能使供应链金融实现了"信用评估数据化、风控决策自动化"的新模式，为产融结合提供了创新路径。

表 2　PCBA 板块主要数据类型与应用场景的映射关系

| 数据域 | 应用场景 | 典型应用举例 |
| --- | --- | --- |
| 生产运行数据（工单、制令进度、员工出勤、设备运行、质检不良等） | 制造流程优化 | 车间看板可视化；瓶颈产能分析；不良原因分析与质量改善 |
| 订单履约数据（订单状态、生产/交付周期、库存物流、结算对账等） | 供应链协同管理 | 交付准时率监测预警；物流优化；应收应付款清分和自动对账 |
| 测试缺陷数据（AOI/ICT/FCT 结果、不良品缺陷记录等） | 产品研发与创新设计 | 缺陷模式识别与设计缺陷反馈；工艺参数优化改进 |
| 工厂能源与碳排放数据（设备开机时长、工序能耗、电力使用峰谷、产线碳排放等） | 绿色低碳管理 | 单位能耗分析与节能诊断；碳足迹核算与减排策略 |
| 交易绩效数据（订单总金额、按期交付率、产品退货率、质量合格率、历史结算记录等） | 产业数字金融 | 平台信用评分模型；供应链金融风控；动态授信额度审批 |

# 四　总结与展望

卡奥斯平台的企业评价模型为金融机构提供了中小微企业授信支持；未来，还可对模型进一步进行完善并产品化，持续拓展其数字金融服务的应用价值。在理论层面，随着数据的不断积累与优化，模型评分的准确性和覆盖度将逐步提升，并且拓展至平台其他板块（如机械制造、纺织服装等）的供应商评价，形成分行业的信用模型库。在应用层面，企业评价模型可以进一步转化为平台的标准服务或产品，通过定期为平台内企业生成信用评分和分析报告的形式，帮助发现平台供应商的经营短板，提升供应链管理、信用风险管理水平。同时，平台可以将信用报告作为增值服务，助力优质中小企业获得更多金融支持与产业链协同机会。此举也将极大地提升融资撮合效率，形成可规模化推广的场景金融生态。

通过不断丰富模型功能和拓展应用场景，平台有望构建一套可复制、可推广的工业数字信用基础设施体系。这不仅可以服务于卡奥斯自身，也可以赋能更多工业互联网平台和产业集群，助力解决中小企业融资难题，促进数据要素与金融资本的高效融合。在数字经济时代，工业互联网平台将不仅是生产力要素的连接中枢，而且将成为模式的创造者和供应者，为实体经济发展注入源源不断的金融"活水"。

数据要素在工业互联网时代正在成为驱动工业转型升级的新引擎。一方面，在制造流程优化、供应链协同管理、绿色低碳管理、产业数字金融等应用场景中，工业数据作为生产要素正全面赋能实体产业，获得了提高效率、降低成本、提升质量和促进智能化的显著成效。数据的深度应用加速了制造业数字化、网络化、智能化的发展进程，推动数字经济与实体经济深度融合。另一方面，要释放数据要素的巨大价值，必须构建完善的理论研究框架，并积极鼓励技术创新，包括数据采集与治理、数据确权与流通、数据安全、数据资产化，建立明确的工业数据产权确权机制，完善安全可控的数据流通交换机制，实施严格的数据质量治理体系，并应用先进的数据安全与隐私保护技术。在政策引导、技术创新和产业实践的共同作用下，未来工业数据要素市场将进一步繁荣。数据将像土地、资金等传统要素一样被确权、定价、交易和增值；企业将更加重视数据治理与安全合规，提升数据管理能力；跨企业、跨行业的数据共享生态将逐步形成，为工业智能化提供源源不断的"燃料"。展望未来，数据要素将为工业互联网创新发展注入持续动力，我国制造业有望凭借海量数据资源和丰富应用场景的双重优势，充分释放数据红利，迈向更高质量的数字化转型之路。

## 参考文献

钞小静、周文慧、刘亚颖，2024，《工业互联网与制造业企业全要素生产率》，《经济管理》第 7 期。

工业互联网产业联盟，2022，《工业互联网平台数字化转型与资金支持研究》，联盟内部研究报告。

吕文晶、陈劲、刘进，2019，《工业互联网的智能制造模式与企业平台建设——基于海尔集团的案例研究》，《中国软科学》第 7 期。

秦峥、刘帅、李育涛，2024，《数据要素驱动下的工业互联网平台创新发展与应用研究》，《网络安全与数据治理》第 11 期。

孙大明、胡苏敏、朱天一、黄菁菁，2025，《工业互联网平台如何驱动新质生产力发展——基于数据要素视角》，《科技进步与对策》第 3 期。

孙新波、张明超、王永霞，2022，《工业互联网平台赋能促进数据化商业生态系统构建机理案例研究》，《管理评论》第 1 期。

王节祥、陈威如、龚奕潼、陈衍泰，2024，《工业互联网平台构建中如何应对"个性与共性"矛盾？——基于树根互联的案例研究》，《管理世界》第 1 期。

王水莲、付晗涵，2025，《工业互联网平台主导的创新生态系统价值共创机制——以海尔卡奥斯为例》，《科技进步与对策》第 2 期。

魏津瑜、马骏，2020，《数据治理视角下的工业互联网发展对策研究》，《科学管理研究》第 6 期。

乌力吉图、周碧波、王英立，2024，《中国中小制造业企业数字化转型路径研究》，《科学学研究》第 5 期。

杨光，2024，《"灯塔工厂"进入 AI 时代，卡奥斯科技赋能 12 座，为行业最多》，《青岛日报》10 月 8 日。

张明超、孙新波、李俊悦，2025，《工业互联网平台赋能制造企业价值链数字创新——基于海尔卡奥斯的案例研究》，《科学学研究》第 2 期。

张学文、杜天翔、尹西明，2024，《工业互联网平台赋能新质生产力的理论逻辑与实现路径：以河钢集团为例》，《技术经济》第 11 期。

Ashour, M. , & Mahdiyar, A. 2024. "A Comprehensive State-of-the-Art Survey on the Recent Modified and Hybrid Analytic Hierarchy Process Approaches. " *Applied Soft Computing* 150: 111014.

Hand, D. J. , & Henley, W. E. 1997. "Statistical Classification Methods in Consumer Credit Scoring: A Review. " *Journal of the Royal Statistical Society: Series A (Statistics in Society)* 160 (3): 523-541.

Ikotun, A. M. , Ezugwu, A. E. , Abualigah L. , & Abuhaija B. 2023. "K-means Clustering Algorithms: A Comprehensive Review, Variants Analysis, and Advances in the Era of Big Data. " *Information Sciences* 622: 764-797.

Kumar, D. , Singh, R. K. , & Mishra, R. , et al. 2022. "Applications of the Internet of Things for Optimizing Warehousing and Logistics Operations: A Systematic Literature Review and Future Research Directions. " *Computers & Industrial Engineering.* DOI: 10. 1016/j. cie. 2022. 108455.

MacQueen, J. 1967. "Some Methods for Classification and Analysis of Multivariate Observations. " *Proceedings of the Fifth Berkeley Symposium on Mathematical Statistics and Probability* 1: 281-297.

Saaty, T. L. 1980. *The Analytic Hierarchy Process.* McGraw-Hill.

Seitshiro, M. B. , & Govender, S. 2024. "Credit Risk Prediction with and Without Weights of Evidence Using Quantitative Learning Models. " *Cogent Economics & Finance* 12 (1): 2338 971.

World Economic Forum. 2024. "World Economic Forum Recognizes Leading Companies Transforming Global Manufacturing with AI Innovation (Press Release). " World Economic Forum official website, October 8, 2024.

# 我国数据交易机构的发展、评估与未来探索

王　娟　易典馨　庄顺典　徐克付*

**摘　要**　数据交易机构是顺应时代发展、激活数据要素市场的重要支撑，但如何找准市场定位，提供满足市场需求的服务，仍是各方正在努力探索的重要议题。首先，本文从数据要素特性角度，对数据交易所、数据提供商、数据需求商、第三方服务商和交易监管机构等生态主体展开深入分析。其次，本文根据数据流通指数构建数据交易平台指数，呈现近年来我国数据交易机构的发展情况，并对24家数据交易机构的机构性质、目标定位、平台类型及产品服务进行案例分析，综合描述我国数据交易机构的功能设置。最后，本文从发展定位、生态引领、数商平台、治理与监管四个方面，提出我国数据交易机构的未来发展构想。

**关键词**　数据交易机构　数据交易所　数字生态　数据要素市场

## 引　言

数字技术革命为数据成为生产要素提供了技术条件，数据资源指数级积累，为数据成为生产要素提供了资源条件。我国具有海量数据资源和巨大应用市场的规模优势，2024 年全国数据生产总量达 41.06ZB，同比增长 25%①。

---

\*　王娟，北京大学大数据分析与应用技术国家工程实验室特聘副研究员，主要研究方向为数字经济、数字化转型；易典馨，北京大学大数据分析与应用技术国家工程实验室科研助理，主要研究方向为数字经济、数据要素；庄顺典，北京大学经济学院博士研究生，主要研究方向为数字经济史、经济思想史；徐克付，北京大学大数据分析与应用技术国家工程实验室特聘研究员，主要研究方向为可信数据空间、数据流通与治理。

① 《〈全国数据资源调查报告（2024 年）〉正式发布》，http://finance.people.com.cn/n1/2025/0430/c1004-40471128.html，最后访问日期：2025 年 6 月 30 日。

但是，由于我国数据交易市场尚未成熟，大量数据生产企业和需求企业处于"数据孤岛"状态，数据要素的价值没有得到充分释放。完善数据要素市场体系是确保数字中国战略规划落地的制度保障。《中共中央 国务院关于构建数据基础制度更好发挥数据要素作用的意见》的出台，以及国家数据局的成立，标志着我国数据要素市场从初步探索进入起步形成阶段。2024年1月，国家数据局等17个部门联合印发的《"数据要素×"三年行动计划（2024—2026年）》明确提出，到2026年底，培育一批创新能力强、成长性好的数据商和第三方专业服务机构，形成相对完善的数据产业生态，场内交易与场外交易协调发展，数据交易规模倍增。由此可见，数据交易机构在激发数据要素活力过程中扮演着重要角色，是促进以数据为交易标的的商事交换行为的服务主体，有望将潜在的数据资源转换为真正意义上的数据产品甚至数据资产，从而有效提升数据的流通效率和市场价值，推动大数据产业乃至整个数字经济的繁荣发展，以数字科技创新为新质生产力输送发展之能。

以数据交易所为代表的数据交易机构，试图通过体制创新和市场开拓来解决数据交易中的关键问题，如数据权属问题（武西锋、杜宴林，2022）、数据共享问题（王蒙燕，2022）、数据价值问题（黄倩倩等，2022）、数据安全问题（宋捷，2022）、数据监管问题（陈晓红等，2025）等。数据交易所是促进数据供给方和数据需求方达成数据交换的中介机构，为数据的合规使用和安全保障提供了一定程度的信用担保。如何突破制约数据交易的关键难点，并让数据交易所成功运营，是目前社会各界关心的前沿问题。北京大学大数据分析与应用技术国家工程实验室（以下简称"国家工程实验室"）"数据流通指数"课题组调研发现，我国场内市场数据交易规模占全国数据市场交易规模的比例仅约18%。目前已有不少文献探讨了我国数据交易尤其是场内数据交易活跃度不高的原因，如服务商的缺失或发育不足（李金璞、汤珂，2023），供给端数据收集能力与数据转让动力不足，需求端面临合规性、合质性、合价性不确定（王静云、吕本富，2022），以及数据确权难、定价难、互信难、入场难、监管难等问题（黄丽华等，2023）。

数据交易机构的成功运营不仅取决于自身的经营模式，还与其所处的数字生态环境密切相关（林镇阳等，2022）。Martens等（2022）认为第三方服务中介的数据要素交易形式可以通过引入数据信托、标准化交易标的、标准合同等形式降低交易成本，解决数据要素市场失灵的问题。黄朝椿（2022）建议采用构建第三方保证信用机制、强化信息披露制度等方法。熊丙万、何娟（2024）提出完善场内交易的制度设计，通过第三方专业服务商解决数据资产确权登记、数据产品估值审计及数据交易合约订立等方式降低场内交易成本。李依怡（2023）支持数据交易所作为独立第三方交易平台的模式。姜宇（2023）建议数据交易所作为数据信托管理者，负有特别信义义务。

数据交易机构亟须探索出满足需求与服务创新的路径。本文分析了数据要素特性对数据交易所、数据提供商、数据需求商、第三方服务商和交易监管机构等生态主体的影响，并借助数据交易平台指数的量化结果对 24 家数据交易机构开展案例分析，旨在为我国数据交易机构的健康发展提供对策建议。

## 一 数据要素特性及其对五大生态主体的影响

综合分析相关历史文献，我们发现数据要素在产品化、质量评估、产权界定、定价收费、安全合规等方面存在诸多不适合交易的天然特性，因此不能简单模仿数据的交易模式或者照搬证券交易所、金融交易所和一般商品的交易模式。数据要素特性对数据交易所、数据提供商、数据需求商、第三方服务商和交易监管机构等生态主体产生了诸多功能需求（见表1），没有更好地满足这些功能需求是目前场内交易还不能替代场外交易的根本原因。

表 1 数据要素特性对五大生态主体的功能需求

| 数据要素特性 | 数据交易所 | 数据提供商 | 数据需求商 | 第三方服务商 | 交易监管机构 |
| --- | --- | --- | --- | --- | --- |
| 产品化：数据的非竞争性、难以标准化 | 产品登记、挂牌、分销与结算 | 提供标准化数据产品 | 需要定制化和多源融合的数据 | 数据产品开发 | 符合数据安全、产品安全要求 |
| 质量评估：主观性、动态变化 | 保障数据质量 | 质量证明 | 高质量数据需求 | 质量评估服务 | 交易信用监管 |

续表

| 数据要素特性 | 数据交易所 | 数据提供商 | 数据需求商 | 第三方服务商 | 交易监管机构 |
|---|---|---|---|---|---|
| 产权界定：模糊性、多重权利 | 产权登记；流转登记；使用权授予 | 自证数据来源合法合规 | 数据加工使用权；数据产品经营权 | 技术追溯数据交易流通情况；律所提供合规咨询服务等 | 著作权法；商品法；物权法 |
| 定价收费：价值难以量化、价格波动性 | 指导定价 | 倾向成本法定价 | 倾向收益法定价 | 公允价值；评估服务 | 反垄断 |
| 安全合规：高风险性 | 资质与产品背书 | 符合网络安全、数据安全、个人信息保护、数据出境安全等合规要求 | 用途合法合规，数据使用追溯服务 | 技术公司通过区块链、隐私计算实现数据流通全程记录并不可篡改、数据可用不可见；律所公司审核、咨询等确保合法合规 | 根据国家法律规定，确定地方行业行政法规、支持政策等，在确保安全合规的前提下促进数据流通 |

数据交易所的突破方向：提高数据质量。在这五项功能中，第二项对数据交易所的影响最大，即因未能高效评估数据质量而带来的交易问题。交易前，数据提供商和数据需求商对数据质量的预期具有模糊性；即便是交易后，也难以直接量化特定数据对算法性能的提升程度，尤其是当这些数据被用于训练复杂的机器学习模型时。因此，数据要素市场实际上是一个标准的柠檬市场。在建立起高效的数据质量评价标准和审核体系之前，数据交易机构难以为交易双方提供增量价值服务。为此，数据交易所可以通过创建高质量数据集的方式，增强区分数据质量的信号作用，降低购买者寻求所需数据的时间成本，提供比场外交易效率高的数据寻源服务。

数据提供商的突破方向：提高数据产品化率。在这五项功能中，对数据提供商来说最为重要的是第一项，即数据产品化。数据产品化与应用场景密切相关，需要定制化开发。在场内进行交易时，数据提供商的定制化开发不仅涉及公司与产业链层面的相关数据，还涉及数据交易所、数据需求商、第三方服务商和交易监管机构等，相互之间的沟通、协商、签约等交易成本远高于场外交易。为此，数据提供商需要在生态平台上开发数据产品，而不是先开发产品再进行销售。

数据需求商的突破方向：扩大数据购买的产权范围。在这五项功能中，限制数据需求商的是第三项，即数据产权模糊带来的交易问题。一方面，数据具有易于复制、使用无损、侵权难防及卖方可无限转售等特性，购买后的使用权难以完全得到保障；另一方面，为满足自身产业需求，数据需求商希望利用已购买使用权的数据资源进行专用化产品开发，并拥有新产成品的所有权，但目前即使场内交易也无法确保数据产权按照约定方式执行。为此，扩大数据购买的产权范围是数据需求商突破制约的方向。

第三方服务商的突破方向：解决数据定价问题。在这五项功能中，第四项对第三方服务商产生很大影响，即数据定价难带来的交易问题。在价格影响因素层面，数据具有质量、覆盖面、时效性与精准度等多维影响因素，难以确立普遍适用的数据定价规则；在数据产品类型层面，数据产品具有个性化定制、应用场景丰富等特点，往往需要多方数据源联合训练模型，难以建立科学的多方贡献分配规则。此外，供方倾向于依据数据处理的成本来标定价格，而需方则寻求基于数据利用所创造价值的比例来谈判价格。目前数据要素市场上还缺乏能够公允定价的服务机构，为此，解决数据定价问题是第三方服务商摆脱束缚的途径。

交易监管机构的突破方向：安全合规监管。在这五项功能中，约束交易监管机构的主要是第五项，即数据安全合规难带来的交易问题。数据交易往往围绕以个体信息为粒度的数据单元展开，即便经过清洗过滤，也难以彻底规避隐私与商业秘密的泄露风险。数据流通中潜藏的监听、拦截风险，以及数据超出原始收集意图和业务边界被二次利用，乃至未经合同约定流向第三方，均可能损害公民权利。因此，交易监管机构还没有处理好与数据交易所的双重监管身份：一方面，交易监管机构需要监管数据交易所；另一方面，数据交易所也负责监管其他交易主体的行为。当前，我国数据交易所的监管责任尚不明晰，交易监管机构需要进一步探讨根据国家法律规定，确定地方行业行政法规、支持政策等，在确保安全合规的前提下充分发挥市场机制的作用。

## 二　我国数据交易机构的演进、评估与功能布局

### （一）我国数据交易机构的建设历程

随着电子商务平台、大数据产业以及各行业数字化转型的迅猛发展，经济社会对数据交易平台的需求与日俱增，促使数据交易市场快速发展。相比于美国数据交易市场早在 2008 年就已迅速发展，我国数字规制体系和法律体系构建较晚（李昊林等，2022），数据交易市场发展也起步较晚。从 2014 年开始，我国推行数据要素交易市场。截至 2025 年 1 月，国内主要数据交易中心（所）达 72 个。[①]

2015 年国务院印发《促进大数据发展行动纲要》，各地方政府积极探索成立数据交易机构。其中，贵阳大数据交易所于同年 4 月正式挂牌运营，是经贵州省政府批准成立的全国第一家大数据交易所。在此期间，全国各地先后成立了 20 多家数据交易机构，如浙江大数据交易中心、上海数据交易中心、南方大数据交易中心、杭州钱塘大数据交易中心、华东江苏大数据交易中心、河北京津冀大数据交易中心、西咸新区大数据交易所、东湖大数据交易中心、青岛大数据交易中心等。但是，这些数据交易机构的平台运营情况大多不尽如人意，成交量远低于预期，甚至陷入搁置、停运状态，数据交易产业处于小规模探索阶段（王璟璇等，2021）。

2020 年 4 月，中共中央、国务院印发《关于构建更加完善的要素市场化配置体制机制的意见》，明确提出加快培育数据要素市场，在全国掀起数据交易机构的第二轮建设高潮。同年，全国共成立 5 家省级大数据交易机构，如山东、山西、海南、安徽、广西纷纷揭牌成立新的数据交易中心（所）；2021 年有 4 家省级大数据交易机构成立，其中北京国际大数据交易所 3 月成立，上海数据交易所 11 月成立；2022 年有 6 家省市级国有控股数据交易所相继成立，其中广州数据交易所 6 月成立，深圳数据交易所 12 月成立，标志着我国数据交易机构在国家层面的建设达到顶峰；2025 年 1 月，

---

① 《2024 年我国主要数据交易场所发展回顾（下半年期）》，https://www.cww.net.cn/article?id=597559，最后访问日期：2025 年 6 月 30 日。

除青海、西藏、港澳台等地区尚在推进，我国其余 29 个省（区、市）开展了数据交易机构组建工作（部分已关闭或停摆，部分仍在建设），"一地一所"的市场格局大致形成，我国数据流通交易市场进入起步阶段。①

### （二）数据交易平台指数：评估数据交易机构

我国数据流通起源于政府主导下的数据开放和共享，而市场主导下的数据交易仍在探索阶段。2024 年，全国数据市场交易规模超 1600 亿元，其中场内市场数据交易（含备案交易）规模预计仅 300 亿元。② 国家工程实验室于 2021~2025 年连续五年发布数据流通指数，每年优化汇算指标，调整政策和实践层面的权重，更新数据交易平台信息。2025 年，该指数通过数据交易机构支撑度、地区政策支持度、数据开放质量、数据交易平台成熟度、数据流通活跃度五个指标对数据流通程度进行量化，得出指数型测算。本文仅选取与数据交易机构相关的两项指标（数据交易市场成熟度和数据流通配置活跃度）作为一级指标，构建数据交易平台指数指标体系（见表2），对各大交易所相关情况进行深入分析。

表 2  数据交易平台指数指标体系

| 一级指标 | 二级指标 | 测量指标 |
| --- | --- | --- |
| 数据交易市场成熟度 | 交易机构综合实力 | 交易机构的科研支撑能力及资金实力 |
| | 交易门户 | 交易服务平台网站的建设情况及可访问性 |
| | 市场主体集聚度 | 数商或入驻主体数量 |
| | 数据丰富度 | 平台上架数据产品数量 |
| 数据流通配置活跃度 | 平台运营活跃度 | 交易机构官方公众号近一年的发文数量 |
| | 市场交易活跃度 | 交易机构的经营情况及累计交易额 |
| | 互认互通能力 | 平台或机构在产品互认、需求互动、标准互通、主体互信方面的能力水平 |

资料来源：《数字生态指数》，北京大学大数据分析与应用技术国家工程实验室"数据流通指数"课题组，2021~2024 年，相关资料由研究团队收集整理。

---

① 《2024 年我国主要数据交易场所发展回顾（下半年期）》，https://www.cww.net.cn/article?id=597559，最后访问日期：2025 年 6 月 30 日。
② 《2024 年全国数据市场交易规模预计超 1600 亿元》，https://www.gov.cn/lianbo/bumen/202501/content_6997834.htm，最后访问日期：2025 年 6 月 30 日。

统计数据来源包括中国信息通信研究院、贵阳大数据交易所、北大法宝、复旦大学数字与移动治理实验室、互联网公开数据、数据交易机构平台官网、地方政府网站及天眼查等。本研究采用专家赋分与梯度赋分相结合的复合赋分法，运用层次分析法（AHP）确定一级、二级、三级指标体系的相对权重，并对三级指标数据进行梯度划分，按照从高到低的顺序开展阶梯式赋分。二级指标、一级指标通过对应下级指标得分加权求和后获得，数据流通指数则由一级指标加权求和后按照 100 分制调整后计算获得。本文仅选取 2024 年全国较具代表性的 24 家数据交易机构，通过数据交易平台指数综合描述数据交易市场成熟度与数据流通配置活跃度的发展水平，测算结果前 10 名见图 1。

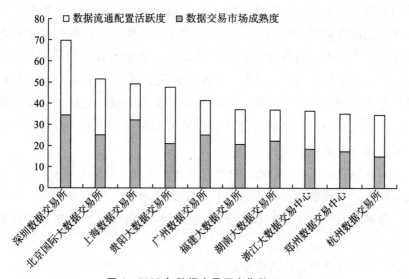

**图 1　2025 年数据交易平台指数 Top10**

从整体上看，数据交易机构高速发展与两极分化交叠，头尾发展差距较大。评估数据显示，数据交易机构处于"再出发＋政策赋能"的黄金发展期，很多数据交易机构在市场主体聚集、数据丰富度、市场规模、互联互通等方面都得到了大幅提升，尤其是在市场规模方面，部分头部数据交易机构近两年呈现翻倍增长态势，反映出全国数据流通大环境持续向好向善。同时，经评估发现，数据交易机构呈现"强则愈强、弱则愈弱"的两极分化特征。头部平台凭借先发优势持续吸纳优质数据资源和市场主体，占据较大市场份额，而尾部平台则面临资源匮乏、交易提振缓慢的发展困境。

究其原因，既有政策支持力度、区域经济基础等客观因素，也有运营模式、生态建设等主观因素。

结合数据交易平台指数评分情况，我国数据交易机构发展水平呈现"四大梯队"格局。

第一梯队共5所，由深圳数据交易所、北京国际大数据交易所、上海数据交易所、贵阳大数据交易所及广州数据交易所构成。这些交易所过去五年都处于领先地位，在促进数据流通方面发挥着天然的区域优势，引领数据要素产业新质发展。深圳数据交易所服务覆盖全国32个省级行政区，已形成立足深圳、辐射全国、面向世界的数据生态交易圈。北京国际大数据交易所探索建立集数据登记、评估、共享、交易、应用、服务于一体的数据流通机制，打造国内领先的数据交易基础设施和国际重要的数据跨境交易枢纽。上海数据交易所积极打造高效便捷、合规安全的数据要素流通与交易体系，引领并培育发展"数商"新业态。贵阳大数据交易所是全国第一家数据流通交易场所，积极探索数据资源化、资产化、资本化改革路径，打造数据流通交易产业生态体系。广州数据交易所建设全链条数据交易生态网络，并积极探索粤港澳大湾区数据跨境双向流通机制，开展对境外数据的汇聚和开发试点工作。

第二梯队共6所，由福建大数据交易所、湖南大数据交易所、浙江大数据交易中心、郑州数据交易中心、杭州数据交易所及海南省数据产品超市构成。这些交易所近五年综合指数表现优异，但某些维度仍然存在较大提升空间。

第三梯队共5所，由西部数据交易中心、华东江苏大数据交易中心、德阳数据交易中心、苏州大数据交易所及广西北部湾大数据交易中心构成。这些交易机构虽然综合表现比较出色，但某些维度存在明显短板。

长江大数据交易中心、安徽省数据交易所、江西省数据交易平台、北方大数据交易中心、温州数据交易中心、山东数据交易有限公司、内蒙古数据交易中心、山西数据交易中心构成第四梯队，这些交易所虽然综合指数没有达到全国均值，部分二级指标存在严重不足，但某些维度已经有所发展。

我国数据流通市场的创新性不断增强，2021年、2022年、2023年数据交易平台指数排名变动较大，全国各地数据交易中心（所）处于奋勇争先阶段，近两年逐渐趋于稳定。除了传统的数据交易中心（所），一些具有较强实力的大数据集团也开始涉足数据交易服务，逐步成为新的地方数据交易机构，为数据流通注入新兴力量。

### （三）我国数据交易机构的功能设置

截至 2024 年 12 月底，数据交易市场总挂牌数据产品超 4 万个。[①] 这表明我国数据交易机构具备了数据产品汇聚功能，可以为数据要素市场提供信息服务。结合数据交易平台指数，本部分对以上 24 家数据交易机构的机构性质、目标定位、平台类型及产品服务进行案例分析，综合刻画当前我国数据交易机构的全貌（见表 3）。

表 3　2025 年我国主要数据交易机构基本情况

| 平台名称 | 成立情况 | 目标定位 | 所商关系 | 产品服务 |
|---|---|---|---|---|
| 深圳数据交易所 | 2022 年成立 注册资本 10 亿元 国有控股 | 以建设国家级数据交易所为目标，从合规保障、流通支撑、供需衔接、生态发展四方面，培育覆盖数据交易全链条的服务能力，搭建数据要素跨域、跨境流通的全国性交易平台 | 所商分离度高 | 数据产品：数据集、数据分析报告、数据可视化产品、数据指数、API 数据、加密数据等 数据服务：数据采集和预处理服务、数据建模、分析处理服务、数据可视化服务、数据安全服务等 数据工具：数据存储和管理工具、数据采集工具、数据清洗工具、数据分析工具、数据可视化工具、数据安全工具 |
| 北京国际大数据交易所 | 2021 年成立 注册资本 2 亿元 国有控股 | 打造国内领先的数据交易基础设施和国际重要的数据跨境交易枢纽，助力北京市在数据流通、数字贸易、数据跨境等领域发挥创新引领作用，成为全球数字经济的标杆城市 | 所商分离度较高 | API 数据、数据集、数据报告、数据应用、数据工具、数据服务、算力服务 |

---

[①]　《数据产品交易市场 | 2024 年度监测报告》，https://www.5radar.com/dplists/news/137462，最后访问日期：2025 年 6 月 30 日。

| 平台名称 | 成立情况 | 目标定位 | 所商关系 | 产品服务 |
|---|---|---|---|---|
| 上海数据交易所 | 2022 年成立<br>注册资本<br>8 亿元<br>国有控股 | 以构建数据要素市场、推进数据资产化进程为使命，承担数据要素流通制度和规范探索创新、数据要素流通基础设施服务、数据产品登记和数据产品交易等职能 | 所商分离度高 | 数据产品交易市场：数据集、数据服务、数据应用<br>数据资产交易市场：资产准备、资产应用、资产管理 |
| 贵阳大数据交易所 | 2015 年成立<br>注册资本<br>3 亿元<br>国有控股 | 建设国家级数据交易所、打造国家数据生产要素流通核心枢纽，围绕安全可信流通交易基础设施建设、数据商和数据中介等市场主体培育，探索数据资源化、资产化、资本化改革路径 | 所商分离度高 | 数据资源<br>算力资源：算力基础设施和算力技术服务<br>算法模型<br>数据产品和服务 |
| 广州数据交易所 | 2022 年成立<br>注册资本<br>8 亿元<br>国有控股 | 围绕"立足广东、面向湾区、服务全国"的功能定位，充分发挥自身优势，整合资源，推动数据要素在全国范围内的高效流通与配置，为全国一体化数据市场的发展提供重要支撑 | 所商分离度高 | 数据产品：API 数据、数据应用、数据分析报告、模型算法、数据集、数据指数、解决方案、加密数据、数据资源<br>数据服务：数据分析服务、数据处理服务、数据安全服务、数据评估服务、数据咨询服务、数据可视化服务、数据中介服务、数据采集服务、数据培训服务、大模型服务<br>数据能力：数据管理系统、数据分析工具、数据处理工具、数据智能化平台、数据安全工具、数据采集工具、数据存储平台、数据开发平台、算法开发平台<br>数字资产：数字藏品、数字艺术品、数字形象、数文产品 |
| 福建大数据交易所 | 2022 年成立<br>注册资本<br>3000 万元<br>国有控股 | 加快推动福建省数据要素流通，打造面向产业生态的一站式实景交易服务 | 所商分离度高 | 数据产品：API 数据、数据集、AI 模型、数据报告<br>数据资产化服务：数据资源登记、数据产品登记、数据资产登记、数据交 |

续表

| 平台名称 | 成立情况 | 目标定位 | 所商关系 | 产品服务 |
|---|---|---|---|---|
| 福建大数据交易所 | | 平台，推动数字经济产业高质量发展 | | 易登记、数据质押登记、资源服务登记 |
| 湖南大数据交易所 | 2022年成立注册资本6000万元国有控股 | 以打造中部数据要素大市场流通枢纽、数据要素产业应用创新示范区为目标，按照"产业园区赋能、行业龙头带动、市州共建共赢"的湖南方案，围绕"四高两多一链一生态"，搭建数据要素×产业示范区，打造数据价值化生态体系 | 所商分离度高 | 数据产品：数据集、API数据、数据报告、AI模型<br>数据服务：数据评估服务、数据分析服务、数据购买服务、信息服务、云服务、数据交易服务<br>应用产品：企业工商、金融征信、数据服务、数字文创、数字内容、数字融合、农业信息、调度信息、地图信息、计量数据、决策支持、市场洞察、投标保函 |
| 浙江大数据交易中心 | 2016年成立注册资本1亿元国有控股 | 致力于建立浙江数据要素流通交易统一服务体系，建设公信、安全、开放的数据流通基础设施，培育行业生态，为促进高质量数据供给、国家数据要素综合改革在浙江试点工作提供支撑 | 所商分离度高 | 数据产品：数据集、API数据、数据报告、数据模型<br>数据服务<br>数据工具 |
| 郑州数据交易中心 | 2022年成立注册资本2亿元国有控股 | 河南省唯一一家持有权益类交易牌照的数据交易场所，聚焦"全域数据汇聚地、数据要素市场综合服务商、数据要素市场推动者、数据经济试验田"四个功能定位，立足河南、服务中原、辐射全国，打造"1+12+N"国内领先的数据要素综合服务平台 | 所商分离度较高 | 数据产品：数据集、API数据、数据报告、数据应用<br>数据服务：解决方案、算法模型、算力资源、应用工具、数据集成、数据经纪、合规认证、安全审计、数据公证、数据保险、数据托管、资产评估、争议仲裁、风险评估、人才培训 |

续表

| 平台名称 | 成立情况 | 目标定位 | 所商关系 | 产品服务 |
|---|---|---|---|---|
| 杭州数据交易所 | 2023年成立 注册资本 2亿元 国有控股 | 省内唯一国有全资的数据交易所，遵循"政府主导、准公共服务、市场化运作"原则，依托杭州数字经济优势，推动数据合规流通，形成杭州特色数据交易模式，致力于搭建国家级数据交易平台 | 所商分离度较高 | API数据、数据报告、数据集、数据服务、数据工具 |
| 海南省数据产品超市 | 2021年成立 国有控股 | 搭建公共数据产品开发利用平台，成立全省统一的海南省数据产品超市 | 所商分离度高 | 产品服务、产品分析报告、产品报表、算法模型、通用软件、政务服务 |
| 西部数据交易中心 | 2021年成立 注册资本 4000万元 国有控股 | 国家发改委、中央网信办等国家部委及重庆市政府共同批准成立并授权挂牌的重庆市唯一的数据要素流通交易场所，打造西部大数据产业链各节点、各行业数智化协同枢纽 | 所商分离度较高 | 数据产品：API数据、数据包、AI模型、数据报告、西部特色数据产品 交易服务：合规登记、指纹验证、寻源询价 数据资产登记、数据资源编目 |
| 华东江苏大数据交易中心 | 2015年成立 注册资本 3000万元 国有控股 | 围绕数据要素"登记、合规、撮合、交易、生态"的核心定位，基于交易登记中心、交易服务平台、信息枢纽中心、标准建设基地四大职能，聚焦地方政府、企业数据资源的流通与交易 | 所商分离度较高 | 数据产品：API数据、数据报告、离线数据包、数据应用方案、数据服务方案 数据服务：数据知识产权、合规审查、资质认证、质量评估、数据资产评估、知识培训 |

续表

| 平台名称 | 成立情况 | 目标定位 | 所商关系 | 产品服务 |
|---|---|---|---|---|
| 德阳数据交易中心 | 2021 年成立注册资本 800 万元国有控股 | 承担数据要素流通交易体系构建、数据要素交易规则执行、数据权益保障制度落实等重要职能，打造西部领先、全国知名的数据流通交易平台 | 所商分离度较高 | 数据元件、API 数据 |
| 苏州大数据交易所 | 2021 年成立注册资本 2000 万元国有控股 | 以打造全国一流的区域级行业服务型数据交易所为目标，以成为数据要素市场供给的"排头兵"、数据要素市场流通的"先行地"、数据要素市场活跃的"试验区"为定位，实现公共数据与社会数据的融合应用发展 | 所商分离度较高 | 数据集、数据服务、数据应用 |
| 广西北部湾大数据交易中心 | 2020 年成立注册资本 6250 万元国有控股 | 培育在数据要素市场背景下成立的国际化数据资产交易服务机构，面向中国-东盟区域，是汇聚、处理、使用和交易政务、企业、社会等数据资产的枢纽和区域数据资产输出的通道，同时积极探索政务数据安全有偿交易和开放、透明、可操作的跨境数据流通机制，构建安全开放的数据生态，助推中国-东盟数据生态圈繁荣 | 所商分离度较高 | 数据资源：数据包、API 数据、数据计算资源、数据存储资源 数据工具：数据采集汇聚、数据治理、数据分析、数据可视化、数据检索、智能识别、智能纠错 数据应用：行业解决方案、行业洞察报告 |

续表

| 平台名称 | 成立情况 | 目标定位 | 所商关系 | 产品服务 |
|---|---|---|---|---|
| 长江大数据交易中心 | 2015 年成立注册资本6000 万元国有控股 | 以推动数据资源开放、流通、应用为宗旨，广泛聚集大数据产业链资源，努力构建武汉乃至整个华东甚至全国大数据流通、开发、应用的完整产业链 | 所商分离度较高 | API 数据、数据集、数据报告、数据应用、数据工具、数据服务、算力服务 |
| 安徽省数据交易所 | 2024 年成立注册资本1 亿元国有控股 | 紧扣建设全国一流、特色鲜明定位，重点建设"一平台四中心"，即安全可信数据流通交易平台、数据产业促进中心、交易技术创新中心、数商生态合作中心、改革试点示范中心 | 所商分离度较高 | 数据产品：API 数据、数据集、数据模型、数据报告、解决方案、数据工具、数据服务、算力产品数据服务：产权登记服务、合规流通服务、数据众筹服务、场景众创服务、资产化服务、融资服务 |
| 江西省数据交易平台 | 2024 年成立注册资本2 亿元国有控股 | 承担江西省数据流通交易基础制度探索、数据交易基础设施建设、数据登记和流通交易等职能；力争成为中部地区乃至全国数据要素交易市场的重要数据枢纽，助力江西数字经济高质量跨越式发展 | 所商分离度较高 | 应用程序接口、数据集、数据报告、数据服务、数据应用 |
| 北方大数据交易中心 | 2021 年成立注册资本1 亿元国有控股 | 以成为国家级数据交易场所为目标，依托天津的产业基础与智慧城市优势，为全国数字经济发展提供坚实支撑 | 所商分离度较高 | 应用程序接口、认知应用、数据集、数据报告、算法模型、数据应用、赛事数据 |
| 温州数据交易中心 | 2023 年成立国有控股 | 依托数安港"三安融通"模式，旨在破解数据交易难题，推动数据要素合规高效流通；承担六大 | 所商分离度较高 | 数据产品、数据服务、数据工具 |

续表

| 平台名称 | 成立情况 | 目标定位 | 所商关系 | 产品服务 |
|---|---|---|---|---|
| 温州数据交易中心 | | 核心职能：公共数据授权运营产品交易、行政事业单位与国企数据采购交易、数商数据产品交易、数据资产登记、政策试点及场景应用服务 | | |
| 山东数据交易有限公司 | 2020年成立 注册资本5000万元 国有控股 | 省级综合性数据服务平台，提供数据交易平台服务、数据产品开发服务、数据应用服务、公共数据资源开放渠道服务和其他类型服务等 | 所商分离度较高 | 数据产品：数据集、数据接口、数据报告、数据应用、隐私计算 数据服务：企业资质查询、DCMM贯标服务、数据服务能力介绍、区域经济大脑、网站合规检测、精准招商 |
| 内蒙古数据交易中心 | 2024年成立 注册资本2135.45万元 国有控股 | 建设立足内蒙古、辐射周边、面向全国的市场化数据流通交易基础设施，承担全国算力枢纽节点地区建设数据共享、数据开放、政企数据融合应用等数据流通共性设施平台重点任务，促进自治区数字经济高质量发展和产业升级 | 所商分离度较高 | 数据产品：API数据、数据报告、数据标签、脱敏数据集 数据应用：软件即服务、本地化部署 数据服务：营销服务、广告服务、算法服务 算力资源 |
| 山西数据交易中心 | 2024年成立 注册资本2亿元 国有控股 | 围绕服务山西数字经济战略，探索形成数据要素市场化的"山西路径"，计划通过区块链技术升级、数商生态培育等方式，到2026年建成辐射华 | 所商分离度较高 | 数据产品、数据服务等，建立能源、金融等6个专业交易专区 |

续表

| 平台名称 | 成立情况 | 目标定位 | 所商关系 | 产品服务 |
|---|---|---|---|---|
| 山西数据交易中心 | | 北地区的数据交易枢纽 | | |

注：产品服务以各交易机构自行标注为准。

资料来源：北京大学大数据分析与应用技术国家工程实验室"数据流通指数"课题组，排除了没有实际业务经营行为的数据交易所。

### 1. 机构性质

机构性质是指数据交易机构的股东所有制形式，体现国有资产占比程度。以上 24 家主要的数据交易机构基本是国有控股公司，且近几年成立的交易机构绝大多数是国有控股，强化了数据交易机构的公共性质。无论是有限责任公司还是股份有限公司形式，当地政府和国有企业都是推动筹建数据交易机构的重要力量，助推国有数据进场交易，有效防止了国有资产流失。几乎所有数据交易机构都会提出与"政府指导、自主运营、市场化运作"相似的原则，突出国家级交易平台的合规监管和基础服务功能。

### 2. 目标定位

数据交易机构的目标定位不同，面对的需求、供给、营商、政府管理等环境也迥然不同。尽管数据交易机构本质上提供无形产品的流通交易服务，天然具有跨越地理和行政区域的特征，但是数据资源的提供商和购买商始终隶属于某一特定行政区域，仍然会在税收、监管、统计等方面受到行政区域管理的影响。目前数据交易机构的目标定位有三种：一是服务地方数字经济，二是面向全国数据流通市场，三是成为国际数据港口。而我国数据交易机构的主要定位为服务省内数据要素市场，极少数提到面向全国市场，面向国际市场的有北京、上海、深圳等几家，广西北部湾大数据交易中心提出面向东盟市场。这反映了数据流通不仅在跨境层面存在不可逾越的障碍，还在省级行政区域之间存在很多现实问题，如数据归属地问题、数据税收问题、数据地方保护等。

### 3. 平台类型

数据交易机构的平台类型包括所商一体和所商分离两种，本文用所商分离程度来衡量数据交易机构的所商关系状况。从平台性质来看，我国数据交易机构逐渐完成了从所商一体的综合服务平台向所商分离的第三方平台转型，数据交易机构以第三方交易平台的形式提供服务能够更加聚焦数据交易流通"这一件事"。"在各地的大力培育下，数商企业数量已从 2013 年的约 11 万家增长至目前的约 200 万家，年复合增长率超过 30%。"① 数商作为数据交易市场的核心组成部分，得到众多地区数据交易机构的高度重视与积极培育。为了打造数据交易生态圈，应不断创新数商角色（如数据经济人、数字经济中介等）及业务模式，充分调动多个市场主体在技术支持、数据资源挖掘、数据供应拓展、数据供需匹配、应用场景创新等领域的积极性，通过促进数据交易机构与数商之间实现功能上的分离与业务上的协同合作，共同推动场内交易市场的发展。

4. 产品服务

我国数据产品市场的发展是一个动态过程。在数据交易机构发展的第一阶段，数据产品以 API 数据、数据集、加密数据、数据报告、数据包、数据工具、数据解决方案等为主；随着市场逐渐发展成熟，在数据交易机构发展的第二阶段，数字藏品、商用版权、专利、商标、元宇宙产品、企业数字化支持服务等新型数字产品形式日渐完善。2023 年 8 月，财政部印发《企业数据资源相关会计处理暂行规定》，企业应当按照相关规定对数据资源相关交易和事项进行会计确认、计量和报告。企业数据资产入表标志着数据交易机构第三阶段的来临，数据资产化甚至资本化，数据交易机构逐步开启数据资产交易市场。此外，部分数据交易机构结合地方特色，不断探索新的数据衍生交易品，如贵阳大数据交易所的算力服务、浙江大数据交易中心的舟山专区和中科视语专区、北方大数据交易中心的智慧城市服务、广西北部湾大数据交易中心的跨境数据交易服务、上海数据交易所的生物医药数据专区等。多样化的产品类型一方面可以满足用户的个性化需求，另一方面可以使数据尽可能地释放其价值。

## 三　数据交易机构的未来发展构想

通过对我国数据交易机构发展现状的梳理与存在问题的分析，本文从

---

① 中国信息通信研究院：《数据交易场所发展指数研究报告（2024 年）》，https://mp. weix-in. qq. com/s/etnsSSkiLTCeJWsQk8yxww，最后访问日期：2025 年 8 月 1 日。

发展定位、生态引领、数商平台、治理与监管四个方面，提出数据交易机构的未来发展构想（见图2）。

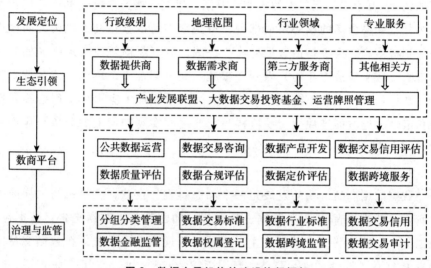

**图2 数据交易机构的建设构想框架**

## （一）发展定位：明确发展定位，找准细分市场

数据交易机构的发展定位是指对服务对象和服务范围进行清晰界定，这对实现愿景、使命和高质量发展至关重要。从行政级别来看，数据交易机构可定位为世界级、国家级、区域级、省份级四个级别。世界级数据交易机构面向所有国家提供数据跨境服务，包括跨境数据的存储、托管、加工和交易等业务。由于受到不同国家和地区的法律法规约束，这类交易机构面临的合规风险最大。国家级数据交易机构面向国内所有主体提供数据交易服务，包括各级政府和境内公司。由于处在同一个国家法律效力范围之内，这类机构面临较强的地方行政法规的约束。区域级数据交易机构面向多个相邻省份提供服务，涉及跨省份的数字治理问题，需要依托区域一体化发展战略开展业务。省份级数据交易机构面向省内数据资源开展业务，聚焦省内数据的运营与交易。相对而言，数据资源更加容易控制和实现交易，应当注重结合地方禀赋和经济水平，开展特色数据交易业务。

从行业定位角度看，鲜有数据交易机构明确限定服务对象，普遍选择提供全行业数据交易服务，这种默认成为综合服务商的策略，实质上等同于未确立行业定位。美国的数据交易机构大多是划分行业的，如专注于地理信息服务、营销数据服务、金融数据服务等。基于我国经济发展不平衡不充分的现实条件，需要专业的行业数据交易机构与之匹配。因此，为解决数据交易机构之间同质化竞争、专业化不足、创新乏力及特色缺失等问题，建议更多数据交易机构从行业领域进行定位，结合本地区的特色产业，实施有针对性的垂直行业创新试点项目，推动建立具有地方行业特色的数据中心，进而找准细分市场，发挥优势，实现新的突破。

### （二）生态引领：构建市场生态，激活多方主体

截至 2025 年 5 月，全国大模型应用相关企业 31138 家。[①]"大模型+A-gent"不断突破智能化匹配、自动化交易、增强安全性、提高透明度、促进跨界合作、降低进入门槛等能力边界，有潜力改变传统数据交易机构经纪业务的中介模式。为了应对大模型发展带来的挑战，更好地构建有利于自身发展的数据市场生态圈，数据交易机构可以开展以下活动。

①积极筹划或深度参与数据交易产业发展联盟的建设与运营。其一，确立联盟的运营宗旨，规范联盟的运作流程，明晰牵头方与成员方的职责、权利与义务等，具体包括数据提供商、数据需求商、第三方服务商等；其二，推动联盟特色资源的建设与服务，依托科研院所、行业企业等外部协作资源，将联盟资源的差异化建设与特色化服务作为基础工作；其三，通过多元化项目合作增强成员间的凝聚力，开展大数据交易业务，以及交易大数据的信息分析、情报研究、关键技术研究等交流与合作，提升联盟服务能力并增强联盟凝聚力；其四，制定"立足生态、服务社会"的人才发展战略，与科研院所、高校、职业教育机构、相关企业合作，打通人才引进、培养、输出、就业渠道，为高校提供全方位的培养方案，形成产学研用协同的人才发展生态体系。

②参与设立大数据交易投资基金，调动重要参与者的积极性。基金重点支持大数据资产交易平台及生态圈建设，通过新设公司、公司并购、股权投资等方式，将基金作为资源整合平台。在社会治理层面，基金加快推

---

① 《2025 中国大模型应用发展报告》，https://finance.sina.com.cn/roll/2025－06－23/doc-inf-caafm0018222.shtml，最后访问日期：2025 年 6 月 30 日。

动政府数据开放共享，通过对各属性大数据的深度整合与运用，推进政府治理能力现代化；在产业发展层面，基金将重点投资数据相关产业，通过产业基金、数据交易机构提供的各种数据服务赋能传统行业和新兴产业，推动数据在金融贸易、交通物流、医疗康养、教育科研、生态环保、新能源、先进制造、城市发展、文化体育、智慧农业等相关行业发展。

③面向监管部门申请运营牌照。其一，数据交易机构需要提供数据交易、数据金融服务，因此需申请支付业务许可证，具备非金融行业从业资格；其二，数据交易机构在生态建设和运营过程中，涉及大数据产业投资基金的使用，因此需具备网络贷款牌照，合法合规经营贷款业务；其三，为规范数据交易，数据交易机构有必要申请网络企业信用评级牌照，以开展对数据提供商、第三方服务商、数据需求商的资质评估；其四，数据交易机构可以自行设立从业规范并发放入场券，对数据交易从业人员、数据提供商、数据需求商、技术服务商和法律服务商等第三方服务商进行行业约束和监管控制，确保数据交易市场生态健康、安全和可持续发展。

### （三）数商平台：服务数商机构，提供专业服务

现阶段数据交易机构运营模式存疑，收益渠道较少，基础设施建设又需要大量投入，导致入不敷出。因此，数据交易机构可以搭建一个包含评估、咨询、安全交易、产品开发、交易标的标准化、跨境服务等功能的数商平台为数据交易双方提供专业服务，加速形成数商生态繁荣发展、所商协同的市场运行机制。公共数据运营机构以可信数据空间为基座，以数据挖掘利用为目标，以赋能场景应用创新为牵引，打造数据运营基础服务设施，实现公共数据安全供应、可信计算、高效应用，支撑"赛道+合伙人+场景+数商"运营机制高效运转。数据评估机构解决数据交易双方信息不对称问题，包括数据质量评估、数据合规评估、数据定价评估、数据交易信用评估等服务内容；交易技术服务机构可以通过应用区块链、隐私计算等先进技术帮助买卖双方实现"数据可用不可见""数据可控可计量""数据可信可追溯"等现实需求；行业解决方案提供商协助数据需求商挖掘数据应用场景、制订数据采购计划、寻找合适的数据提供商；数据交易经纪商发挥释放数据价值、组织数据交易、维护交易主体权益等多方面作用，在数据交易咨询、数据合规咨询、质量评估、资产评估、产品交付等领域为

交易缔约方提供业务撮合、数据加工、评估、定价、存储以及担保等服务；数据交易法律咨询机构协助企业制定全方位的数据合规制度、隐私政策、公司数据管理规范，应对数据泄露或安全事件并进行危机干预，处理与数据相关的反垄断与竞争问题；数据金融创新机构借助数据模型计算出企业的信用等级和信用额度，为贷款银行或相关金融机构提供贷款依据；数据跨境服务机构帮助数据交易机构及上级监管机构对企业出境数据进行标准化风险评估，同时为解决企业数据出境难题提供咨询服务。

### （四）治理与监管：完善组织机制，保障合规安全

经监管部门授权委托，数据交易机构可构建各项与数据有关的认证和审批机制。这样既能够降低交易主体的法律风险，提高数据流通效率，又能够简化监管流程，提高行政效率。这一机制应当包含两个维度：一是完善通用的交易安全规则，如分级分类管理、数据技术标准、数据交易标准和数据跨境监管等；二是监管特定交易行为的交易标的和交易主体，如数据资产制度、数据权属登记、数据交易审计、数据交易信用等。通过完善数据交易基础制度和监管制度，数据交易机构可将高质量数据放心"请进"场内市场，并且让它们安心"留在"场内市场，从而扩大场内市场规模，侧面拉动算力、数商等发展。在人工智能大模型全面发展的时代背景下，政府更应该加强对服务于大模型训练的高质量数据集的治理与监管，让"大模型+数据要素"赋能企业数字化转型。

## 四　总结

通过回顾我国数据交易机构的发展历程，本文从数字生态视角总结归纳问题，并提出数据交易机构的未来发展构想。本文根据数据流通指数近五年的跟踪调查与量化分析，构建数据交易平台指数，指出我国数据交易机构仍处于起步创新阶段，尽管积累了一些经验，但发展并不成熟。在重点剖析24家数据交易机构案例的基础上，本文提出制约国内数据交易市场进一步发展的两个关键问题：一是由数据要素特性引起的交易问题，二是由数据交易市场主体引起的生态问题。

本文从发展定位、生态引领、数商平台、治理与监管四个方面提出数

据交易机构的未来发展构想。数据交易机构明确发展定位旨在找准细分市场，包括行政级别、地理范围、行业领域和专业服务四个层次；加强生态引领旨在以产业发展联盟、大数据交易投资基金、运营牌照管理为抓手，构建市场生态，激活多方主体；搭建数商平台旨在整合数据商提供专业服务，包含评估、咨询、安全交易、产品开发、交易标的标准化、跨境服务等功能；强化治理与监管旨在完善组织机制，保障合规安全，包括认证制度、标准制度、信用制度、监管制度等。

展望未来，我国数据交易机构将会朝着多层次、内涵更加丰富的方向发展。因此，如何在实践经验总结的基础上，根据数据要素特性，完善数据交易机构的基本功能与运行机制，将是理论研究的重要方向。

## 参考文献

陈晓红、肖槃然、曹文治、张威威、刘咏梅，2025，《我国统一数据要素大市场框架体系与建设路径研究》，《中国工程科学》第 1 期，第 1~11 页。

黄朝椿，2022，《论基于供给侧的数据要素市场建设》，《中国科学院院刊》第 10 期，第 1402~1409 页。

黄丽华、杜万里、吴蔽余，2023，《基于数据要素流通价值链的数据产权结构性分置》，《大数据》第 2 期，第 5~15 页。

黄倩倩、王建冬、陈东、莫心瑶，2022，《超大规模数据要素市场体系下数据价格生成机制研究》，《电子政务》第 2 期，第 21~30 页。

姜宇，2023，《数据要素市场化的一种方案：基于数据信托的数据交易所机制重构》，《电子政务》第 7 期，第 12~26 页。

李昊林、王娟、谢子龙、王卓明、宋洁，2022，《中美欧内部数字治理格局比较研究》，《中国科学院院刊》第 10 期，第 1376~1385 页。

李金璞、汤珂，2023，《论数据要素市场参与者的培育》，《西安交通大学学报》（社会科学版）第 4 期，第 78~89 页。

李依怡，2023，《论企业数据流通制度的体系构建》，《环球法律评论》第 2 期，第 146~159 页。

林镇阳、侯智军、赵蓉、翟俊轶，2022，《数据要素生态系统视角下数据运营平台的服务类型与监管体系构建》，《电子政务》第 8 期，第 89~99 页。

宋捷，2022，《数据安全风险分析及应对策略初探》，《通信与信息技术》第 5 期，第 59~61 页。

王璟璇、窦悦、黄倩倩、童楠楠，2021，《全国一体化大数据中心引领下超大规模数据要素市场的体系架构与推进路径》，《电子政务》第 6 期，第 20~28 页。

王静云、吕本富，2022，《建设全国统一数据要素大市场的关键因素分析及政策建议》，《管理现代化》第 6 期，第 146~152 页。

王蒙燕，2022，《我国数据要素统一大市场构建的问题与对策》，《西南金融》第 7 期，第 80~90 页。

武西锋、杜宴林，2022，《经济正义视角下数据确权原则的建构性阐释》，《武汉大学学报》（哲学社会科学版）第 2 期，第 176~184 页。

熊丙万、何娟，2024，《论数据要素市场的基础制度体系》，《学术月刊》第 1 期，第 102~114 页。

Martens, B., De Streel A., Graef I., et al. 2022. "Business-to-Business Data Sharing：An Economic and Legal Analysis". https：//papers. ssrn. com/sol3/papers. cfm? abstract_ id = 3658100.

**Digital Ecology and Governance**

Volume 3

August 2025

# Table of Contents & Abstracts

*AI Governance*

**Participation of Global South Countries in Global AI Governance: Progress and Prospects**

Chen Yuyuan, Weng Zongyuan, Liu Lun / 1

**Abstract:** The development of artificial intelligence (AI) technologies is exerting a profound and far-reaching impact on global socio-economic development, necessitating collective governance by all countries. However, existing literature pays relatively limited attention to the role of Global South countries in this process. Based on this, this paper conducts a systematic analysis of the participation of Global South countries in global AI governance. It argues that their involvement not only helps prevent technological monopolies by major powers from expanding further, but also supports industrial development opportunities. Participation of Global South countries ensures the safety of emerging societies, and contributes to building a rational and inclusive intelligent society. Moreover, it facilitates global digital economic prosperity, promotes overall technological progress, enhances global security, and protects cultural diversity and shared values. In fact, the Global South has long been marginalised in global artificial intelligence governance. However, over the past two years, it has gradually shifted from being a passive participant to an active advocate. The increasing influence of the Global South and its leadership in international rule-making is becoming more evident. Looking ahead, Global South countries should adopt a coordinated approach that strengthens internal capacity while adapting to the external environment, in order to enhance their influence in global artificial intelligence governance.

**Keywords:** Artificial Intelligence Governance; Global Governance; Global South

## Transnational Risks of Artificial Intelligence and Its International Law Governance

Huang Zhixiong , Zhang Lei, Yu Haokun / 23

**Abstract:** Artificial intelligence technology poses transnational risks characterized by malicious use, malfunction, and systemic risks. Existing AI governance approaches struggle to adequately address the current realities of international AI governance due to their inherent limitations. Additionally, the limitations of current legal governance approaches, the mismatch of rights and obligations under existing international legal mechanisms, and the inadequacy and lack of representativeness of international AI rules further hinder the effective governance of AI's transnational risks. This article proposes a "criticality–based" coordinated governance approach, advocating for the distinction between "critical AI" and "non–critical AI" to concentrate discussion resources and promote the formation of an international consensus. Concurrently, this article advocates for strengthening the rights and obligations of transnational technology enterprises in international governance to achieve a rational allocation of rights and obligations among governance entities. Finally, by establishing states' legal obligations and international responsibilities throughout the entire AI lifecycle, the framework aims to prevent AI's transnational risks and provide compensation after the risks arise. These multi–pronged measures seek to govern transnational AI risks through international law.

**Keywords:** Artificial Intelligence; Transnational Risks; International Law; Global Governance of Artificial Intelligence

## A Study on the Risk Governance Mechanism of Information Sharing Empowered by GenAI

Tang Sihui, Ding Tianqu / 42

**Abstract:** While Generative Artificial Intelligence (GenAI) empowers information sharing, it also gives rise to risks such as information authenticity issues. This research aims to find a balance between technological innovation and risk control, prevent harms like the spread of false information, privacy violations, and ethical misconduct caused by its abuse, and ensure that GenAI serves the public interests of humanity rather than disrupting the information ecosystem. Following a progressive research approach, this paper adopts the research logic of "technological phenomenon-risk analysis-governance design" to analyze the logic of GenAI empowering information sharing and the essential contradiction between efficiency and security. Furthermore, it reveals risks through multi-case analysis and proposes governance paths. The research constructs a risk type framework for GenAI-empowered information sharing based on three dimensions: inherent technological risks, institutional adaptation risks, and socially derived risks. It also puts forward risk governance paths oriented towards a trusted mechanism from three aspects: technological governance, institutional governance, and ethical governance, providing a reference for solving the "Collingridge Dilemma".

**Keywords**: Generative Artificial Intelligence; Information Sharing; Type of Risk; Governance Pathways

## Jurisprudential Foundation, Regulatory Logic, and Implementation Pathway of Inclusive and Prudent Regulatory Principle for Artificial Intelligence

Huang Haiying, Yang Xu / 60

**Abstract**: The principle of inclusive and prudent regulation, as the dominant regulatory principle for artificial intelligence, holds profound governance significance for promoting the development of AI in China. Therefore, it is necessary to conduct a systematic theoretical analysis and path construction of this principle. In terms of its connotation, the principle centers on the dynamic balance between "inclusiveness" and "prudence." It aims to foster the innovative development of AI while also taking risk governance as its orientation. Regarding its legal basis, the principle is rooted in the technological and economic characteristics of AI, the proportionality principle, and the theory of limited government. In terms of regulatory logic, the principle of inclusive and prudent regulation embodies adaptive regulation, open regulation, and penetrating regulation, forming a tripartite institutional framework. Based on this, in terms of implementation paths, it is recommended to construct a legal regulatory framework for inclusive and prudent AI regulation. This includes establishing an observation period system to build a trial-and-error regulatory mechanism, improving the supervision system, and creating a regulatory ecosystem that balances innovation and risk. This approach can provide a feasible solution to the "Collingridge Dilemma" in AI regulation.

**Keywords**: Artificial Intelligence; The Principle of Inclusive and Prudent Regulation; Adaptive Regulation; Open Regulation; Penetrating Regulation

## *AI Applications and Impacts*

### AI-Driven Job Displacement: Theories, Measurements, Debates, and Social Impacts

Liang Lemeng, Zhuang Jiachi , Ma Chen / 81

**Abstract**: This paper reviews recent research progress on the issue of job displacement driven by artificial intelligence (AI). It systematically synthesizes relevant literature across theoretical frameworks, measurement approaches, scholarly debates, and social implications. First, the paper revisits key theories such as skill-biased technological change (SBTC) and routine-biased technological change (RBTC), arguing that while these frameworks remain analytically useful in the AI era, they also face limitations. For instance, generative AI challenges traditional classifications of job tasks. Second, the paper focuses on skill-based and task-based measurement approaches to AI exposure, as well as industry- and region-level measurements of AI adoption rates, introducing the main current methods along with their respective strengths and weaknesses. Third, this paper engages with scholarly debates on "replacement" versus "augmentation," suggesting that AI may exert both substitutive and complementary effects across different institutional contexts. Finally, the paper discusses the broader social consequences of AI-driven job displacement, particularly regarding unemployment and inequality. Although the risk of large-scale unemployment induced by AI may be overstated, empirical evidence supports the expansion of inequalities across skill levels, income groups, and regions. The paper concludes by proposing promising directions for future research.

**Keywords**: AI; Job Displacement; Skill-Biased Technological Change; Routine-Biased Technological Change

## The Rise of the Internet of Agent: Value Shift and Ecosystem Reconstruction Driven by Intelligence Economics

Hou Hong / 103

**Abstract**: With the development of AI technology, the Internet of Agents has emerged as a new type of infrastructure that supports the intelligent inter-organizational collaboration. This paper analyzes the rise of the Internet of Agents and its disruptive impact on platform internet from the perspectives of political economy and technological economics. The research argues that platform value creation mechanisms are premised on intelligence asymmetry and time limitations, which are challenged by zero marginal cost recognition, zero marginal cost generation, and zero cost interaction as three AI economic rationales. Consequently, the Internet of Agents promotes the platform landscape to shift from vertical integration to horizontal deconstruction through intelligence equality, dark traffic, and open protocols, driving value shift from centralized platform economy toward decentralized agent economy. This paper proposes a development path for the Internet of Agents based on indirect network effects between supply-side and demand-side agent, which has important implications for the arrival of agent economy.

**Keywords**: Agent Economy; Internet of Agents; Platform Ecosystem; Value Shift; Intelligence Equality

## Artificial Intelligence-Driven Optimization: Decision Making and Applications

Hou Qingchun, Zhang Yao, Jia Hongyang, Ding Yi, Zhang Ning / 127

**Abstract**: Large-scale complex problem optimisation decision-making faces a series of challenges, including high difficulty in real-time solution and the difficulty of ensuring complex constraints. Artificial intelligence technology provides new avenues for improving the efficiency of optimisation decision-making, but also poses new challenges. In combinatorial optimisation, challenges include the difficulty of training decision models, the inability to generalise models to large-scale scenarios, and the complexity of constraints. Improving the decision-making performance of models in real-world scenarios is key to solving large-scale combinatorial optimisation problems in real time. In continuous optimisation, challenges include the difficulty of analysing and embedding complex nonlinear constraints. Obtaining optimal solutions that satisfy complex constraints is critical. This paper combines two typical problems—

vehicle route optimisation and power system safety rule extraction and embedding optimisation—to focus on the study of AI-driven optimisation decision-making solution methods and their practical applications. It introduces methods for learning heuristic models through AI and generalising them to large-scale VRP real-time solution scenarios, as well as methods for uniformly extracting explainable power system safety and stability rules and embedding them into optimisation operations. Finally, it summarises the existing achievements and future development directions of AI in combinatorial optimisation and complex constraint-based continuous optimisation problems and their applications.

**Keywords**: Artificial Intelligence; Optimal Decision; Large-Scale VRP; Power System; Safety Constraints

## *Digital Governance: Theory and Practice*

### Digital Governance Practices and Differences and Similarities of Risk Control Regulations: An Analysis of 28 European Countries

Xie Zilong, Qiao Tianyu, Zhang Yunjie, Qiu Zeqi / 161

**Abstract**: The transformation of digital technology has driven institutional transformation centered on risk governance, in which the European Union is a pioneer in digital regulation innovation. Based on data including the "International Digital Ecology Index", this article characterizes similarities of regulations in the field of digital risk governance between 28 European countries, and explores the factors and mechanisms that affect similarities of regulations. The study found that security and development have become two aspects of digital risk governance, and the digital risk control regulations of 28 European countries still exhibit a complex pattern of "similarities but differences" under the constraints of the EU's upper level laws. Governance practices centered on technology application have driven the formation of digital risk control regulations, while the influence of normative factors is not significant. The accelerated development of digital technology has resulted in an "asynchronous dilemma" between regulation formation and governance practices. The transformation of digital technology has led to the disenchantment of governance paradigms and the decline of normative power in the industrial era, and the development of digital regulation in various countries is more manifested as a pragmatic trial and error practice.

**Keywords**: Digital Technology; Digital Governance; Digital Risk Control Regulations; EU

## Digital Skills and Work Inclusiveness Mechanism Exploration

Li Zheng, Jiang Qian, Qiu Zeqi / 185

**Abstract**: The application of digital technology has profoundly transformed human society. Academic discussions on the impact of digital technology on workers can be divided into two categories: the "deskilling" of workers due to the application of digital technology and the "reskilling" of workers. Starting from the academic debate, this paper regards the transformation of workers' digital skills as a manifestation of the impact of digital technology. By introducing the concept of "work inclusiveness" and using data from the China Family Panel Studies from 2014 to 2020, it analyzes the relationship between workers' digital skill levels and their job acquisition, job income, and job autonomy. The research finds that the popularization of digital skills has narrowed the digital divide. Mastering digital skills helps workers obtain jobs and higher job income, and enhances their job autonomy, achieving work inclusiveness. Moreover, digital skills also make work more inclusive, facilitating the integration of disadvantaged worker groups into the mainstream work system. At the same time, it reveals the different roles of different types of digital skills in achieving work inclusiveness. Digital skills in entertainment and shopping scenarios play a greater role in the digital age, providing a reference for understanding the characteristics of labor in the digital age and the ways for workers to enhance their competitiveness.

**Keywords**: Digital Skills; Work Inclusiveness; Digital Technological Change; Equality at Work

## From Data to Value on Industrial Internet of Things (IIoT) Platforms: A Scenario-Driven Study with Industry Practice

Wang Ranran, Wang Tongxiao, Zhang Hongjiang, Yang Baofeng,
Liu Zongyong, Piao Yongxu / 210

**Abstract**: Industrial Internet of Things (IIoT) platforms-where next-generation information and communication technologies deeply converge with industrial manufacturing-have become foundational infrastructure for accelerating industrial digital transformation and generating new forms of productivity. As an emerging production factor, data elements serve as the core driver of innovation and development within IIoT platforms. This paper first maps the application scenarios of data elements on IIoT platforms across five dimensions: manufacturing process optimization, supply-chain collaborative management, product research & development and innovative design, green and low-carbon management, and industrial digital finance. It then articulates a theoretical framework for IIoT platform data elements, structured around four pillars: data collection and governance, data-elements confirmation and circulation, data security, and data capitalization. To address the predominance of theory-driven models in current research, we present a case study of Haier Group's COSMOPlat, systematically examining how data elements are deployed in application scenarios, enterprise evaluation models, and industrial digital finance. Based on this empirical investigation, we propose concrete implementation pathways and methodologies, offering both practical reference and theoretical insights for the realization of data-elements-driven value in the industrial Internet domain.

**Keywords**: Industrial Internet of Things ( IIoT ) Platform; Data Elements; Enterprise Evaluation Models; Industrial Digital Finance

## Development, Assessment, and Future Prospects of China's Data Trading Institutions
Wang Juan, Yi Dianxin, Zhuang Shundian, Xu Kefu / 234

**Abstract**: Data trading institutions play a crucial role in activating the data factor market. However, precisely defining their market positions and delivering services that meet market requirements remain key questions actively explored by stakeholders. This paper first analyzes key entities within the digital ecosystem—data exchanges, providers, demanders, third-party service providers, and regulatory agencies—through the lens of data factor attributes. Secondly, we develop a "Data Trading Platform Index" based on the "Data Circulation Index" to evaluate recent developments among data trading institutions in China. Case studies of 24 representative institutions profile their functional configurations, examining aspects such as institutional nature, positioning, platform types, and product/ services. Finally, we propose a multi-level strategic framework for the future development of China's data trading institutions, addressing development orientation, ecosystem cultivation, data marketplace platforms, and governance/supervision.

**Keywords**: Data Trading Institutions; Data Exchanges; Digital Ecosystem; Data Factor Market

# 《数字生态与治理》征稿启事

为反映数字生态与治理研究和工作领域的最新成果，推动数字生态与治理的理论研究和实践，特组织出版《数字生态与治理》（*Digital Ecology and Governance*）学术集刊，每年一辑。集刊由大数据分析与应用技术国家工程实验室主任张平文担任主编，北京大学中国社会与发展研究中心邱泽奇教授和北京大学工学院宋洁教授担任常务副主编，在社会科学文献出版社出版。集刊每一辑的字数均在30万字左右，拟收录论文12篇左右。

## 一 出版宗旨

（1）倡导数字生态与治理研究的问题意识、理论取向与实践关怀。希望投稿论文基于数字生态发展的前沿进展、发展过程和机制提出具有重要理论意义和现实关怀的研究议题，将数字生态与治理作为一个整体，或借鉴和反思学术界多学科的相关理论，关注实践领域的最新进展，推动数字生态与治理理论创新。

（2）促进数字生态与治理研究学术共同体和实践共同体的交流。《数字生态与治理》是一个平等开放的学术与实践交流平台，真诚欢迎各大专院校、研究机构的学者以及实践领域的专家学者积极投稿、踊跃参与，共同推动数字生态与治理领域的研究和实践深入发展。

（3）呈现数字生态与治理领域的研究进展情况。集刊主要发表数字生态与治理领域高质量的新作，借此，一方面积累数字生态与治理领域的原创知识，另一方面反映数字生态与治理领域的最新动态。

## 二 来稿要求

（1）《数字生态与治理》的内容定位于从数理类、人文社会科学类、网络与智能类、工程管理类等不同学科视野和方法开展数字生态与治理的研究和讨论，尤其欢迎数字生态与治理方面的原创性论文。

（2）投稿论文一般以 1.5 万字左右为宜（包括注释和参考文献），最长不超过 3.0 万字。

（3）《数字生态与治理》刊登高质量学术论文、研究报告、研究综述和书评等。

（4）来稿必须遵循学术界公认的学术规范，内容应包括：标题，作者姓名、工作单位和研究方向，摘要，关键词，正文，参考文献。引文注释必须清楚明确，论述言之有据，论证逻辑一致，研究方法、分析工具清楚、准确、统一。

（5）来稿要求以中文写作，并请附中英文的论文题目（不超过 20 字）、摘要（不超过 300 字）和关键词（3~5 个）。

（6）作者说明和注释采用脚注方式，序号一律采用"①、②、③……"，每页重新编号。引用采用文中夹注方式，在引文后加括号注明作者、出版（发表）年份，如原文直接引用则必须注明页码。详细文献出处作为参考文献列于文后，以作者、出版（发表）年份、书（或文章）名、出版单位（或期刊名以及期刊的卷期）顺序排序。文献按作者姓氏的第一个字母顺序排列，中文在前、英文在后。

（7）图和表的规范：统计表、统计图或其他示意图等，用阿拉伯数字连续编号（图、表分别排序），并注明图、表名称；表号及表题须标注于表的上方，图号及图题须标注于图的下方；"注"须标注于图或表的下方，以句号结尾；"资料来源"须标注于"注"的下方。

（8）《数字生态与治理》随时接受投稿，来稿请自备副本，概不退稿。

（9）《数字生态与治理》采用编委会审稿制，以质取文。不论采用与否，编辑部均会在 2 个月内通知作者。一经发表，即送作者当辑集刊 2 册。稿件请发至电子邮箱：digecogov@163.com。

# 三 文献征引规范

为保护知识产权，投稿文章如有征引他人文献，必须注明出处。《数字生态与治理》遵循如下文中夹注和参考文献格式规范示例。

（1）文中夹注格式示例

（周雪光，2005）；（科尔曼，1990：52~58）；（Sugden，1986）；（Barzel，1997：3~6）。

（2）中文参考文献格式示例

曹正汉，2008，《产权的社会建构逻辑——从博弈论的观点评中国社会学家的产权研究》，《社会学研究》第1期。

朱晓阳，2008，《面向"法律的语言混乱"》，中央民族大学出版社。

詹姆斯·科尔曼，1990，《社会理论的基础》，邓方译，社会科学文献出版社。

阿尔多·贝特鲁奇，2001，《罗马自起源到共和末期的土地法制概览》，载徐国栋主编《罗马法与现代民法》（第2卷），中国法制出版社。

（3）英文参考文献格式示例

North，D. and Robert Thomas. 1971. "The Rise and Fall of the Manorial System： A Theoretical Model." *The Journal of Economic History* 31（4）：777-803.

Coase，R. 1988. *The Firm, the Market, and the Law*. Chicago：Chicago University Press.

Nee，V. and Sijin Su. 1996. "Institutions, Social Ties, and Commitment in China's Corporatist Transformation." In McMillan, J. and B. Naughton（eds.），*Reforming Asian Socialism：The Growth of Market Institutions*. Ann Arbor：The University of Michigan Press.

诚邀各界同人积极参与，不吝赐稿，共同推动数字生态与治理理论研究和实践发展。

**图书在版编目(CIP)数据**

数字生态与治理 . 第三辑／张平文主编；邱泽奇，
宋洁执行主编 . --北京：社会科学文献出版社，2025.
8. --ISBN 978-7-5228-5705-3

Ⅰ. D035-0

中国国家版本馆 CIP 数据核字第 2025GU8182 号

数字生态与治理　第三辑

主　　编／张平文
执行主编／邱泽奇　宋　洁

出 版 人／冀祥德
责任编辑／杨桂凤　孟宁宁
责任印制／岳　阳

出　　版／社会科学文献出版社·群学分社（010）59367002
　　　　　地址：北京市北三环中路甲 29 号院华龙大厦　邮编：100029
　　　　　网址：www.ssap.com.cn
发　　行／社会科学文献出版社（010）59367028
印　　装／三河市龙林印务有限公司

规　　格／开　本：787mm×1092mm　1/16
　　　　　印　张：17　字　数：279 千字
版　　次／2025 年 8 月第 1 版　2025 年 8 月第 1 次印刷
书　　号／ISBN 978-7-5228-5705-3
定　　价／98.00 元

读者服务电话：4008918866